経済学の壁

教科書の「前提」を問う

前田裕之

白水社

経済学の壁——教科書の「前提」を問う

装幀＝コバヤシタケシ
組版＝鈴木さゆみ

経済学の壁＊目次

はじめに

現代経済学への批判が絶えない。経済学を学び始めた学生の間からは、数式やグラフばかりで学習する意味を見出せないとの声をよく聞く。「経済学は役に立たない」と切り捨てるビジネスパーソンも少なくない。経済学とはどんな学問で、根底にはどんな考え方があるのか。日本の大学では、標準的な履修コース（ミクロ経済学、マクロ経済学、計量経済学）が普及しているが、経済学の「前提」をよく理解せずに教科書や入門書を手に取り、経済学を学ぶ意義がよく分からないまま、消化不良を起こしてしまう人が多いようだ。

本書では、「主流派」や「異端派」を含めた経済学の諸学説の源流や、基本的な考え方を総ざらいし、経済学という学問の本質を掘り下げたうえで、経済学との付き合い方を提言する。

筆者は、新聞社に籍を置く記者として、経済学界を取材対象の一つにしてきた。その過程で、多くの経済学者から話を聞き、経済学に関連する著作や論文を読み、経済学をテーマにする記事を書いてきた。

経済学に精通し、経済学を専門にしている人にとっては、本書には既知の内容が多いだろうが、大学や研究機関に所属し、経済学に関連する学会などで活動する経済学者には、立場上の制約から「自由に語れない」要素が多い。その点、現在の筆者にはそうした制約がほとんどない。

また、現代経済学は専門分化が進み、個々の研究者が自分の専門領域以外の分野をくまなくフォローするのは困難である。自分の専門分野を大切にし、学会や学術誌で論文を発表する努力を続ける研究者にはいくら時間があっても足りない状況だろう。

経済学界では主流派とされる学派が圧倒的な存在感を示すが、非主流派または異端派とされている学派もあり、主流派に比べると人数は多くないものの、しっかりと活動している。研究者たちは自分たちが主流派であるとか、異端派であると口にすることはないが、日本の経済学界には様々な垣根があり、垣根の向こうに足を踏み入れようとはしない人がほとんどだ。

とりわけ主流派の側にいる研究者たちは、それが前提になっているためか、非主流派や異端派の存在を忘れているかのようにも見える。

専門家の手による経済学の入門書や教科書は数多く存在し、良書も多い。ただ、その研究者がどこに軸足を置いているのかを明確にしないまま、自分が所属する学派で通説とされている経済理論や実証分析の手法などを解説する本がほとんどのため、読者は完成品のカタログを見せられている気になる。数式やグラフが並ぶページを見ると、現実とは遊離した存在に見え、これ以上、理解する努力を続けても意味がないように思えてくる。数式やグラフにも、もちろん大切な役割があるのだが、説明が足りない本が多い。

数式やグラフを一切使わず、草創期から現在に至るまでの主流派と異端派の経済学の基本的な考え方を一望できる本があれば、経済学はもっと身近な存在になるのではないか。そんな思いを込めて本書を書いた。

長年勤めた新聞社を退社し、自主研究や教育活動の土台を固める目的で経済学の諸学説の要旨をまとめる作業をしていた筆者に出版を勧め、道筋をつけてくださったのは根井雅弘・京都大学教授である。経済学史の専門家であり、真っ先に草稿に目を通していただいた。根井教授の的確なコメントなくしては、本書は完成しなかっただろう。また、白水社の竹園公一朗氏には出版までのすべての工程で大変、お世話になった。お二人に深く感謝する。

経済学とはどんな学問で、教科書や入門書で目にする理論やモデルは、主流派から異端派まで含めた経済学全体のどこに位置しているのか。そもそも経済学を学ぶ意味はあるのか。本書を読んで見通しが明るくなり、経済学と付き合ってみようと思う人が増えればと願っている。

第Ⅰ章　経済学者の類型

経済学を専門にしている人を、日本語では経済学者またはエコノミストと呼んでいる。エコノミストは経済学者の英訳だから、同じ意味だととらえるのが自然だが、日本には、両者をあえて区別して使う風潮もある。次章以下で説明する経済学の中身にもかかわるので、本章では、経済学を取り扱う「人」に焦点を当てる。なお、本書では登場人物の敬称は略した。

経済学をこれから大学で学ぼうとする人、あるいは、すでに大学で経済学を履修した経験がある人のほとんどは、その大学に所属する教員（教授、准教授、講師ら）から手ほどきを受ける（受けた）であろう。

大学の教員になる道はいくつかあるが、大学卒業後、日本や海外の大学院に進学して経済学の学位（博士号）を取り、学術誌などに論文を執筆して学界で評価され、個々の大学に教員として採用されるパターンが多い。経済学者の第一の類型は、大学を基盤に学問の世界で純粋培養され、経済学の専門知識を身につけた人だといえる。ただし、これはあくまでも類型であり、実際には様々な採用の形態がある。学位は持っていないが、実務家としての実績が評価されて教員になっている人もいる。

時代をさかのぼれば、定年退職する教授が、その弟子にあたる人を後任として推薦する事例も多かったと耳にする。そもそも、学者の能力や業績をどのように評価するのか、極めて難しい問題だ。ここではこの問題にはこれ以上、立ち入らない。経済学者の多くは、大学の世界にどっぷりとつかり、経済学の専門知識を身につけている人だというイメージを共有していただければ十分だ。

日本の大学に所属し、経済学を専門にする人はどれだけいるのか。日本では最大規模の経済学の学会である日本経済学会の会員数は三千人超。日本にはそれ以外にも様々な学会が存在する。また、学会には所属していない大学教員もいる一方、大学教員でなくても学会で活動している人はいるので推測するしかないが、日本の大学の数から類推すると数千人規模に達するであろう。数千人のうち、第一の類型が太宗を占めているといってよい。

大学に教員として籍を置き、経済学を学生に教える人の肩書は、〇〇大学教授だったり、〇〇大学准教授だったりするので、経済学者やエコノミストと自称する人はあまりいないが、メディアで紹介するときは、経済学者やエコノミストという呼び名を使う場合もある。

一方、日本にはエコノミストという肩書を公式に使っている人たちがいる。研究機関（シンクタンク）に所属し、経済情勢に関するレポートを書いたり、メディアで情報を発信したりしている専門家たちだ。日本のシンクタンクは主に、民間の独立系、民間金融機関や企業の系列会社、政府系に分かれる。エコノミストという肩書を公式に使ってはいなくても、内閣府や日本銀行などに勤務し、主に経済を分析の対象にしている専門家もエコノミストの範疇に入るが、ここでは主に民間シンクタンクのエコノミストを取り上げる。民間シンクタンクに所属する経済の専門家たちの肩書は「エコノミスト」だけでなく、調査部長や主任研究員など様々だが、本章では一括してエコノミストと表記する。

民間シンクタンクのエコノミストの中には、もともとは親会社の金融機関や一般企業に就職し、通常の業務を経験した後に、人事異動で系列の研究所の配属になり、エコノミストを名乗るようになった人も珍しくない。一定の期間を経ると、再び人事異動で親会社に戻っていく人もいる。

一方、中途採用で民間シンクタンクに入り、専門職として勤務し続けているエコノミストもいる。大学院を経て大学教員となった経済学者に比べると、経歴の幅が広い。

一　経済学者とエコノミスト

大学に所属する専門家を経済学者、民間の研究所に所属する専門家をエコノミストと、あえて区別して呼ぶのは日本特有のならわしであり、大学に所属する研究者の側がそうした区別を好む傾向がある。大学教授にせよ、民間エコノミストにせよ、経済を研究の対象にしている点は同じはずなのに、なぜ、そうした区別をする必要があるのか。

この問いを突き詰めていくと、大学に所属する研究者は総じて民間エコノミストを下にみているといった、あまり深入りしたくない話題にもなるので、問いの立て方を変えよう。

両者の違いはどこにあるのだろうか。

第一に、所属する組織による制約の違いがある。

民間シンクタンクの多くは、政府や自治体、民間企業からの受託研究や会費、ＩＴ（情報技術）関連サービスなどを収益源にしている。政府や自治体が検討している政策の影響を把握するための基礎調査は一例だ。調査活動の結果を外部には公表しない場合も多い。

民間シンクタンクというと、一般には著名なエコノミストによる経済予測やレポートのイメージが強いが、経済予測が直接、収益を生むわけではない。組織としての信用力を高めるための活動、もっとわかりやすく言えばPR活動の一環である。費用対効果を明確にするのは難しい。

こうした立場に置かれている民間のエコノミストたちは、経済現象を分析や論評の対象にしているが、自分が所属する組織の利益に反するような意見を意図して発信することはない。あるいは、利益に反するような意見を表明せざるを得ないテーマにはあえて近づこうとしない。

一例を挙げよう。一九九〇年代前半、日本ではバブル経済が崩壊し、日本の金融機関は多額の不良債権を抱え込んで経営難に陥った。不良債権問題をどのように片づけるのか。経済論壇では、様々な議論が起き、不良債権を一気に処理すれば経済が再生するという主張と、不良債権を少しずつ処理するうちに景気が回復すれば処理額そのものを減らせるという意見に分かれた。

銀行系のシンクタンクに属するエコノミストたちが一斉に後者を唱えたのは言うまでもない。当時の日本の金融機関の体力から判断すると、不良債権を一気に処理すれば最悪の場合は経営が破綻する。そこまでいかなくても資本不足となって公的資金の注入を受け、経営責任が問われる事態となる可能性が高かった。そんな組織の一員として、不良債権を一気に処理せよと唱えることができないのは当然だろう。

次に、証券会社や、証券会社系のシンクタンクに所属するエコノミストたちのコメントに注目してみよう。新型コロナウイルスの感染拡大、世界各地でのロックダウン（都市封鎖）、日本での緊急事態宣言、日銀の金融緩和政策、アメリカのジョー・バイデン大統領の経済政策、アメリカと中国の対立、ロシアによるウクライナ侵攻の行方をはじめ、株式市場や金融市場は、世界各地で発生する出来事に反応しながら日々、変動している。株価に影響を与える材料は森羅万象といってもよいが、エコノミストたちは、個々の材料をどのように判断すればよいのか、経済や株式市場はこれからどのように動くのか、レポートなどの形で積極的に意見を表明している。

政府や日銀が直近までに公表したデータや、政策決定にかかわる日々の動きを押さえ、株価に影響を与えそうな出来事をきちんと整理しているレポートが多く、大いに参考にはなる。

それでもやはり立場上の制約があるという点では変わらない。株価の先行きについて、証券会社の一員であるエコノミストが「新型コロナの影響で、日本経済は深刻な不況に陥り、株価はこれから大暴落する」と仮に考えたとしても、それを公表できるだろうか。エコノミストの中にも、どちらかと言えば経済や相場の先行きを悲観的にとらえる「弱気派」と、楽観的にとらえがちな「強気派」と呼ばれる人たちがいるが、弱気派と呼ばれる人たちも、自ら越えてはならないラインを引いているはずだ。弱気派であっても、「日本経済はコロナから未来永劫、立ち直れない」と主張することはないだろう。

大和証券系のシンクタンク、大和総研が二〇二〇年四月三日付で公表した「コロナショックと世界経済」と題するレポートをみてみよう。このレポートでは、シンクタンクに所属する複数のエコノミストたちが各パートを分担している。最初のパートはチーフエコノミストによる「新型コロナウイルスにどう立ち向かうか?」という政策提言で、生活が困窮している人への現金給付、中小企業の倒産を防ぐための資金支援など「政策の総動員」を求めた。同年三月二十六日に自民党本部でも説明したという。

提言の前提として、日本経済の先行き見通しも示している。二〇年四〜六月に世界各地でウイルスの流行が収束するという「メインシナリオ」では、二〇年の日本の実質成長率はマイナス三・九パーセント。二〇年中は流行が続く「リスクシナリオ」ではマイナス七・四パーセントである。

レポート自体はデータの裏付けがしっかりとしているし、政策提言についても、その後、実際に政府が実施した政策も多く、時宜を得た内容だったといえる。

しかし、同社が証券会社系列のシンクタンクだという点に着目すると、やや見方が変わってくる。二〇年四月時点では、コロナ感染が短期間で収束するのか、長期に及ぶのか見通せない状況だったとはいえ、四〜六月の三カ月間で収束するとの見方をメインシナリオとしたのは、いかにも楽観的だ。

コロナが短期間で収束してもマイナス成長に陥るのだから、政策を総動員しないと大変な事態になると、データを使って自民党にプレッシャーをかけた、といえないだろうか。ちなみに、コロナの感染拡大は二〇年中も続いたものの、年後半には海外経済が回復した影響で輸出が回復し、二〇年の実質成長率はマイナス四・八パーセントとなった。

こう指摘すると、エコノミストの側からは「情報発信の内容について、親会社や組織の管理者から制約を受けている事実はない。自由に意見を表明している」という反論が返ってきそうだ。その通りかもしれない。レポートには「投資勧誘を意図して提供するものではありません」との注意書きがあり、個々のエコノミストは親会社の利害とは離れ、中立の立場で経済を分析していると説明している。

民間エコノミストたちは、金融機関や民間企業に所属する一般の従業員たちに比べると、かなり自由に情報を発信しているのは確かだ。金融機関に勤務する一般の社員が、組織や個人名を明らかにしたうえで、政策や経済問題に関するコメントを出すことは認められないはずだ。そう考えればエコノミストたちは組織の中では特権を得ているといえるが、「制約」は目に見える形だけで生まれるのではない。自分では自由に発言しているつもりでも、無意識のうちに組織の論理からはみ出さないようにしているとすれば、それは「制約」とみなしてよい。

ポジション・トークという和製英語がある。市場関係者が株式市場や為替市場で自己保有している残高をポジションと呼ぶが、自分のポジションが有利になるような情報を意図的に流す行為を指す。もう少し広く、市場関係者に限らず、自分の立場が有利になるような発言を指す場合もある。

「あの発言はポジション・トークだ」というときは、ネガティブな意味合いが濃い。客観的な意見のように聞こえるが、内容を吟味すると発言者にとって事態が有利に動くように誘導している発言を意味している。

金融機関に所属するエコノミストたちは広い意味では市場関係者だが、市場で実際に株式、債券や通貨を売買する役割を担っているわけではない。したがって、狭義のポジション・トークをする立場にはないが、広義ではどうだろうか。株式を売買する投資家と、株式市場との仲介役として利益を上げている証券会社にとって望ましいのは、株価が上昇し、取引高も増えて仲介手数料が増えることだ。例えば、ある証券系エコノミストが「日本経済復活の処方箋」というレポートの中で「日本経済が低迷している現在、追加の経済対策が欠かせない」と主張したとしよう。日本経済が好調なときは株式市場も活況を呈している場合が多いだろうから、日本政府がこの提言通りに経済対策を実行し、結果として株価が上昇したとしても、この提言をポジション・トークだと決めつけるのは酷だろうが、所属する組織に縛られているという当たり前の事実を忘れないようにしたい。

それに比べると、大学に所属する研究者たちには、そうした制約が少ないように見える。もちろん大学といえども営利活動と無縁ではない。大学は、大学生という「顧客」を集め、大学内の施設を開放しながら、授業やゼミナールといった「情報サービス」を提供して収益を上げようとする組織だともいえる。

少子化が進む日本では、大学に進学する予備軍となる世代の人口は減少傾向が続いている。それでは、学生の数が減り、大学の数も減っているかというと、そうではない。反対に学生の数は増え、大学の数も増えている。なぜか。大学への進学率が上昇しているからだ。予備軍の総数は減っているが、大学に進学する人の割合が高くなれば大学生の総数を増やせる。

データを見てみよう。戦後生まれの団塊の世代は十八歳時点での人口が約二百五十万人に達していたが、大学進学率は十パーセント強であり、大学生の数は一学年で約三十万人だった。近年の十八歳人口は約百二十万人と当時の半分程度だが、大学進学率は五十パーセントを上回っているため、一学年の大学生の数は六十万人超と当時の倍の水準である。

近年の日本の大学はこの方法で、経営難となりかねない少子化という逆風を何とか乗り切ってきたのだ。

大学の教員と話をしていると、しばしばこうした話題が出る。進学率の上昇が、日本人の教育水準の上昇につながっていれば歓迎すべき現象だろう。だが、とりわけ学力のランキングが中下位に位置する大学の教員の表情は、あまり芳しくない。学生全般の学力が向上した結果として進学率が上昇しているのならよいが、実態はそうではないらしい。進学率を上げるために、本来なら大学に進学できるだけの学力がない人たちまで大学に進学しているのが実態だという。そうした学生たちを預かる教員の中には、高校の教員になったつもりで学生に接しているという人も多い。大学内で責任ある立場に就き、学生を集めるのに苦心している人もいる。

それでもなお、大学は学問の府であり、教員には発言の自由が認められている。専門分野の論文を発表したり、メディアを通じて情報を発信したりするときは大学の「経営」の問題とは切り離され、自己の見解を表明しやすい。

ところが、組織の制約が少ない大学教員には、別の種類の制約があり、こちらも厄介な存在だというのが筆者の見方である。この問題は後の章で改めて取り上げるが、簡単に言えば「学派」あるいは「学閥」の壁が、自由な議論を阻んでいる。

大学内にはかつてのような徒弟制度は見られなくなっているが、多くの研究者は、学会活動などを通じていずれかの学派に属している。そうした活動をせず、一匹狼として活動している研究者もいるが、それでもやはり特定の学派の影響を受けている人がほとんどだ。

研究者として研鑽を積み、自説を堅牢にしていく努力は評価に値するが、明らかに自説では説明がつかない現象に直面したとき、研究者は自説の誤りを認め、棄却できるだろうか。学界全体に影響を及ぼすような学説が登場し、学界の潮流が変化するような「革命」が起きれば事態は変わるかもしれないが、経済学の歴史では、革命は数えるほどしか起きていない。整然とした学界の秩序の中で、個々の研究者が時間をかけて積み上げてきた研究業績や学界での立場、立ち位置は、研究者の拠り所である反面、足枷ともなり、自由な意見の表明を阻んでいるのではないだろうか。

これまで民間エコノミストと経済学者の「制約」について説明してきたが、筆者は「制約」＝悪という価値判断の下で、この問題に言及してきたわけではない。言論であれ、行動であれ、特定の組織に所属する人間が組織からある程度、制約を受けるのは、当然だとさえ考えている。民間エコノミストにせよ、大学の研究者にせよ、様々な制約の中で活動しているのだという事実を確認しておきたいだけだ。

組織によっても個人によっても「制約」や「自由度」には違いがあるだろう。大学教員が民間の調査会社に一時的に移籍して活動したり、雑誌の依頼に応じてインタビュアーを務めたりする例もあり、垣根を越えた活動も活発になっている。

英フィナンシャル・タイムズ（FT）紙のマーティン・ウルフの例を見てみよう。FTは欧州を代表する経済・金融専門紙で、二〇一五年に日本経済新聞社の傘下に入った。ウルフは世界銀行のシニアエコノミストなどを経て一九八七年にFTに入り、金融や経済を専門とするコメンテーターとして定期的にコラムを執筆している。経済学の博士号は取得していないが、エコノミストとしての修練を積んだうえで記事を書く仕事に転じた。学者になるつもりはなかったので、博士号の取得は目指さなかったと過去に発言しているが、コラムの内容はアカデミックな色彩が濃い。

ウルフは二〇一四年、*The Shifts And The Shocks*（邦題は『シフト&ショック』、二〇一五年）というタイトルの著書を出した。〇八年に発生した**リーマン・ショック**の背景を分析し、金融危機を防ぐための方策を提言した書で、政策当局や経済学者（の一部）から高い評価を得た。

リーマン・ショックの原因を探る著作や論文は数多くあり、同書にそれほど新しい視点が含まれているわけではない。金融機関に対する規制を強化せよという提言も、リーマン・ショックを引き起こした「犯人」として金融機関が糾弾されていた時期の著作でもあり、過激な内容ともいえない。

それでも、多くの人が引き付けられたのは、同書がウルフの「懺悔の書」だったからではないか。同氏は金融機関に所属していたわけではないから、リーマン・ショックの直接の「犯人」ではないが、FTを通じて金融の規制緩和を促す論陣を張り、政策当局にも大きな影響力を及ぼしてきた。

同氏は、冒頭で自分の認識の誤りを率直に認めている。

私が過ちを犯したのは、むしろ、私に想像力が欠けていて、西側の金融システムがメルトダウンするなどとは思っていなかったからだった。世界の先進国がふたたび大恐慌に陥る可能性はもちろん、「大景気後退（グレート・リセッション）」になる可能性すらないという先入観にとらわれてしまい、銀行関係者や規制当局が考えられないような大きなまちがいでもしないかぎり、そんな出来事は起こりえないと信じていた。（中略）本書の狙いは、そのまちがいから学ぶことにある。

リーマン・ショックの発生を予見できなかったのは同氏だけではない。リーマン・ショックが起きた後の〇八年十一月、イギリスのエリザベス女王が、ロンドン・スクール・オブ・エコノミクス（ＬＳＥ）の式典に出席したとき、経済学者たちに「経済学者はなぜこんな事態を予測できなかったのですか？」と質問したという、よく知られたエピソードがあるほどだ。同氏はリーマン・ショックを予測できなかった数多くの経済専門家の一人にすぎないともいえる。

同氏は、自己反省に続いて、主流派の経済学者に批判の矛先を向ける。

主流派の経済学者の中には、危機を予見した者はもちろん、危機が起こる可能性を見抜いた者さえ、ほとんどいなかった。経済学を支配している新古典派の理論では、不況は外的なショックが原因で起きるのであり、システムの内部で生まれる力が原因で起こるものではない。

主流派のモデルではそうした結果が起こることは理論上ではおよそありえないとされていたために、それが現実に起こる可能性を大きく高めてしまい、今回の危機を引き起こした原因の一つとなったとも考えられる、と結論づけている。

主流派経済学を手厳しく批判するのはよいが、リーマン・ショックが起こる前、市場経済への信頼を前面に押し出していた当時の同氏は、主流派経済学をどのように評価していたのだろうか。

同書では、自分と経済学とのかかわりを簡単に振り返っている。

同氏は一九六七年、英オックスフォード大学で経済学を学び始めた。この当時、関心を持っていたのは**ケインズ経済学**である。失業者が増える不況期には、政府が市場に積極的に介入し、有効需要を拡大すべきだとする学説だ。

経済学に対する見方が変わったのは一九七〇年代初め。市場の役割の拡大を支持する流れに加わった。市場経済は収益機会を追求するためのシステムだととらえる**オーストリア学派**の見解に感銘を受けた。**ヨーゼフ・シュンペーター**(一八八三~一九五〇)と**フリードリヒ・フォン・ハイエク**(一八九九~一九九二)の著作から非常に大きな影響を受け、それは今も変わらないという。

リーマン・ショックを経験し、均衡状態を重視する見方(**新古典派経済学**)に対する疑念はさらに強くなり、ケインズ研究への強い関心と畏敬の念が掘り起こされた。

経済学を学び始めた当初は、市場への介入を不可欠と考えるケインズ経済学に関心を持っていたが、途中で市場重視のオーストリア学派に鞍替えし、リーマン・ショック後に再びケインズ経済学に戻ってきたというわけだ。その一方で同氏は、「私の世界観は変わっても、自由民主主義を信奉する価値観は変わらない」とも強調している。

リーマン・ショックの前から均衡状態を重視する主流派経済学には疑いの目を向けていたと説明しているのだが、同氏がＦＴで示してきた市場経済を重視し、政府の介入や規制に反対する姿勢は、主流派の経済学者たちの主張そのものである。自己反省の弁からスタートしているとはいえ、主流派の経済学者の間からは、同氏の「シフト」はあまりにも無責任だと批判する声が聞こえてくる。

こうした批判が起きるのは、経済学者たちが別の種類の「制約」を抱えているからでもある。同氏がアカデミズムの世界の住人だとしたら、こうした「転向」は難しい。ケインズ経済学を奉じる学者がオーストリア学派に転じ、再びケインズ派に回帰する、などという行動は許されないだろう。

同氏と同様に「リーマン・ショック前の自分の言説は間違っていた」と考える研究者は少なくなかったはずだ。しかし、学派の網の目の中にいる学者たちは、自由自在に言説を転換できる立場にはない。「市場は一時的に不安定になっても、やがて均衡点に落ち着く」と仮定して議論を展開する新古典派に属する経済学者はリーマン・ショックに見舞われても、自己の立場を貫くしかないのだ。

もちろん、メディアの世界にも「制約」はあり、個人差はあるが、報道機関に属する多くのジャーナリストは様々な制約の下で活動している。同氏は自在に意見を変えても許される特権を得ているのだろう。個人が意見を変えるのはもちろん自由だが、金融の自由化を礼賛し、規制緩和を唱えてきた同氏が「自分は間違っていた」というだけで済まされるのかどうか、議論が分かれるところだ。

そもそも、日本のメディアに属する記者がどんな問題であれ「自分の認識は間違っていた」と堂々と表明することはできるだろうか。

日本と欧米の報道機関の基本姿勢の違い、国民がジャーナリズムに求める役割の違いなども視野に入れないと、この問題を解明するのは難しい。ジャーナリズム論は本章の本題ではないので、ここではこれ以上は踏み込まないでおこう。

民間エコノミストと経済学者の違いに戻ろう。

第二に、研究対象や研究手法の違いがある。

ある大学の経済学者は、「日本では経済学者とエコノミストを区別する」と断言したうえで、経済学者は理学のサイエンティスト、エコノミストは工学のエンジニアというニュアンスで、日本語としてはっきり分けて使っていると説明している。もう少しわかりやすく言えば、経済学者は理論を扱う専門家であり、エコノミストは景気予測のような「実務」を重視するという分類である。

民間エコノミストにとって景気や経済予測は生命線である。日本や世界各国の経済成長率はどう推移するのか、短期と中長期の予測を公表している。

ビジネスパーソンであれ、あるいは生活者であれ、経済や景気の動向に関心を持つ人は多いだろう。新型コロナウイルスは世界経済に打撃を与えてきたが、これから先はどうなるのか。日本経済は、コロナ禍が広がる前の水準にはいつ戻れるのか、専門家の意見を聞いてみたくなるのは当然である。

民間エコノミストたちは、経済の先行きを占うための材料を集め、様々な材料の強弱を見極めたうえで経済成長率の見通しを公表している。政府による経済指標の発表などを受け、年度中にも何度か改定し、精度を高めていく。各シンクタンクは成長率見通しを組織の公式見解として示しており、シンクタンクに所属するエコノミストたちが協力して数字をまとめる作業をしている場合が多い。

もっとも、各シンクタンクが公表している成長率見通しにはあまり意外性はなく、横並びになりがちだ。

各シンクタンクの公表数字を一覧表にして紹介するメディアもある。そうなると、各シンクタンクは他社の数字を意識せざるを得ず、極端に高い成長率や、逆に低い数字を出しづらいのかもしれない。

そもそも、成長率見通しを立てる際に活用する経済指標などの材料には限りがあり、同じような材料を基に見通しを立てるのだから、結果として似たような予測数字が並びがちになるのはやむを得ない面もある。

各社の予測数字が横並びになるのなら、その数字の信憑性は増すはずだ。利用者にとっては、便利なように見えるが、そうした声はあまり聞こえてこない。

シンクタンクの予測数字には様々な前提条件がついており、前提が変われば予測も大きく変わるという構造になっている。各シンクタンクの予測数字は同じような水準に集中しているようで、実は非常に幅の広い、厳しい言い方をすれば逃げ道の多い記述も目立つのだ。

政治や外交をはじめ、経済以外の要因が経済や景気の行方を激変させてしまう事態は珍しくない。そうした要因が全く発生しない年はほとんどないといってよい。二〇二二年にロシアがウクライナに侵攻すると予測していたシンクタンクはあるだろうか。世界の秩序が揺らぐ中で、経済や景気の先行きを予測するのは至難の業だ。

コロナ禍の行方にしてもそうだ。経済問題には詳しくても、医療や公衆衛生の専門知識は乏しいエコノミストは、「仮に〇〇カ月以内にコロナが収束すれば」といった前提条件付きで予測値を出さざるを得ない。前提条件付きの複数のシナリオにも一定の意味はあるが、日本経済や世界経済はこれからどうなるのか、という問いに対する明確な答えにはなっていない。これから設備投資をするかどうか迷っている経営者がこうしたシナリオを見ても、投資の判断材料にはしづらいだろう。

それでも、民間シンクタンクに対するニーズが最も大きい研究が景気予測である以上、エコノミストたちは難しさを承知のうえで予測を立てている。先ほど説明した組織の「制約」という観点からみると、成長率予測は各シンクタンクの中でどのように位置付けられているのだろうか。成長率予測は公的な色合いが濃く、そうした要素が入りづらいのだとすれば、エコノミストたちの存在意義を左右する重要な業務だといえるだろう。

それでは、世の中の関心が高い、経済や景気予測に、大学に所属する経済学者はどのように取り組んでいるのだろうか。実は、民間エコノミストとは対照的に、経済予測を専門にする経済学者はほとんどいない。これから大学で経済学を学ぼうとする人が、教員から景気予測の手法について手ほどきを受けたいと思っても、適任者はいないので注意が必要だ。

最大の理由は、マクロ経済学の潮流の変化にある。経済成長率を予測するためには、個人消費や設備投資、政府支出といったマクロ経済を構成する要素のデータを予測する必要がある。一九六〇年代ころまでは、アメリカの大学でも、こうしたマクロの経済データを計量経済学の手法を使って分析する研究が盛んだった。

マクロ経済の構造を、消費関数、投資関数、貨幣需要関数などを織り込んでモデルにしたのが「**マクロ計量モデル**」である。関数とは、マクロ経済を構成する要素が決まるメカニズムを示した数式を指す。

マクロ計量モデルを活用する場合にはまず、モデルを構成する様々な関数のパラメータ（補助変数＝所得が増えると消費がどれくらい増えるかを表す「限界消費性向」の値などを指す）の数値を、過去と現在のデータから推計する。パラメータは、分析の対象とする経済の構造によって決まるので、推計した数値は一定だと考える。

そのうえで、政府支出や税金、貨幣量など政策によって決まる要素を変化させると国内総生産（GDP）、消費、投資などがどのように変わるのかを予測する仕組みだ。

転機をもたらしたのが、アメリカの経済学者、**ロバート・ルーカス**（一九三七〜、シカゴ大学教授、一九九五年にノーベル経済学賞を受賞）が一九七六年に発表した論文だ。マクロ計量モデルによる政策評価を厳しく批判したのである。「**ルーカス批判**」と呼ばれ、経済学界に大きな影響を及ぼしてきた。

通常のマクロ計量モデルでは、構造パラメータは一定だと考えるが、政策が変化するとパラメータも変化してしまうと指摘したのだ。例えば、ある企業が設備投資を予定しているとしよう。企業は投資による収益を予想して行動しているはずだ。

このとき、仮に政府が投資減税の計画を表明すると、その企業は収益の見通しを変更し、さらには投資額を変えるだろう。

マクロ計量モデルには、投資が決まるメカニズムを表す投資関数が含まれるが、投資関数のパラメータは、過去のデータによる推計値である。投資の前提条件が変わっているのに、パラメータを据え置いたまま企業の投資額を予想するのは無理がある。

マクロ計量モデルでは一定とされている構造パラメータは、政策が変われば値が変わる。構造パラメータが一定と仮定して政策効果を予測することはできないと主張した。

構造パラメータの限界を指摘したと説明すると、技術的な問題のように聞こえるかもしれないが、そうではない。マクロ計量モデルでは、消費や設備投資の集計値を推計するが、消費をする主体は家計、投資をする主体は企業である。個々の家計や企業が、政策の変化を察知して行動を変化させる、すなわち「合理的に」

行動するなら、政策の効果は限りなく小さくなるという極めて本質的な指摘なのである。

家計や企業が、自ら入手した情報に基づいて自己の期待を変化させ、合理的に行動すると仮定する「合理的期待形成仮説」は現代経済学の根幹をなす仮説となり、ミクロ経済学のみならず、マクロ経済学にも多大な影響をもたらしている。

ルーカス批判が正しいのなら、マクロ計量モデルによる予測は、企業や家計の行動が変化しないような短期では通用するかもしれないが、企業や家計の行動を左右するような政策変更の変化には対応できない可能性がある。

ルーカス批判の後、大学のマクロ経済研究では、構造方程式を使った研究は急速に下火となり、大学教育でも、マクロ計量モデルを教える機会はほとんどなくなっている。

ルーカス批判の影響は、経済学の本質に関わるので後の章でもう少し詳しく説明する。ここでは、現在の大学ではマクロ計量モデルは研究の対象ではないし、学生に教えられてもいないという現状を示すにとどめたい。

それでも、マクロ計量モデルは今なお、経済予測の中核であり、民間シンクタンクは長い時間をかけてモデルに磨きをかけながら活用し続けている。大学では顧みられなくなったものの、経済現象を分析する手法としてはなお有効だという声は、実は大学教員の間にもある。民間シンクタンクと大学の間ですみ分けができていると言えば聞こえが良いが、不自然な現象ともいえる。

ある大学教授による「経済学者は理学のサイエンティスト、エコノミストは工学のエンジニア」という類型を紹介したが、これも後付けの説明ではないだろうか。かつてはマクロ計量モデルを盛んに研究していた経済学者たちが、ルーカス批判の影響で、ミクロ理論に基礎づけられた別のモデルに乗り換える動きが広がったのは、学界の流行が変化したからにすぎない。多くの経済学者のバックボーンに経済理論があるのは確かだが、理論研究をしている学者ばかりではない。

むしろ最近は、純粋な理論研究よりも、ミクロデータを活用した実証分析に取り組む経済学者の方が存在感が増している。その一方、理論研究に取り組む民間エコノミストは確かに少ないが、経済理論と無縁なわけでもない。両者の研究対象や研究手法の違いには、「実態がそうなっている」という以上の意味はない。

第三に、時間感覚の違いがある。経済学者がマクロ計量モデルを扱わなくなったのは、経済理論の潮流の変化が大きく影響しているが、経済予測と大学での研究活動はもともとあまり相性が良くない。マクロの経済予測をするためには、様々な景気指標を常にウォッチしていなければならないためだ。民間エコノミストの多くは、その努力を続けているが、大学教員でそうした習慣をつけている人はあまりいないだろう。学界の主流からはずれてしまった研究を続けても業績として評価されないうえに、経済予測には当然のことながら当たりはずれがあり、リスクが大きい。そうなると、経済学者はますます経済予測の世界には近づかなくなる。

両者の時間感覚の違いは、時事問題に対する反応の仕方にも表れる。経済問題が起きたとき、民間エコノミストたちはそれをどのように解釈し、評価するのか、とりあえず答えを出そうとする。

民間エコノミストは経済予測だけではなく、税・財政、社会保障、雇用・労働、消費動向、企業業績など様々な分野のレポートやコラムなどを随時、公表している。共通の傾向は「時事性」である。エコノミストによって専門分野、得意分野には違いがあるが、直近の公表データ、政府や企業、個人の足元の動きを押さえたうえで、独自の見方や見解を示したレポートが大半を占めている。時事性はメディアにとっても非常に重要な要素であり、こうしたレポートは大いに参考になるし、メディアで紹介する機会も多い。

反面、促成栽培の弱さが目立つときもある。新型コロナウイルスの感染拡大の先行きについて、医療や感染症の専門家の間でさえ認識の違いがみられる中で、とりあえず、経済への影響に的を絞るにしても、短期間でレポートをまとめるのは、なかなか勇気がいる作業であるに違いない。

経済学者の中にも、時事問題にアンテナを張り、かなり高い頻度で、メディアで発言したり、ツイッターなどのSNSを駆使してコメントを出したりする人はいるが、全体でみればまだ少数派だろう。

ある大学教授は「学術誌に掲載されている論文や専門書をじっくりチェックしつつ、専門分野の研究論文を仕上げようと思えば、時事問題に対応している時間の余裕はない」と率直に語る。

経済現象を研究の対象にしている以上、経済学者も時事問題に背を向けるわけにはいかないだろうが、毎日のニュースに目を凝らす必要はない。データが十分にそろわないうちに中途半端な分析をするのはむしろよくないと考える人も多い。学者の目はどうしても過去に向きがちなのだ。

第四の違いは、時間感覚の違いとも密接に関連するが、メディアとの関係である。民間エコノミストは組織のPR役を担っており、総じてメディアへの登場に積極的である。筆者の経験でも、取材を申し込むと、テーマによらず快く引き受けてくれる人がほとんどだった。

メディアへの登場回数をエコノミストの業績評価の基準にしているシンクタンクもあるという話も耳にする。

経済に関わる大きな出来事が起きたとき、出来事を紹介する記事の中に、それをどのように評価し、どんな課題や対策が考えられるのか、エコノミストのコメントを盛り込むことはよくある。

記者が、出来事の評価の部分も自分で考えて記事に盛り込めばよいのだが、専門家の評価の方が、概して重みがあるし、あまりよい表現ではないが、記事に箔がつく。そんな記者にとって、エコノミストは非常にありがたい存在だ。

エコノミストたちは自分の専門分野はもちろん、多少のずれはあっても、記者が望むようなコメントを直ちに出してくれる。メディアへの登場が業績評価につながるのだとすれば、エコノミストの側にも記者に協力する動機がある。

メディア対応に慣れ、鍛えられているともいえるエコノミストたちからは、総じて的確なコメントが出てくるが、個々のコメントの背後には、本当に信頼できるデータの裏付けがあり、そのエコノミストの過去のコメントや持論との整合性は取れているのだろうか。

常に時間に追われている記者には、吟味している余裕がない。そのエコノミストを信用してコメントを採用するしかない。

経済学者の場合はどうだろうか。メディアとの付き合い方を比べると極めて個人差が大きい。エコノミストと同様にメディアに積極的に登場してコメントを出したり、インタビューに応じたりする学者もいれば、ほとんど登場したことがない学者もいる。

財政や社会保障、雇用・労働問題といった、メディアで話題になりやすい分野が専門の学者には声がかかりやすい傾向があるが、同じ大学に所属し、専門分野が近い二人の学者のうち一人は頻繁にメディアに登場するのに、もう一人は全く登場しないといった事例もある。

二　ハード・アカデミズムかソフト・アカデミズムか

東京大学名誉教授の**根岸隆**（一九三三〜）は自叙伝の中で、ある西洋史の学者が提示した「ハード・アカデミズム」と「ソフト・アカデミズム」という分類を紹介し、自分はハード・アカデミズムを重視してきたと学者人生を振り返っている。ソフト・アカデミズムは知の伝承や教育を目的とし、ハード・アカデミズムは、新しい知の創造や独創的な研究を目指す。明治以来の国家の政策や社会の価値づけの影響を反映し、日本の大学ではソフト・アカデミズムが中心となっているが、国際競争に乗り出す国と社会はハード・アカデミズムを必要とするというのが、その学者の主張である。

教育活動のほか、啓蒙書の執筆、新聞やテレビといったメディアへの登場もソフト・アカデミズムの一部。一方、ハード・アカデミズムの主戦場は海外の学会や学術誌だ。根岸は、教員の義務として講義や演習などの教育活動には手を抜かずに取り組んだが、それ以外の啓蒙活動には消極的に対応し、国際的な学界で承認されるハード・アカデミズムへの貢献を目指して頑張ってきたという。

根岸はハード・アカデミズムとソフト・アカデミズムの間に優劣をつけて論じているわけではないが、ソフト・アカデミズムに偏りがちな日本の大学の現状を変えようという意欲が行間から伝わってくる。

ハードとソフトの両面を兼ね備えている学者がいればそれに越したことはないが、現実にはかなり限られた存在だ。メディアにとってはやはり後者に理解を示す学者が大切な存在であり、平素からアプローチする対象に偏りが生まれがちだ。前者を奉じる学者に会って話を聞いても、内容を理解しづらいし、結果として記事にもなりにくいからだ。

前者と後者が相互補完の関係にあればよいが、現実には両者の間には溝がある。民間エコノミストの箇所でも触れたが、メディアは森羅万象といってもよいほど幅広い現象を報道の対象にしているため、学者にコメントを求める場合、コメントの対象がその人の専門分野にぴったりと合っているとは限らない。メディアによく登場する学者は、民間エコノミストと同様にメディア側の事情をよく理解しているので、多少のずれは黙認したうえでコメントを出してくれる。

メディアに登場しない学者の側からは、「専門分野でもないのに、根拠があいまいなコメントを安易に出している」とか「学者でなくても説明できるような内容だ」といった批判の声が出る。最近でこそ、若手の経済学者を中心に、メディアやSNSなどを通じた情報発信に抵抗感がない人が増えているが、両者の断層はまだある。

断層があるのは学者の間だけではない。学者とエコノミスト、学者と、記者をはじめとするメディア関係者の間にも存在し、亀裂が走っている。

本章の主題は、日本の経済学者とエコノミストの違いである。組織から受ける制約、研究対象や研究手法、時間感覚、メディアとの関係という視点から両者の特徴を描写してきた。「経済学者は理論研究に重きを置くサイエンティスト、エコノミストは現実の分析を重視するエンジニア」という分類には例外も多く、両者は相互補完の関係にあるとはいえない。筆者は両者に優劣をつけたりせず、両者の違いを認識したうえで、両者の生産物（著作や論文、レポート、コメントなど）を有効活用すればよいと考えている。

それでは、経済学者の目にメディアの姿はどう映っているのだろうか。時間感覚の観点から見ると、メディアと民間エコノミストは総じて相性が良いが、ハード・アカデミズムを重んじる経済学者の多くはメディアへの露出には関心がなく、相性があまり良くない。

「経済学や経済理論の基本を理解していないメディア関係者やエコノミストが多い」と批判する経済学者も少なくない。「経済学の専門知識が乏しいメディア関係者やエコノミストの主張は往々にして理論的な根拠があいまいだ。にもかかわらず、政治や世間には受けがよく、政策を動かしてしまう」と不満を漏らす経済学者もいる。

野口旭著『経済学を知らないエコノミストたち』は本章のテーマに関連する多くの有益な視点を提供してくれる著作である。

このタイトルを見て、経済学者が、「民間エコノミストは経済学を知らない」と批判する書だととらえる読者もいるかもしれないが、著者によるエコノミストの定義は異なる。

著者の野口（一九五八〜）は、日本では「エコノミスト」というのは、大学で経済学を教えている「経済学者」ではなく、主に官庁や民間研究所などに属する経済の専門家や実務家を指し示すことが多いと断ったうえで、「economist」の本来の意味は「経済学的知見を有する専門人」だと定義している。

本来は経済学に依拠しているはずのエコノミストたち（その中には大学に所属する経済学者も含まれている）がしばしば経済学の論理を全く無視してしまうと懸念しているのだ。

著者が批判の矛先を向けているのは「専門家を名乗りながら、経済問題を経済学の原理とは無関係な世間知に基づいて論じている疑似専門家」である。「経済学をろくに知りもしないで経済学を教えている大学教授は数限りないし、逆に学者以上に経済理論に精通している民間エコノミストも少なからず存在する」という説明を読むと、経済学者が民間エコノミストを糾弾する書ではないことが分かる。

とはいえ、「経済問題を経済学の原理とは無関係な世間知に基づいて論じている」と批判を浴びがちなのは、やはり民間エコノミストであろう。経済学をろくに知らずに経済学を教えている大学教授というのは、通常のルートを経ずに大学教授になり、メディアによく登場する人のイメージだろうか。

そして著者はメディアにも厳しい目を向ける。基本的な経済学と明らかに矛盾する主張をし、経済学などは全く無視して世間知だけでものを言っているようなエコノミストたちが、マスメディアでは経済の専門家として認められている。認められるどころか大手を振ってまかり通っているという。

そのうえで、マスメディアでは、経済学というディシプリン（専門的な思考の枠組み）はそれぞれの論者の「専門家性」を判断する基準には全くなっていないと断言する。専門家性を正しく判断できず、「似非専門家」ばかりを登用し続けるマスメディアに問題があり、一朝一夕には問題を解決できない。専門性を判断する基盤それ自体が、そこには構造的に欠落しているように思われる。こうした状況を改善するためには、それぞれの専門的観点からの粘り強い批判が必要である、とたたみかける。

メディアにとっては耳が痛い指摘が並んでいるが、メディアの側にも事情がある。経済問題について誰にコメントしてもらうのかを考える際に、最も大切なことは「登場してくれること」である。この問題ならこの人だろうと期待してコメントやインタビューを申し込んでも、断られるケースは珍しくない。著者が批判するように、そもそも誰に聞けばよいかをよく知らない場合もあるだろうが、経済学をよく知っている経済学者に相談すればよいだけのことだ。この問題は○○氏に聞けばよいと教えてもらうのは簡単だが、その○○氏がメディアに登場してくれるかどうかはその人次第だ。

締め切り時間が迫る中で、どんなテーマにも無難に対応してくれる親切なエコノミスト（ここでは、著者の定義に従っている。大学教授や職業エコノミストの総称）がいれば、自然と依頼が集中することになる。個々のテーマに精通した専門家にその都度、登場してもらうのがベストであると、メディアの側も十分、認識はしているが、背に腹は代えられない面がある。

著者は単に「経済学を知らないエコノミスト」や、そうしたエコノミストに頼っているマスメディアを批判して議論を片付けているわけではない。経済学を知らないエコノミストたちが大手を振っている現状を批判しつつ、そうした状況を放置して、何の抗弁もしない大多数の経済学者こそが最大の問題だと主張している。

「経済学をろくに知らない経済学者」は少数派のはずだ。「経済学をよく知っている経済学者」はメディアによく登場する似非専門家の言説に不満があるのなら、自ら声を上げ、是正に乗り出すべきだという。

著者のような経済学者が増えてくれれば、エコノミスト（著者の定義による）やメディア全体のレベルアップにつながり、断層がなくなっていくのではないだろうか。

三　エコノミスト・マルクス？

ちなみに経済学の本家といえるアメリカでは、経済学の専門家は大学、連邦準備制度理事会（ＦＲＢ）や世界銀行といった公的な機関、民間研究所、金融機関、民間企業などで活動している。所属する組織の格や個人の実力によって待遇の格差はあるが、いずれも「エコノミスト」と呼ばれている。

アメリカにも「ハード・アカデミズム」と「ソフト・アカデミズム」の垣根はある。シカゴ大学が組織するIGM（イニシアチブ・オン・グローバル・マーケッツ）専門家会議で活動する学者たちのように、学術研究に注力する人たちが「ハード・アカデミズム」の中核を担っている一方、銀行や証券会社などに所属し、メディアにたびたび登場する、日本でいう「エコノミスト」に近い一群も存在する。前者に属する学者の中には、後者に対して「自社の利益を代表して発言している人が多く、しかも市場の楽観主義を煽る傾向が強い」と厳しい視線を注ぐ人もいる。

もっとも、アメリカでは、学術研究の成果を出しつつ、政策立案やビジネスの世界で活躍する専門家も多い。「ハード・アカデミズム」と「ソフト・アカデミズム」の垣根は日本より低いといえるだろう。

ニューヨーク・タイムズ紙でコラムを執筆するビンヤミン・アッペルバウムは著書 *The Economists' Hour*（二〇一九年、邦題は『新自由主義の暴走』、二〇二〇年）で、一九六九年から二〇〇八年までの間を「エコノミストたちの時間」と位置づけ、新自由主義の思想を信奉するエコノミストたちがアメリカを中心とする世界の政治や経済に大きな影響を与えた実態を描き出している。

アッペルバウムは日本でいう経済学者とエコノミストの区別はしておらず、エコノミストという呼び名で通している（邦訳では表記を経済学者に統一している）。

同書には、こんな記述がある。

（本書の）主な登場人物には、広く名を知られた人もいれば、さほど知られていない人もいる。アメリカの生活に同時代のどの経済学者よりも大きな影響を与えたミルトン・フリードマンや、一九七四年にカクテルナプキンに描いた曲線が減税を共和党の経済政策の柱にする一助になったアーサー・ラッファーなどは前者だろう。妻やアシスタントに口述筆記させた計算結果によってニクソンに徴兵制の廃止を決断させた盲目の経済学者ウォルター・オイ、航空産業の規制を緩和し、民間航空機の窮屈な満員の客室を自身の成功の証と喜んだアルフレッド・カーン、ケネディ政権にクレムリンとのホットラインを設置させ、さらに人命に値段をつける方法を見つけ出したゲーム理論の大家トーマス・シェリングなどは、後者かもしれない。

ここに登場する人物はいずれも大学で教鞭をとり、日本でいう経済学者の範疇に入るが、アメリカの政策にも深く関与している。アメリカでは、経済学者が政党の求めに応じて政策立案に関わるポストに就く事例は極めて多い。アカデミズムの世界だけに閉じこもらず、研究成果や自らの知見を政策立案に生かしたいと考える学者は、日本よりはるかに多いのだろう。

アメリカのエリート層の間には、「政・財・学・官」の間を行ったり来たりして職を得る「回転ドア」と呼ばれる慣行がある。エリートたちは回転するたびに権力、財力、人脈を蓄積していく。アメリカの二大政党から資金支援を受けているシンクタンクなどは、回転ドアの中に組み込まれており、政権内部で政策の実務に携わった経験を持つ人材を抱えている。回転ドアを活用しているエコノミストたちにとっては、現時点での所属が大学かどうかは大きな意味を持たない。

同書にはこんな記述もある。

経済学者は多様な集団だ。名簿をつくるとしたら、妥当な名簿には必ずミルトン・フリードマンとカール・マルクスの両方が記載されるだろう。これは特定の政策群に対する支持という観点から経済学者を定義することはできないということだ。

著者がここで強調しているのは、エコノミストの多様性だ。一口にエコノミストといっても、思想信条の幅は極めて広く、新自由主義の旗手である**フリードマン**（一九一二〜二〇〇六）も、社会主義の教祖と呼べる**マルクス**（一八一八〜一八八三）もエコノミストと呼ばれるからだ。

ところが、「エコノミストたちの時間」では、フリードマンに代表される、市場の働きを万能視するエコノミストたちが大手を振るい、それ以外のエコノミストたちが片隅に追いやられていたと指摘する。

経済学は本来、フリードマンからマルクスまで包み込む奥行きの広い学問のはずなのに、限られた思想の持ち主ばかりがスポットライトを浴び、経済政策をリードした。その結果、世界で経済格差が広がり、二〇〇八年にはリーマン・ショックを引き起こしたというのが著者の見立てである。

ところで、著者がフリードマンの対極の存在として名前を挙げたマルクスはエコノミストなのだろうか。

マルクスは、ロンドンの大英博物館に通って『資本論』を書き、同書は後にマルクス経済学と呼ばれる経済理論の原典となった。後の章で改めて触れるが、第二次世界大戦後、日本の大学は、マルクス経済学を正式な履修科目としていた。

講座名を「マルクス経済学」（マル経と略して呼ばれていた）とストレートに表記していたかどうかはともかく、多くの大学は『資本論』を教材にしたカリキュラムを組み、マル経を専門にする教員が講座を担当していた。一九八九年、共産圏を形成していた東欧諸国で相次ぎ政変が起き、一九九一年に旧ソ連が崩壊すると情勢が変わる。マル経は徐々に下火になり、大学の講座、教員の数は激減したが、マル経は長い間、アカデミズムの世界で確固たる地位を築いていたのだ。

マルクスの足跡を簡単にたどろう。以下の記述は**佐々木隆治**著『カール・マルクス』を参照している。ドイツのトリーアでユダヤ人弁護士の子として生まれたマルクスはギムナジウムで五年間学び、一八三五年、ボン大学に入学した。法学を勉強する傍らで、詩作に熱中した。

一年後にはベルリン大学に転学する。法学や文学から哲学に関心が移っていたマルクスは「デモクリトスとエピクロスの自然哲学の差異」というタイトルの論文を書き、博士号を取得した。「青年ヘーゲル派」を主導するドイツ出身の**ブルーノ・バウワー**（一八〇九〜一八八二）を通じてヘーゲル哲学を吸収し、宗教批判を展開する。哲学研究者として大学の職を得ようとしたが、うまくいかなかった。

政府はバウワーらによる宗教批判を敵視するようになり、青年ヘーゲル派に対する風当たりが強まっていたためだ。マルクスは、ベルリン大学からボン大学に移ったバウワーに合流し、大学の職を得るために必要な追加論文を準備していたが、バウワーが大学教員の職を失うに及び、断念した。ジャーナリストとして生計を立てることにしたのである。

マルクスは哲学の博士号を取得し、大学に職を得ようとしたが、断念した。日本の基準でいえば経済学者ではない。著者の佐々木（一九七四〜）はマルクスを「革命家であり、その生涯を社会変革に捧げた人」と表現している。

佐々木によれば、『資本論』の執筆は、単なる学問的真理の探究ではなかった。それはなによりも、「実践」

のためになされたのであり、それじたいが社会変革のための闘いであった。『資本論』には、生涯を社会変革に捧げた人間の闘いの跡が刻み込まれている、という。

そんなマルクスも、アッペルバウムの分類では「エコノミスト」の範疇に入るのだ。

アメリカのエコノミスト事情に話題を戻そう。二〇〇八年にノーベル経済学賞を受賞した**ポール・クルーグマン**（一九五三〜）は、エコノミストとは何かを考えるうえで参考になる多くの材料を提供してくれる人物だ。世界で最も著名なエコノミストの一人であり、日本でもおなじみの存在である。邦訳された著書も数多い。ニューヨーク・タイムズ紙にコラムを執筆し始めたのは二〇〇〇年。「ある意味でいまだに副業でジャーナリストをやっている大学教授のつもりでいる」と記している。

同氏は自らの足跡やコラムの連載を始めた経緯を、連載コラムをまとめた著書の中で説明している。概略を紹介しよう。

一九七七年に大学院を卒業したとき、教育と研究に専念する人生を思い描いていた。公的な論争で何らかの役割を果たすにしても、政策担当者に何がうまくいき、何がうまくいかないのかに関する情報を淡々と提供するテクノクラート役であろうと予想していた。

学界で評価された研究の内容は、ほとんど政治とは無縁であり、経済地理学と国際貿易に関する論文ばかりだ。政治性がないどころか、ほとんどは政策にも関係がない。貿易や産業配置のパターンを理解しようとする試みだからだ。世界がどう動くかを分析する「**記述型経済学**」であり、どう動くべきかという「**規範的経済学**」ではない（ちなみに同氏のノーベル賞の授賞理由も「貿易のパターンと経済活動の立地に関する分析の功績」であり、学者としての業績が評価の対象になっている）。

教育と研究に専念するはずの人生は一九八〇年代には早くも変化し始める。学問のキャリアの合間に、政府や公的機関向けコンサルティングを手掛け、アメリカ政府でも働いた。一般読者向けの経済の入門書を出版し、そのときどきの政策論争をテーマにした論文を執筆するようになった。

二十一世紀のアメリカはすべてが政治的で、多くの場合、経済問題について証拠の物語ることを受け入れるだけで党派的な活動とみなされる。ほとんどの学者にとっては、政治的な圧力を無視して研究を続けるのが、正しい選択だ。だが、研究を理解し尊重しつつ、政治的な論争に飛び込む意欲もある「公的な知識人」も必要である。私はその役割を果たそうとしている。

ニューヨーク・タイムズ紙は当初、ビジネスや経済についての話に専念するように期待したが、気が付くと自分も同紙も予想していなかった立場になった。市場経済は大事にしつつも、必要なら政府が強い行動を取るケインズ主義の立場に立ち、格差やリスクを減らす政府介入を不道徳とみる「右派」の議論は不誠実だと論じてきた。

二〇〇八年のリーマン・ショックに続く五年は最高の時期でもあり、最悪の時期でもあった。新聞のコラムニストとしての私の役割と、学術研究がほぼ完璧に一致し、政策担当者は何をすべきかについて、いろいろ言える立場になったという意味では最高の時期。政策担当者が私たちの手持ちの知識を頑固にはねのけ、むしろしばしば不誠実な議論に基づいて財政赤字ばかりを心配し、結果としてすさまじい無用の苦しみを引き起こした点では最悪の時期だったのである。

クルーグマンの活動履歴を見ると、経済学者と民間エコノミストの区別にこだわる日本は特異だという印象を持つ人もいるかもしれない。確かにそうした側面はあるが、筆者は、日本の現状を批判しているわけではない。クルーグマンの右派や共和党に対する激しい攻撃は、エコノミストとしてのラインを大きく飛び越えている。アメリカの経済学界にも、眉をひそめる人は多く、エコノミストの理想像として紹介したのではない。

ただ、エコノミストと呼ばれる人たちの幅がいかに広く、様々な活動をしているのかを示す、典型例ではある。クルーグマンの言説を全肯定したり、全否定したりするのではなく、個々の主張を吟味し、受け入れるべきところは受け入れるという姿勢が必要だろう。

日本の経済学者やエコノミストの主張に接するときも、日本の特徴をよく認識したうえで、経済学者やエコノミストたちの生産物（著作や論文、レポート、コメントなど）を、時と場合に応じて有効に活用すればよいのではなかろうか。

第Ⅱ章　経済学とは何か

本章では、経済学とはどんな学問なのかを説明する。これから経済学を学ぼうと考えている人、改めて学び直そうとする人の参考になるように、まずは、現代経済学では「標準的」とされている経済学の骨組みを紹介する。

標準的とは、多くの経済学者が正しいと信じている（あるいは、信じている振りをしている）という意味である。したがって、大学に入学し、大学教員から教えられる経済学は、標準的な内容である確率が高い。標準的な経済学を正しいと信じている集団を「主流派」と呼ぶなら、多くの大学生が学ぶ標準的な経済学は「主流派」の経済学と言い換えられる。

ただ、大学教員は授業を始める際に、「これから自分が教える経済学は主流派の経済学だ」とあえて説明はしない。主流派の経済学者の中には、それ以外の経済学についてよく知らないか、存在は知っていても、価値を認めていない人が多い。自らを「主流派」と名乗れば、暗に「異端派」の存在を認めることにもなる。

そこで、多くの大学生は、前置きなしに「標準的な」経済学の説明を受けることになる。それはあくまでも主流派の経済学者が取り扱う経済学であることを確認しておきたい。

経済学の入門書や教科書を手に取ったとき、本章の説明に沿った内容や構成なら、それは標準的もしくは主流派の経済学である。多くの経済学者たちが正しいと信じている内容なのだから、それを吸収できれば、「自分は経済学を学んだ」と胸を張れるだろうが、「主流派」とは異なる見方や世界観に基づく経済学も存在することは頭の片隅に置いてほしい。

一　経済学の二つの「顔」

最初に、経済学を学ぶ意義を平易に紹介しつつ、経済学の基本を解説している啓蒙書である**伊藤秀史**著『ひたすら読むエコノミクス』を取り上げる。同書で説明している対象は、標準的な経済学である。

著者の伊藤（一九五九〜）は「多くの人にとって経済学は、なかなかつかみどころのない学問のようです。いろいろな批判を受けたり、誤解されたり敬遠されたりしがちなのも、経済学がどんな学問なのかがわかりにくいところに原因がありそうです」という診断から始める。

その最大の理由は経済学には二つの「顔」があるためではないかと指摘する。著者によると、経済学には、研究の「対象」としての顔と、研究の「文法」としての顔の二つの顔がある。

顔とは著者流のたとえであり、「経済学とは何か」という定義、あるいは定義の仕方と言い換えられる。経済学の定義には、二種類のやり方があるために、つかみどころがない学問になっているというのだ。

一つ目は、「何を研究の対象にしているか」に基づく定義である。著者は経済学の「対象」としての顔には二つのレベルがあると説明する。

経済学は何を研究の対象にしているのか。経済問題として新聞やテレビでもよく話題になる景気、失業、税金、規制、貿易などは、国家の経済全体や国際経済という「マクロ」なレベルの問題で、「**マクロ経済学**」が対象とする現象である。対象が大きいだけに、各要素がどのように決まるのか、どのような結果が待っているのかを理解するのは難しい。今起こっている経済現象をどのように理解するかについて、経済学者の間で対立することさえある。

もう一つのレベルが、経済のもっと小さな構成単位に焦点を当てる「**ミクロ経済学**」と呼ばれる分野である。個々の人（家計と呼ぶことが多い）が買い手としてどのように消費を決めるのか、会社（企業）が売り手としてどのように生産を決めるのかを考える。

「労働」に関しては、個人が売り手、会社が買い手だ。個人がアルバイトや正社員として会社に勤め、労働を提供する立場になれば、労働力の売り手となり、そうした労働者を雇う会社が買い手となるからだ。会社と会社の取引では、一方が売り手、他方が買い手となる。売り手と買い手が取引をする場が「**市場**」であり、市場ではどのような相互作用が働き、価格が決まるのか、結果として成立する取引関係はどのくらい望ましいのかといった問題がミクロ経済学のテーマとなる。

家計、企業、市場などは経済の基本的な構成単位なので、大きな対象を分析するマクロ経済学に基礎を与える役割もある。つまり、経済全体をそのまま理解することは難しいので、できるだけ小さな構成単位からスタートし、より大きな部分の理解へとつなげていこうとする。したがって、「経済学入門」ではミクロ経済学の割合が相対的に大きくなっている。

こう説明したうえで、同書はミクロ経済学の内容をテーマ別に解説していく。

経済学とはどんな対象を分析する学問なのか。家計や企業など経済の小さな単位の行動や市場の働きを分析するのがミクロ経済学、景気や失業、貿易といった国全体や国際経済を分析するのがマクロ経済学だという分類は、経済学の基本であり、これはどの学派でも変わらないはずだ。

一方、「家計や企業といった小さな構成単位が、大きな対象を分析するマクロ経済学に基礎を与える」という説明は、現在の主流派経済学の考え方である。「経済全体をそのまま理解することは難しい」という説明は、「マクロ経済学は、マクロの経済現象をうまく解明できていない」と主張しているに等しい。

こうした主張の背景にあるのは、第Ⅰ章でも取り上げた「**ルーカス批判**」である。伝統的なマクロ経済学では、消費、設備投資といったマクロのデータを集計し、相互の関係式を作ってマクロの経済現象を解明しようとする。ケインズ経済学と呼ばれる体系だ。

一方、ケインズ経済学には、家計や企業がどのように行動するかという「ミクロ的な基礎づけ」が欠けており、ミクロの経済主体の行動を分析するモデルを使えばマクロ現象も分析できるというのが主流派の考え方である。

ミクロ経済学とマクロ経済学が別々にあるのはおかしい。マクロ現象もミクロ経済学と同じモデルで処理できるので、マクロ経済学（ケインズ経済学）はそもそも必要ないと主張する経済学者さえいるほどだ。「できるだけ小さな構成単位からスタートし、より大きな部分の理解へとつなげていこうとする」、「「経済学入門」ではミクロ経済学の割合が相対的に大きくなっている」という表現の中には、著者（主流派）の考え方が色濃くにじんでいる。

経済学に初めて接する読者は、この文章を読むだけでは、この部分は主流派の考え方に基づいており、別の考え方もあるとは分からないだろう。

同書に戻ろう。伝統的なマクロ経済学に比べて「相対的に割合が大きくなっている」ミクロ経済学は一九八〇年代以降、大きく発展してきたという。著者によると八〇年代以前の「古い」ミクロ経済学では、企業（会社）は市場の構成要因でしかない。資金や労働力などの様々なインプットを放り込むと、アウトプットとして製品やサービスを生み出す機械のような存在として扱う。

企業の内部で経営者や従業員がどのようにかかわりあいながら、インプットからアウトプットに変換するのかは、全く記述しない。経済学における企業は中身が外から見えない装置（ブラックボックス）だと揶揄されていた。

この装置は、非常に優秀な経営をする機械でもある。伝統的なミクロ経済学に登場する企業は、常に最小の費用で最大の利潤を達成する存在だ。そうした理想的な状態は、どんな経営によって成立するのかは分からない。企業は一人の決定主体であり、人々が集まる組織としての側面を切り捨てていたのだ。

一九八〇年代以降、ミクロ経済学は殻を破り、企業の内部や、組織を分析する研究が活発になった。「組織の経済学」と呼ばれる分野である。それ以外にも、「法と経済学」、「教育の経済学」、「人事の経済学」、「戦略の経済学」、「流通の経済分析」、「政治の経済分析」、「家族の経済学」、「慣習と規範の経済学」、「環境の経済分析」、「プロ野球の経済学」さらには「パチンコの経済学」、「大相撲の経済学」にまで分析の対象が広がっているという。

企業を単一の「決定主体」としてみるだけでは、企業に携わる人たちの動きが分からない。企業の内部にも目を向ける研究が広がり、「組織の経済学」、「人事の経済学」、「戦略の経済学」が誕生したところまでは理解できるだろう。

しかし、経済学が企業の内部にとどまらず、政治や法律、教育、家族、環境をはじめ、ありとあらゆる対象に目を向けるようになったのは、あるいは目を向けることができたのはなぜなのか。この記述だけでは分からない。

その理由は、経済学のもう一つの側面である、「文法」としての顔にあるという。文法とは、学問の手法、方法論を指す。「経済学はどんな手法や方法論に従って議論を展開する学問なのか」という視点から「経済学とは何か」を定義するのが、二つ目の定義のやり方である。

著者はここで、大阪大学名誉教授の**猪木武徳**（一九四五〜）が「経済学とはどういう学問であるか」という問いに答えたインタビュー記事の内容を引用する。

> 私は社会的な現象を「筋道を立てて」理解するための「文法」だと考えています。言語の問題になぞらえるならば、経済学は文法の学習であって、合理的、非合理的双方の側面を持つ人間の行動、人間の集合としての社会現象を、いかに一種の定理や法則として理解するかということだと思います。

著者によると、経済学は人間の行動に関する科学であり、人間の行動の分析に際して特定の文法を持つ学問としての顔を持つ。とりわけ経済学は、重要な意思決定が必要な局面で、選択を迫られる人間の行動の分析に威力を発揮する。

この「文法」を頭に入れれば、会社の生産計画、消費者としての行動、試験前にどのように時間を使うかという意思決定、卒業後の進路の選択なども分析の対象となるというのだ。

文法とはそれぞれの学問の手法、方法論を指し、欧米では、文法を持つ学問をディシプリンと呼ぶ。経済学はディシプリンの一つであり、社会学や心理学もディシプリンであるが、経営学や法学はそうではないという。

経営学の分析対象は文字通り経営であり、法学の対象は法律である。経済学の対象は経済だが、経済学は独自の方法論（文法）を備えているため、それを活用すれば経済以外の対象も分析できる力を持っている。その結果、試験前にどのように時間を使うかという意思決定、卒業後の進路の選択なども分析できる。それでは、経済学はどんな手法や方法論による学問なのだろうか。

著者によると、経済学は、重要な意思決定に直面し、選択に迫られている人間の行動の分析を出発点にしている。この部分では経済学はよくも悪くも頑固で首尾一貫しており、人間の行動の背後には何らかの「意図」があると仮定する。経済学に登場する人間は明確な目的を持ち、その目的をできる限り達成する選択をしようとする。そのような選択を合理的な意思決定と呼ぶ。経済学という手法を使えば、人間がなぜ、そのような選択をするのかを論理的に説明できる。

話を先に進める前に、この説明は、現在の主流派である新古典派ミクロ経済学の「文法」であり、多くの経済学者がこの手法を議論の前提にしているが、そうではない考え方もあると注意を喚起しておきたい。

著者の説明に従えば、経済学では、少しでも多くのお金を稼ぐために合理的に行動する人間像を描いているように感じるかもしれないが、人間の目的はお金儲けとはかぎらない。主観的な「やりがい」が目的であってもかまわない。

ある人間が、複数の選択肢の中から一つの行動を選ぶのはなぜか。経済学の手法を使えば、その理由を論理的に説明できる。人間は自ら設定した目的を達成するために、合理的に意思決定（選択）する、という人間観が根底にある。

ここで、著者が引用した猪木のインタビュー記事を改めて検証してみよう。猪木は「合理的、非合理的双方の側面を持つ人間の行動」という言葉で、人間の非合理性に着目する研究分野や、「人間の集合としての社会現象」という言葉で、マクロの経済現象を分析する研究分野の存在を示唆している。ところが、「経済学はディシプリンの一つである」と説明する著者が注目するのは専ら「合理的な側面を持つ人間の行動」であり、それが主流派のミクロ経済学の手法なのである。

主流派の経済学者がイメージしているのは、「合理的」に判断を下す人間の行動を、一種の法則や定理として理解しようとする手法である。この手法が確立しているからこそ、経済学は社会科学の中で確固たる地位を築いていると信じているのだ。

もう少し、著者に説明を続けてもらおう。

合理的という言葉が出てくると、コンピューターのように誤りのない判断を下せるような人間をイメージするかもしれないが、ここで登場する人間は、常に理想的な選択ができるスーパーマン／スーパーウーマンではない。知識や情報がない、他人や社会の決まりなどのしがらみがあり、情報の処理や計算能力に限界があるといった制約によって、理想的な選択が成し遂げられない場合もある生身の人間を考えている。それでも、様々な制約の中で、できる限り目的を達成しようとする人間を考えるという点で首尾一貫していると重ねて強調している。

経済学が想定する「合理的」な意思決定は、どんな条件があると成り立つのか。まず、可能な選択肢を明らかにし、かつ選択肢の間の好ましさについて、順位を付けられる。そして、選択可能な選択肢の中から最も順位が高いものを選ぶとき、経済学では合理的な意思決定をしたとみなす。

著者によると、経済学の文法（手法、方法論）は、**モデル分析**という第二の特色によってさらに強固になっている。モデルとは、複雑な現実の問題を分析するために単純化して描写したスナップショットのようなものと著者は説明する。モデルと現実は異なるのは当然で、現実は複雑だと言っているだけでは理解は進まない。

複雑な現実から枝葉末節を取り除き、問題の本質を切り取って単純化するのである。単純化により、自分が分析したい部分に光を当て、ものごとの本質に迫っていく。一方向からだけ光を当てても本質を見抜けないかもしれない。いくつものモデルを作り、様々な角度から検討することによって複雑な現実への理解が深まっていく。

モデル分析では、複雑な現実への理解を深めるために、現実の一部分を切り取って単純化するために前提（経済学では仮定と呼ぶ）を明確にする。そして、仮定からどんな結論が得られるのかを分析する。

モデルは抽象的であり、数学を使うモデルが多い。数学を使うのは、用語の定義、仮定、仮定から結論を導き出すまでの論理が明確になりやすいためだ。

経済学＝数学というイメージを持ち、拒絶反応を示す人は少なくないだろう。しかし、数学は、仮定から結論を導き出すまでの論理を、言葉よりも誤解が少ない形で示せる便利な存在である。

仮定から結論までの論理を数学で示した後は、仮定が妥当かどうか、導き出された結論をどう解釈すればよいのかを議論すればよい。

著者の説明はここまでだが、だとすれば、経済学を専門に勉強しようとする人以外は、必ずしも数学で論理を展開している部分を逐一理解する必要はない。

経済学でよく使う数学は、多変数の微分積分と、最適化問題であり、数学の専門家からみると、それほど高いレベルではない。微分を使うのは、経済学の**「限界」概念**を表現できるためだ。例えば、ミクロ経済学では、個人の行動を分析するときに、ある商品をもう一つ追加して消費したら満足度がどのように変化するかを考える。商品一単位の増加による満足度の増加率の計算は、微分と同じ考え方であり、両者の関係をグラフで表現すると曲線の傾きが満足度の増加率となる。

論理展開の部分を担う数学にミスがあると、仮定→結論に至るプロセス全体が誤っている可能性が生まれてしまう。専門家が論文を読むときは数学のチェックが必要だろうが、専門家以外の人がそこまで数学をフォローするのは難しい。専門家のチェックを経た論文であることを確認できれば十分だろう。

モデル分析における「仮定」の役割にも触れておこう。仮定とは、現実の一部を切り取って単純化する、つまりモデルを作るうえでの出発点である。「仮定が現実離れしている」という批判の声もよく聞くが、主流派の経済学者は「仮定が現実的かどうかは問題ではない」と反論する。**ミルトン・フリードマン**（一九一二〜二〇〇六）は『実証的経済学の方法と展開』（一九五三）で、まさにこの問題を論じた。フリードマンは抽象的な理論と、観察される現実とは関係がなくても構わないと主張したのだ。この立場を「**道具主義**」と呼ぶ。

経済理論は、観察可能な現象を説明する道具にすぎないのだから、道具の真偽を問うても意味はない。理論を使って導いた経済現象に関する予測が、観察された事実と合致するかどうかだけが、問題なのだと結論づけたのである。

道具主義によれば、新古典派理論の最大の「仮定」といえる「**経済人**」（**ホモ・エコノミクス**）が現実に合うかどうかは、全く問題にならない。経済人の仮定から出発する経済モデルがはじき出した結論が、現実に観察された事実と一致しているのなら、その経済モデルは有効なモデルといえるのだ。

伊藤は触れていないが、筆者は経済学の「文法」の第三の特徴として計量経済学の存在を挙げておきたい。主流派の経済学は「合理的な選択」という概念を軸に、様々な理論を構築して「社会科学の女王」とまで呼ばれる地位を築いてきたのは確かだが、実証を担う計量経済学の果たしてきた役割も大きい。

経済現象に統計の視点から切り込む手法の先駆者はイングランドの医師・経済学者、**ウィリアム・ペティ**（一六二三～一六八七）の『政治算術』（一六九〇）であり、歴史は古い。二十世紀になると統計データを活用して景気変動を予測する研究が活発になり、一九三〇年に計量経済学会が誕生した。第Ⅳ章で改めて説明するが、マクロの集計量の関係式を作って経済現象を説明するケインズ経済学を支える手法として一気に普及したのである。

ところが、「ルーカス批判」を機に、マクロの計量分析は学界での主導権を失った。近年はむしろ、労働、医療、教育といった分野でミクロデータを使った因果関係の分析手法として脚光を浴びている。

「**証拠に基づく政策立案**」（**EBPM**＝エビデンス・ベースド・ポリシー・メイキングの略）の考え方に基づき、政策の効果を、データを使って検証する研究も盛んになっている。医学の世界で普及してきた「**ランダム化比較試験**」（**RCT**）のほか、「**自然実験**」や「**擬似実験**」と呼ばれる**因果推論**の手法を活用し、政策がもたらす効果（因果関係）を明確にするのだ。RCTは、政策の効果を確かめるのに有効だとされる実験の手法だ。ある政策を実施する対象（介入群と呼ぶ）と実施しない対象（対照群と呼ぶ）をランダムに分け、結果を比べて政策効果の有無を判断する。自然災害や制度変更などの予期せぬ変化をデータとして利用する手法が「自然実験」、観察したデータを統計的に処理する手法が「擬似実験」であり、最も信頼性が高いとされるRCTに近い状況を見出すのが自然実験、近い状況を作り出すのが疑似実験だ。開発経済学や労働経済学、教育経済学などへの導入が進んでいる。

計量経済学はマクロ経済学を引き立てるための「裏方」の色合いが濃かったのだが、近年のミクロ計量経済学の隆盛は、既存の経済学界の秩序を切り崩しかねないほどの勢いがある。

例えば、労働経済学者が計量分析をした、ある論文では、Aという事象とBという事象の間に因果関係があるかどうかに絞って議論を展開している。最近の経済学の学術誌に掲載されている論文は、このタイプが圧倒的に多い。数式を駆使した、華麗なる論文を量産してきた経済学界は今や「理論なきデータ分析」の宝庫になりつつある。

それでも、ミクロ計量経済学の根源をたどれば、やはりミクロ経済学の均衡理論が存在している。経済学は「手法」の学問であり、その主役は今でも「合理的な選択」や「経済人」を前提に組み立てられた、華麗なるミクロ経済学の経済理論であり、ミクロ計量経済学は主流派の土台を強固にする役割を果たしている。

これまで、伊藤の著作を参照しながら、経済学とは何かを説明してきた。

経済学の専門家以外の感覚からすれば、経済学は経済を分析の対象とする学問であり、家計や企業といったミクロの経済主体に焦点を当てるのがミクロ経済学、景気や失業といったマクロの経済現象を扱うのがマクロ経済学という定義の方がすんなり頭に入るだろう。

一方、多くの専門家は、経済学を分析対象ではなく、文法（手法や方法論）で定義するべきだという考え方を支持している。

この定義は、主流派の経済学者にとっては常識なのかもしれないが、一般には、なじみが薄く、かつ違和感を覚える人が多いのではないだろうか。

伊藤は「二つの顔」と表現しているように、分析の対象による定義（ミクロ経済学とマクロ経済学）と、文法（手法や方法論）による定義（人間の合理的な意思決定・選択を軸に論理を展開する分析手法）のどちらかに軍配を上げているわけではない。

ただ、仮に経済学を前者だけで定義すると、経済学には独自の分析手法がないという見方も出てくる。後者の存在があってこそ、経済学者たちは「経済学は社会科学の中でもひときわ鮮やかに光り輝く存在だ」と主張できるともいえる。「経済学はディシプリンだが、経営学や法学はディシプリンではない」という説明の背後には経済学者としての強い自負が潜んでいる。

二　科学としての経済学

経済学を分析対象ではなく、手法で定義するべきだという考え方は古くからある。その元祖と呼べるのは、イギリスの経済学者、**ライオネル・ロビンズ**（一八九八〜一九八四）だ。

一九三二年に出版した『経済学の本質と意義』で「経済学とは諸目的と代替的用途を持つ希少な諸手段との間の関係としての人間行動を研究する科学である」と定義した。

もう少しかみ砕いて説明しよう。「代替的用途を持つ」とは、いくつかの使い道があるという意味であり、「希少な」とは、限られたという意味である。

経済学は人間行動を研究する科学であるという説明には異論は少ないだろう。それでは、どんな人間の行動に注目するのか。人間が、様々な目的を達成するために（いくつかの使い道がある）限られた手段をどのように使うのかを問題にする学問だというのだ。

同書でロビンズはまず、経済学はパンの消費から得る厚生のような物質的な厚生の諸要因に関する研究であるとする定義に反対する。厚生とは、人間の生活を健康で豊かにすることを指す。

経済学は物質の豊かさを研究の対象にするという定義は、当時のイギリスの経済学者の間では広く共有されていたが、物質とは無関係な経済現象を経済学の範囲外だとする点に問題があると指摘した。物質の豊かさに限定すると、物質とは関係がない、例えばオーケストラの団員の賃金を説明できないためである。

その代わりに、「希少な手段を処分する人間の行動」に注目した。希少な手段を活用し、目的を達成するための合理的な選択を研究するのが経済学だと定義したのである。

ロビンズの論点を改めて整理しよう。人間が設定する目的は多様である。様々な目的を達成するための手段（資源）は限られている。その手段にはいくつかの使い道があり、人間は使い方（配分）を決定（選択）できる。

こうした人間の行動を研究するのが経済学だというのである。

当時、同様な見方をする経済学者は少なからず存在し、必ずしもロビンズの独創ではないが、「**希少性定義**」を明確に打ち出したことで、現代経済学の基盤を作ったといえよう。

ロビンズによれば、人間の目的は、金儲けであってもよいが、どんな類いのものでもよい。目的の達成が、手段の希少性によって制約を受ける限りは、経済分析の対象になると論じた。目的と手段の形式的な関係だけを問題とする以上、経済学は主体（人間）の目的に中立的であり、分析の過程では「所与」（あらかじめ与えられている）とするだけでよいと結論づけたのである。

ロビンズの名前が現在の経済学者の間で話題になることはほとんどないが、主流派の立場に立つ経済学者は現在でも、基本的にこの定義を受け入れているといってよい。

ロビンズの経済学に対する貢献は「希少性定義」だけではない。『経済学の本質と意義』では、事実と価値を峻別するように訴え、両者の関係を論じている。科学としての経済学では、規範的な評価を含む命題を取り扱わないと主張したのである。規範的な評価を含む命題の具体例として挙げたのが、当時のイギリスで受け入れられていた「**限界効用逓減の法則**」だ。

人間は同じものを多く持つようになると、追加の一単位から得る効用（満足度）が小さくなる。所得が多い人は、さらに所得が増えても満足度がそれほど増えないので、富裕層の所得が増えても貧困層ほど満足度が高まらない。したがって、富裕層から貧困層に所得を移転すれば、社会全体の満足度は高まる。

もっともらしい仮説のようにも見えるが、この仮説には、個人の満足度を科学的に比較できるという前提がある。「Aの満足とBの満足を比べ、その大きさを検査する手段は何もない」と指摘し、この仮説は科学的な根拠に欠けると退けた。

ロビンズは、「である」という表現を含む命題を作って一般法則を示す、事実を解明する研究と、「べきである」という表現を含む命題を作って一般法則を示す、規範的な研究とを区別しようとした。

ロビンズは、経済学者は規範的な問題に口出しすべきではないと唱えたのではない。個人の満足度を比べるという、科学的な根拠がない前提を置きながら、あたかも事実を解明する問題のように議論するのはおかしいと主張したのだ。

事実を解明する問題と、規範的な問題を区別するという方法論は、現代経済学にも受け継がれている。現代経済学の標準教科書には、Aを実行したら何が起きるかを考えるのが、事実を解明する研究、その結果が良いか悪いかを判断するのが、規範的な研究であるとの解説が載っている。

こうした解説を何気なく読むと、経済学は「事実を解明する研究」と「規範的な研究」を峻別している客観的な「科学」なのだという認識が刷り込まれるだろう。事実を解明するプロセスには、規範や価値判断が入り込む余地はないのだろうか。

ある経済学者が、「XさんがAを実行した結果、Bが起きた」という命題を、ミクロ経済学（新古典派経済学）の手法を活用して証明したとしよう。Xさんは、限られた予算の中で、自分の効用（満足度）を最も大きくするように行動する「経済人」である。

学者の規範意識や価値判断からは独立した科学的な研究のように見えるが、この学者が採用したミクロ経済学の手法は本当に「規範や価値判断」とは無縁なのだろうか。ミクロ経済学の研究手法を取り入れた時点で、合理的な選択・意思決定をするという人間観を受け入れているのではないだろうか。

ミクロ経済学の手法に従って、A→Bという「事実を解明」する行為は、ミクロ経済学の根底にある「規範」を受け入れなければ成立しないはずだ。

ロビンズは「富裕層と貧困層の満足度を比較できる」という前提から出発する命題を「科学的な根拠がな

い」と批判したが、経済学の仮説の背後には、規範や価値判断が隠れていることを図らずも明らかにしたといえる。

そもそも学者は個人の体験、思想信条などから完全に自由な立場に立って、客観的な分析に取り組めるのか。ドイツの社会学者、**マックス・ウェーバー**（一八六四〜一九二〇）が提起した「**没価値性**」の問題とも重なる難問に突き当たるが、この難問は今も解かれていない。

話を先に進める前に、ロビンズはどんな経緯で、「希少性定義」を発案したのかを説明しておこう。

イギリス生まれのロビンズは第一次世界大戦中に大学を退学し、兵士となった。戦後は、既存の秩序を批判する社会主義者となり、労働運動に身を投じた。しかし、社会主義運動の指導者たちが経済問題を理解していない実態を知り、運動に幻滅するようになる。人々の要求を満たすためには資源が必要であり、その資源は有限だ。社会主義者たちは、有限な資源の配分という事実を忘れているのではないかと考えるようになった。

そしてＬＳＥに入学して経済学を学び、二十代に教授となる。「希少性定義」は、社会主義運動に幻滅し、資源は有限だとの認識を深めた中から生まれた定義なのである。

経済学を分析の対象ではなく、手法で定義したことで、経済学の汎用性は急拡大した。

英ケンブリッジ大学の**ハジュン・チャン**（一九六三〜）は『ケンブリッジ式　経済学ユーザーズガイド』で、こうした経済学の現状をユーモアに満ちた文体で批判している。

経済学とは経済についての学問だと思っているかもしれない。なにしろ化学といえば化学作用を学ぶものだし、生物学といえば生き物を学ぶものだし、社会学とは社会を学ぶことだ。だからきっと、経済学は経済を学ぶものに違いない――。

だが、昨今のベストセラー経済学書群によれば、経済学とはそれにとどまらず、究極の疑問――生命、宇宙そして万物――についてのものだという。（中略）

つまり経済学とは（おおむね）生命、宇宙そして万物についてのものらしい。素人がエコノミストの仕事の中心と思う経済の説明とは著しくかけ離れているようだ。

二〇〇八年のリーマンショックと以降の金融危機まで、経済学徒の大半は世界に高説を垂れていた。市場はめったに間違いは犯さない。現代経済学は市場のしわも伸ばせるのだ、と。一九九五年にノーベル経済学賞を受賞したロバート・ルーカスは、二〇〇三年に「不況予防の問題は解決された」と宣言している。だから大半のエコノミストにとって、二〇〇八年のグローバルな金融危機は青天の霹靂だった。それどころか、その後の混迷にも、まともな対策一つ見出せなかったのだ。

となると、経済学はまるで重度の誇大妄想狂のようでもある。自分の縄張りさえ満足に説明できないような学問が、いったいどうして（ほぼ）万物を説明できるのか。

極めて辛辣な表現だが、現代経済学が抱える問題の本質を的確にとらえている。経済学者たちは、個人や企業の合理的な選択を分析の起点とする独自の手法を手に入れた。切れ味鋭い手法を武器に、経済以外の分野にも果敢に分析の対象を広げてきたのだ。

著者は経済学の手法を使えば万物を分析できると唱えている様々な事例を挙げる。

ロバート・フランクの一般向け経済学書『エコノミック・ナチュラリスト』シリーズ第一作の副題は「なぜ経済学はほぼすべてを説明できるのか？」。万物を広く浅く扱っている第二作『世界をわかりやすくする経済学』の副題は「暮らしの論理が明かす万物のニュー・エコノミクス」だ。

スティーヴン・レヴィットと**スティーヴン・ダブナー**の『ヤバい経済学』の副題は「悪ガキ教授が世の裏側を探検する」。一般に経済学の問題とされるテーマにはほとんど触れず、相撲の力士、米国の教師、シカゴの麻薬ギャング、テレビの人気クイズ番組の参加視聴者、不動産仲介業者、クー・クラックス・クランなどを俎上に載せている。

一九九二年にノーベル経済学賞を受賞した**ゲイリー・ベッカー**は、経済学の分析対象は結婚、子作り、犯罪や薬物中毒などなんでもよいと主張した。一九七六年には『人間行動への経済学的アプローチ』を出版し、経済学は万物を対象にすると宣言した。

著者はこうたたみかける。

> 今日の経済学の視点からは、日本の力士の八百長も、米国の教師が高査定を目あてに生徒の答案を改ざんすることも、ギリシャがユーロ圏にとどまるべきかどうかも、サムスンとアップルがスマホ市場でどう戦うかも、スペインの若年失業率をどう下げるかなどと同様に、まっとうな研究対象とされる。

明らかに常軌を逸しているように見えるが、経済学者たちは大まじめである。経済学を「方法」によって定義し、その方法が威力を発揮するのなら、経済以外の領域も分析してみたくなるのは学者の本性ともいえる。

著者は、経済学をその方法や理論的アプローチによって定義するべきではなく、他の学問分野と同じように、対象によって定義するべきだと主張する。

この主張は当たり前のようにも聞こえるが、重要な論点を含んでいる。経済学を「方法」で定義する場合の方法とは、現代経済学の主流である新古典派経済学の手法である。その定義を受け入れると、新古典派経済学の手法が所与（あらかじめ与えられた存在）になり、それ以外の手法はスタート地点から存在しないに等しくなるからだ。

著者が経済学を対象によって定義するべきだ、とあえて強調するのは、新古典派以外の学派にも光を当てる狙いがある。経済学の特定の学派（新古典派）が主張する手法を使って万物を診断する一環で経済現象を説明するのではなく、経済現象に対象を絞り、様々な学派の知見を活用しながら説明してこそ、経済現象をよく説明できるというのが著者の考えなのである。

筆者も経済学は分析対象によって定義するのが基本だと考える。「手法」による定義も否定はしないが、主流派の手法であっても数ある方法論の一つにすぎないことを忘れないようにしたい。

三　経済モデルという寓話

経済学の「文法」のもう一つの特徴であるモデル分析にも落とし穴がある。

米ハーバード大学教授の**ダニ・ロドリック**（一九五七〜）は、経済学の方法論をテーマにした著書『エコノミクス・ルール』で経済学のモデル分析について詳しく論じている。

経済学のモデルとは、要素間の特殊な関係の働きを、交絡要因（原因と結果の双方に影響する要因）を隔離して、単純に示したものであり、モデルは原因に焦点を当て、それがシステムを通してどんな結果をもたらすのかを示そうとする。

モデルを作るとは、全体の中のある部分と別の部分のつながりがどのようなものであるかを明らかにする人工的な世界を作ることである。

現実の世界では様々な要素が複雑に絡み合っていて識別できないが、経済学のモデルを作れば、原因となる要素と、結果となる要素の関係を識別できる。

よく見かけるのは、経済学の入門書に登場する**供給―需要モデル**である。右下がりの需要曲線と、右上がりの供給曲線からなり、二つの曲線が交わる点で価格と数量が決まる。この人工世界を、経済学者は「**完全競争市場**」と呼ぶ。消費者と生産者が無数に存在し、全員が経済的な利益（消費者は満足度、生産者は利益）を追求しているが、誰も市場価格に影響を与えることはできない。

このモデルは「新古典派ミクロ経済学」の手法に基づくモデルである。

需要曲線とは、縦軸に価格（値段）、横軸に取引される数量をとった平面で、消費者（個人）の視点に立ってモノの値段と数量の関係を描いた曲線、供給曲線とは、同じ平面で生産者（企業）の視点に立ってモノの値段と数量の関係を描いた曲線である。モノの値段が安いときは、多くの消費者がモノを買い求めるので、数量が多くなる。値段が上がると買い求める消費者が減り、数量が少なくなる。この関係を示すのが右下がりの需要曲線だ。

生産者の視点に立つと、値段と数量の関係は逆になり、値段が安いときは生産者が提供するモノの数量は少なくなり、値段が上がると数量は多くなる。曲線は右上がりとなる。

モデルの背後にいる消費者と生産者は、いずれも自分の利益を最大にするという「目的」を持ち、どの値段ならどれだけの数量を買う（売る）のかを決める（合理的な選択をする）のだ。

人間の動機は、物質的な動機だけではないし、合理性が感情によって曇らされる場合もある。生産者が独占企業の場合は、価格を決定する力があるかもしれない。モデルは現実の様々な要素を捨象しているのだが、このモデルは現実の市場経済の単純な働きを解明してくれる、と著者はいう。

著者は特定のモデルに肩入れしているわけではない。経済学のモデルは唯一無二ではなく、多種多様なモデルがあり、モデルの種類を増やしたり、現実世界に適用する方法を改善したりすることで進化している。経済学のモデルは、現実社会が変化していくのに合わせて多様にならざるをえない。異なる社会状況では異なるモデルを使う必要がある。経済学者が普遍的で万能なモデルを発見するなど絶対にありえないとまで言う。

著者は、あるモデルが役立つのは、現実のある側面をとらえた時だと指摘する。モデルを正しく使えば現実の問題に最も直結した側面を把握できる。

したがって、異なった状況（異なる市場、社会環境、国、時期など）には異なったモデルが必要になる。そのときどきの状況に応じてふさわしい経済モデルを選び出し、有効に活用できれば、モデルはわれわれを導く光となる。ところが、経済学者は状況の多様性に応じたモデルの多様性を投げ捨てて唯一無二の普遍的なモデルを求めようとしてしまい、独断的に使う。モデルから導かれる政策は傲慢で間違ったものになると著者は警鐘を鳴らす。

経済学には多様なモデルがあり、特定のイデオロギー的志向を持ったり、唯一の結論を導いたりできるものではない。現実を見極めながら、思慮深くモデルを選ぼうという主張には賛成だ。

ただ、この議論には欠けている論点がある。状況に応じて適切なモデルを選び出し、応用するのは誰なのかという問題である。経済学のモデルに精通しているのは経済学者なのだから、経済学者がモデルを選択するべきだとみるのが自然だが、著者も指摘するように、経済学者は唯一無二の普遍的なモデルを求めようとする嫌いがある。自分が信じる、あるいは自ら作成したモデルを「この状況では使えない。別のモデルの方が正しい」と認めることはほとんどない。しかも、経済学では専門分化が進み、自分の専門分野以外の理論や経済モデルをフォローしている余裕がない学者も多い。

そうであるなら、モデルを選択するのは「経済学のユーザー」以外にない。とはいえ、どの経済学者の言い分が正しいのか、個々の経済学者がどんな研究をしているのか、誰を信用すればよいのか、判断が難しいのは確かだ。それでも、経済学の基本的な考え方を頭に入れておけば、不可能ではないと筆者は考えている。

これから経済学を学ぼうとする人に、そこまで要求するのは酷だとの見方もあるだろう。経済学者の側も、モデル選択の材料を提供し、専門家以外の人が状況に応じてふさわしいモデルを有効活用できるように努力すべきなのは言うまでもない。特定の経済理論やモデルに裏打ちされた自らの主張の正しさを強調するばかりではなく、できる限り、主張の背景や限界についても言及するべきだ。

例えば、**飯田泰之**著『経済学講義』には、こんな趣旨の記述がある。メディアにもよく登場する著者（一九七五～）が標準経済学のエッセンスを分かりやすく解説した良書であるとまず、断っておきたい。

経済学を学ぶとき、まず取り組むべきはミクロ経済学である。経済学的な思考の型や考え方のクセ（経済学の作法）がそのままの形で現れるのがミクロ経済学だからだ。

経済学の論理は「与えられた条件（制約）の中で、今までよりもよい状態を目指す（最適化する）」という人間の行動を基礎にしている。人間は、制約の中で合理的に判断し、最適化するというプロセスはすべての経済学の分野に当てはまる。

合理的な人間が一定の制約条件の下で満足度などを最大にするように行動すると仮定して得た結論は、より現実的な設定での課題を考えるための出発点となる。

教科書的な議論と、現実の問題のどこが違うのか、その違いは結論にどんな影響を及ぼすのか、思考の出発点として経済学は役立つ。

これは標準的な経済学の入門書であり、ここで登場する「経済学の作法」とは、新古典派経済学の作法である。同書では、需要曲線と供給曲線の解説からスタートし、そこから派生してきた経済理論やモデルを、順を追って紹介する。

大学で経済学をこれから学ぼうとするとき、あるいはこれから独学で経済学を学ぼうとするとき、ミクロ経済学、マクロ経済学、計量経済学の三種類の初級教科書を手に取る人が多いだろう。多くの大学は、三分野を経済学の標準コースとして認定しており、コースに沿った教科書が数多く発行されている。

大学教員が指定するミクロ経済学の入門書や教科書のページを開くと、上述した入門書と似たような記述を発見できるはずだ。

確かに同書にも多くの経済モデルが登場し、経済現象を分析しているが、あくまでも、主流派の作法にのっとったモデルである。主流派以外の考え方やモデルはこの入門書には登場しない。主流派の経済学者たちの手の内にあるのは、当然ながら主流派のモデルである。標準的な教科書や入門書に登場するモデルは、実はそれほど「多様」ではないし、臨機応変に使いこなせるようには紹介されていない。

標準的な入門書や教科書を学ばなくてもよいと主張しているのではない。主流派経済学の基本（作法）を理解することは大切だが、経済学はもっと多様であると重ねて指摘しておきたい。この点を踏まえたうえで経済学に接すれば、経済学の成果物を使いこなし、様々な場面で役立てるチャンスが広がるだろう。

現在の標準的な教科書で紹介されている主流派の経済学はなぜ、主流派になっているのかといえば、多くの経済学者が正しいと信じている、あるいは信じている振りをせざるを得ないからだ。経済学界には主流派以外にも様々な学派があるが、歴史をたどれば、経済学の世界で起きた革新は、「異端派」が既存の「主流派」を乗り越えた結果として実現したといってもよい。後述するが、限界革命やケインズ革命も、そうした運動ととらえられる。

だとすれば、現在の主流派経済学は、様々な学派が競い合う中で生き残ってきた知見の集大成ではある。生き残ってきた経済学の作法を保持・擁護するべきであると主張する経済学者は少なくない。

しかし、何の前置きもなしに、「人間が制約の下で合理的に判断し、最適化するプロセスはすべての経済学に当てはまる」と断言し、消費者の効用関数、選好、無差別曲線、最適消費、企業の生産関数、利潤最大化、市場均衡といった基本概念を、グラフや数式を使って説明するだけでは、「なぜ、こんなことを学ぶ意味があるのか」と疑問を感じ、教科書を放り出す人も出てくるだろう。この時点で経済学への興味がそがれてしまうと、「経済学は役に立たない」という印象だけが残りかねない。

反対に、教科書に出てくる数式やグラフ、法則や理論にほれ込む人もいるかもしれない。主流派の発想や方法論に共鳴するのはよいが、それ以外の方法論を知らないまま卒業するようでは、やはり偏りがあるといえる。

「異なった状況（異なる市場、社会環境、国、時期など）には異なったモデルが必要になる」というロドリックの主張には説得力があるが、大学教育の現状を見る限り、実現へのハードルは高いと言わざるを得ない。

そもそも「異なった状況」とは、どこまで許容されるのだろうか。そして、現在の主流派経済学は現状にふさわしいモデルを提示できているのだろうか。

それを探るために、少し経済学の歴史を振り返ってみよう（本書の以下のパートでは、経済学説や経済思想の様々な入門書や解説書を参照している。随所で内容の一部を要約する形で活用しているので、あらかじめ断っておきたい。参考文献はまとめて巻末に一覧を掲載）。

経済学は十八世紀後半、**産業革命**を経た西ヨーロッパで誕生した。市場経済が、伝統的な生産組織を再編成する中で成立したとされている時期だ。当時のイギリスでは、大量生産を可能にする技術革新が進んでいた。紡績、織布、動力などで産業革命が起き、イングランド北西部では毛織物に代わって木綿工業が盛んになった。

資本家は工場で労働者を雇い、機械を使って生産するようになった。機械を製造する機械工業、機械の原材料となる鉄を精錬する鉄工業も勃興した。蒸気機関が動力として使われるようになったのも、この頃である。

イギリスの古典派経済学の基礎を作った**アダム・スミス**（一七二三～一七九〇）はそんな時代に生きた経済学者だ。経済問題は政治や社会問題の一部とされ、「**政治経済学**」と呼ばれていた。主著『国富論』（一七七六）は、経済学が政治学や哲学、法学、倫理学とは異なる独立した分野であると位置づけ、経済学という学問の確立に大きく貢献した著作である。

産業革命の前夜である十八世紀初頭、イギリスとフランスは、ヨーロッパの周辺諸国を巻き込み、世界市場の覇権を目指して戦争を繰り返していた。スペイン継承戦争、オーストリア継承戦争、七年戦争と対立を深め、東インドと北米大陸でも植民地の領有をめぐって争った。イギリスとフランスの産業の中心は毛織物産業であり、輸出先として植民地を獲得したかったのだ。

戦争を重ねれば、軍事支出が膨らむ。両国は戦費を調達するために国債を発行し、財政危機に陥った。イギリスは七年戦争の戦費を賄うために植民地への増税に踏み切り、それに反発したアメリカが独立。フランスでは、農民への重税で農村が疲弊し、フランス革命へとつながる。

イギリスとフランスをはじめとするヨーロッパ諸国は、十六世紀に絶対主義国家が成立してから十八〜十九世紀の産業革命期に至るまで、「**重商主義**」と呼ばれる経済政策を採用してきた。

重商主義は特定の個人が唱えた学説ではない。スミスが、当時の著述家やジャーナリスト、実業家らが唱えていた内容に共通する傾向を批判するために『国富論』で「**商業の体系**」という呼び名をつけた。重商主義は、後の学説史家が呼び変えた名称だ。

スミスによると、重商主義には以下の特徴がある。

貨幣（金銀）と富とを同一視し、その増加を政策目標とする。金銀を海外から獲得するために貿易差額（貿易収支）を黒字にしようとする。貿易差額を黒字にするために、輸出を促進し、輸入を抑制する保護貿易を実行する。その前提として、国家の繁栄には国家による干渉が必要だと考える。

スミスは三百年間続いていた、国家主導の重商主義が破綻しかけた時代に登場したのである。産業革命は国家が主導した運動ではない。推進役となった新興の実業家はむしろ国家が国内市場に干渉するのを嫌っていた。国家は外国との貿易に注力し、国内では規制を設けていた。イギリスの商人や製造業者の一部はアメリカの植民地やインドとの独占貿易から利益を得ていたが、イギリス以外の国との取引を制限されていたアメリカでは不満が高まっていた。イギリスにとっても、植民地を維持するための行政費や軍事費が重荷になっていた。

国内市場が拡大し始める中で、重商主義に代わる経済思想が求められていたともいえる。スミスは重商主義を批判し、自由な市場は万人に富をもたらすと論証しようとした。

『国富論』の正式名称は『諸国民の富の本質と原因に関する研究』である。富は貿易によって蓄積される金銀ではない。国富論の冒頭で富とは「国民が年々に消費するいっさいの生活必需品や便益品」だと定義している。

それではスミスのいう富の原因とは何か。富を生み出すのは国民の年々の労働であり、国民一人当たりの富の大きさは、労働生産力と、労働者が国民全体に占める割合に左右される。多くの国民が働き、一人当たりの生産力が高まれば国富は増えていく。

スミスが重視したのは**一人当たりの生産力**（**生産性**）である。未開民族では、働けるすべての人が働いているが、国富は少なく、生活は貧しい。一方、文明国では、国王や貴族ら多くの人々が働かず、贅沢な消費だけをしているにもかかわらず、働いている人の生産力が高いために国富が大きく、すべての人々が豊かに暮らしていると指摘した。

当時、大地主が農民の土地や共有地を囲い込む動きが広がり、小農民や職人らは都市に追いやられ、下層階級として貧困にあえいでいた。スミスはこうした現状を視野に入れ、階級支配がなく、すべての人が働いている未開人よりも、市場経済で不平等に直面している下層の人々の方が豊かな生活をしていると、市場経済を擁護したのだ。

生産力を高める原動力として目を付けたのが**分業**である。産業革命が始まっていたとはいえ、機械の中心は手工業の道具であり、生産力を高めるには限界がある。生産過程を細かく分ける分業こそ、生産性向上の鍵を握ると唱えた。

有名なピン工場の例を挙げながら説明する。仮に職人が一人だけでピンを作るなら、一日一本のピンを作るのも容易ではない。スミスが訪問した工場では、十人の労働者が分担して働き、一人当たり一日四千八百本のピンを生産していた。分業には、「労働者の熟練や技能を改善し、ある仕事から別の仕事への移動時間を節約する」、「労働を単純にして機械の発明を容易にする」といった利点がある。

分業の利点は、農業や工業以外にも及ぶ。進歩した社会では、哲学や新しいアイデアの創造は、日常の仕事と並んである種の人々の職業になると、スミスは考えた。各自は自分たちの独自の分野でますます専門家となるが、全体としてみると一層多くの仕事が達成され、科学的知識の量は著しく増大する。よく統治された社会では、分業によって富裕が行きわたり、最下層の労働者でさえ、自分の欲求を満たせるのだ。

ここでスミスの最初の著作、『道徳感情論』（一七五九）にも触れておこう。スコットランド生まれのスミスは一七五二年、グラスゴー大学の論理学の教授から道徳哲学の教授に転じ、十数年にわたって道徳哲学の講義を担当した。

その講義は、自然神学、倫理学、正義論（法学）、行政論（経済学）からなり、倫理学の講義を発展させて『道徳感情論』に、行政論を拡充して『国富論』となった。

『道徳感情論』では、人間が道徳上の価値判断をする能力を論じている。人間が正邪や善悪を判断できるのは理性があるからではなく、道徳感情という特殊な感情が働くからだという。道徳感情の源泉は**共感**である。人間は何らかの被害にあった他人に対し、想像力によって自分の身に置き換えている。そうした立場の交換によって共感が得られるのなら、その手続きを繰り返し、最後は、特定の当事者にも自分にも偏らない「**公平な観察者**」の共感に達する。人間は公平な観察者の同意と自己規制によって、正邪や善悪を判断できるのだ。

そして、公平な観察者による共感に裏打ちされた個人の利己的な行為は、その人自身が意図せざる結果として公共の利益を促進する。人々の利己的な行為（経済活動）は、公平な観察者の共感を得られる限り、自由に放任すべきだと考えたのである。

こうした人間観に基づき、自由放任の経済活動が、**神の見えざる手**に導かれて人々が意図しない公共の利益が生まれる過程を示したのが、『国富論』なのである。

スミスの思想は現代経済学の礎となったが、奥行きが広いスミスの思想の一部だけを都合よく切り取っているのではないだろうか。

貿易赤字は悪だと主張し、中国との貿易戦争を仕掛けたアメリカのドナルド・トランプ大統領（在任期間二〇一七〜二一）に対し、「貿易差額を重視し、重商主義政策を採った十八世紀までのヨーロッパ諸国の現代版を演じているにすぎない」と多くの経済学者は糾弾した。国家の介入に反対し、自由放任の市場経済を擁護したスミスに言及し、反トランプを表明する経済学者も多かった。経済学の始祖と呼ばれるスミスの思想が、現代にも通じる普遍性を持っているのは確かだ。

それでは、スミスの流れをくむ主流派の経済モデルは「異なった状況（異なる市場、社会環境、国、時期など）には異なったモデルが必要になる」という主張をねじ伏せられるだろうか。反トランプの論拠としてスミスを持ち出すのはよいにしても、スミスが生きた時代と現代とは大きく環境が異なっている点には注意が必要だ。

スミスは当時の世界を見渡し、アメリカやイギリスのような進歩する国、中国のような停滞する国、東インドのような衰退している国に分類していた。イギリスの納税者は植民地を維持するために、そこから得られる利益以上の負担を強いられている。そこで、戦争や他国からの略奪、植民地建設によって豊かになろうとするのではなく、自国の資源を開発し、貿易によって生産物の余剰部分を得る国は繁栄できると主張した。スミスの自由貿易論は、植民地批判とも結びつき、イギリスの国益にとって何が大切かを考えたうえでの主張だった。

スミスを自由放任主義者だと決めつけるべきではないとの見方もある。スミスは重商主義を批判し、独占や規制を撤廃すれば「自然的自由の制度」が出来上がると論じているが、そのときにも国家や政府には三つの義務があると指摘している。自国を暴力と侵略から防衛する義務、社会の成員を他の成員の不正や抑圧から保護する義務、公共事業によって公共施設を作り、維持する義務である。

それでは、トランプの目には、どんな世界が映っていたのか。アメリカは依然、世界一の経済・軍事大国ではあるが、急成長する中国に猛追されている。しかも、中国は公正ではない手段を使って自国の利益を拡大している。中国製品に関税をかけ、アメリカの産業を守るのが、アメリカの国益に沿う政策だという主張を「完全な誤りだ」と退けられるだろうか。

どんな経済モデルにせよ、現在の状況に本当にふさわしいのか、もっとよいモデルはないのか、慎重に見極めなければならない。

ダニ・ロドリックの著作に戻り、経済モデルの意義と問題点をさらに掘り下げていこう。経済モデルは、寓話のようなものだと考えることもできると同氏はいう。

寓話はシンプルで、言葉は少なく、登場人物は貪欲や嫉妬のような型どおりの動機で動く。寓話はリアルである必要はなく、登場人物の人生を精密に描く必要もない。物語の筋を明確にするためにリアリズムを犠牲にし、不明瞭さを少なくする。重要なのは誰にでも分かる道徳が含まれていることだ。

正直が一番だ、最後に笑うものこそ勝者だ。同病相憐れむ、水に落ちた犬を叩くなといった内容だ。

経済学のモデルもシンプルで抽象的な環境を前提にしている。仮定の多くが現実的である必要はなく、登場人物は高度に定型化された振る舞いをする。明確な原因・結果や条件式が物語の筋となり、誰もが分かる道徳（経済学者が政策的含意と呼ぶもの）がある。

自由市場は効率的だ、戦略的な場面（競争相手を出し抜くための戦略が必要な場面）で機会主義的に行動する（定まった考えに基づいて行動するのではなく、形勢を見て有利な方に追従しようとする）と全員の厚生が悪化する、インセンティブ（行動の動機）は重要だ、などが、道徳の例である。

寓話のメッセージに誤解の余地はない。ウサギとカメの物語は、着実に、ゆっくりと歩んでいく重要性を訴えている。物語の核になる部分を取り出せば、他の多様な環境にも応用できる。

経済学のモデルにも同じような特徴があると著者はいう。例えば、競争市場での需要と供給の枠組み（モデル）を学んだ学生は、市場の力に敬意を持ち続けるといった例を挙げる。大学を卒業してモデルの細部を忘れても、世界を理解し、解釈するテンプレートは記憶に残り続けるのだ。

この指摘は、現在の標準的な教科書に潜む問題点にも通じる。標準的な教科書に登場する経済学のモデルは、長い時間の中で生き残ってきた、経済学者たちの英知の結集である。そうしたモデルを学ぶ意味は大きいが、どんなモデルであれ、その経済学者が身につけている手法を活用して経済の一断面を切り取っているにすぎない。

モデルとは、全体の中のある部分と別の部分のつながりがどのようなものであるかを明らかにするための人工的な世界である。モデルの背景にはどんな考え方があり、どんな状況なら活用できるのか、どんな場面では通用しないのかを理解しないまま、標準的なモデルを学ぶ授業は、多くの学生にとって、つらく不毛な時間となる。経済学の専門用語や基本概念の断片的な知識は得られるかもしれないが、何かをつかみ取ったという実感は乏しいのではないか。

経済モデルの美しさにほれ込み、専門家への道を志す学生も、もちろん存在するだろう。両者の反応は正反対ではあるが、在学中に接するのは主流派の考え方だけである点では変わらない。興味を持つにせよ、持たないにせよ、主流派の考え方は学生たちの意識の底に深く根を下ろし、大げさに言えば、その後の生き方にも影響を及ぼす。

経済学者の間からは「現実から抽出した経済学のモデルと、フィクションである寓話を同一視するのはおかしい」という反論が聞こえてきそうだが、もう少し、著者の説明を聞こう。

寓話は数えきれないほどあり、それぞれの寓話が、環境の異なる条件の下で行動する指針を与えている。

また、寓話が導く道徳は、しばしば矛盾し合っている。ある寓話は信頼や協力の美徳を称賛し、別の寓話は自分をもっと信じるよう促す。ある寓話は事前の準備をたたえ、別の寓話は過剰な準備は危ないと警告する。それぞれの寓話は、限られた視点から道徳を語っている。全体を合わせると、疑いと不確実性が助長される。特定の状況に合う寓話を選ぶには判断力が必要だ。

経済学のモデルはどうだろうか。有効活用するためには、同様な洞察力が必要だ。例えば、完全競争のモデルは自己利益に基づく行動が双方にとって効率的だと説くが、囚人のジレンマモデルでは、双方にとって浪費的（損をする）と唱える。どちらが正しいのかは背後にある条件の見積もり方によるのだ。競合する利用可能なモデルを選択するうえで、「優れた判断力」は不可欠であるという。

著者が利用可能な経済学のモデルの例として挙げた完全競争モデルは、ミクロ経済学の教科書の最初に出てくる基本モデルであり、囚人のジレンマモデルは、ミクロ経済学の一分野として発展してきたゲーム理論を代表するモデルだ。以下の章で改めて説明するが、どちらのモデルも主流派経済学の方法論にのっとった標準モデルである。

それでは、ここに異端派のモデルも含めたらどうなるのだろうか。主流派の経済学者たちは、「優れた判断力」を発揮すべき対象は主流派の理論やモデルであり、異端派の理論やモデルを参照する必要はないと主張するだろう。

筆者は、「優れた判断力」を発揮するためにも、あえて異端派の考え方も参照するべきだと考えている。主流派の枠組みの中からいったん飛び出すことで、両者の輪郭がくっきりと浮かび上がり、判断の助けになるからだ。特定の場面で、数多くのモデルの中から適切なモデルを選び出し、政策の含意を導き出せればよいのだから、経済学のユーザーにとって、どのモデルが主流派で、どれが異端派なのかは問題ではないはずだ。経済学のモデルは寓話に似ているという指摘は、やや乱暴かも知れないが、モデルの意義と問題点を考察するうえで示唆に富む。

モデルに関する考察の締めくくりとして、理論とモデルの関係を取り上げよう。ロドリックは、経済学では「理論」と「モデル」を同じ意味で使うことがあるが、自分は区別しているという。筆者は、両者を厳密に区別するのは難しく、区別する意義も乏しいと考えるが、ロドリックが両者を区別する意図には共感する。ロドリックによると、理論という言葉には野心的な響きがある。理論とは、ある事実や現象を説明するために述べられる一連の考えや仮説を指す。実験や検証によって推定されたものもあれば、単なる主張にとどまっているものもある。

一方、経済学のモデルは、状況によって変わり、ほぼ無限の多様性がある。せいぜい部分的な解釈を与え、特定の相互作用のメカニズムや因果関係の経路を明らかにするために設計した抽象概念を主張するにすぎない。モデルと理論の違いを明らかにするために、経済学の三つのタイプの問題に、モデルと理論のどちらが対応しやすいのかを考える。

第一は「AがXに及ぼす影響とは何か」を問うとき。もっともらしい因果関係の経路を説明し、その経路が特定の状況にいかに依存しているかを明らかにし、答えを示す。これはモデルに適した分野だ。

次に、観察された事実の組み合わせや、事実の進展への説明、すなわち「なぜ」を問うとき。なぜ産業革命は起こったのかという問いは、その一例である。この問いへの答えにふさわしいのは、特定の歴史的な逸話に光を当てる、「具体的な」理論である。そうした理論を構築するためには、調査している事実を説明する特定のモデルや、モデルの組み合わせを探す必要がある。

三番目は、時代を問わない大きな問いだ。例えば、資本主義は安定的な経済システムなのか、それとも不安定なシステムなのか？　という問題で、この問題への優れた回答は、あらゆる領域で適用される一般理論（グランド・セオリー）だ。過去の事実を説明するだけではなく、未来への道標も示す。

ロドリックは、経済学の一般理論は、経験された偶発的な出来事に関する足がかりでしかないという。経済学者が「理論」という言葉を使うとき、あらゆる事象を説明できる普遍性を持っているというニュアンスを込めている。状況に関係なく、あらゆる場合に適用される大きな理論だと考えているのだ。

次章以下で改めて説明するが、経済学は、ゲーム理論、契約理論、サーチ理論、成長理論、貨幣理論など様々な理論であふれている。ロドリックは、用語に騙されないようにと注意を喚起する。個々の理論は状況に応じて注意深く使われる特殊なモデルの集まりであり、それぞれの理論は研究の対象となる現象について、万能の説明を与えるというよりも、分析道具の一つの組み合わせを提供している。それ以上のものを要求しない限りは、理論はとても有益であり、適切なものになりえると強調している。

本章の最後に一冊の本を紹介したい。『オイコノミア　ぼくらの希望の経済学』（二〇一四）と題する経済学の啓蒙書だ。二〇一二〜一八年にＮＨＫ　Ｅテレで放映されていた番組の内容をまとめている。オイコノミアとは、エコノミー（経済）やエコノミクス（経済学）の語源となった古代ギリシャ語だ。

番組は、幸福、就職活動、スポーツといった身近なテーマを題材に、何人かの経済学者が交代で、お笑い芸人・作家の又吉直樹に経済学の基本を解説するスタイルだった。

学者が指導役となり、又吉と対話をしながら、それぞれのテーマを経済学の基本概念やモデルを使いながら読み解いていく。非常に読みやすく、知らず識らずのうちに経済学の基本を吸収できる良書だが、あくまでも主流派の思考法（作法）にのっとった入門書であると注記しておきたい。
就活のパートを見てみよう。まず、企業が採用活動の時期を前倒しにしがちになる現象を「囚人のジレンマ」モデルを使って説明している。

二人組の犯罪グループが疑いをかけられ、別件で逮捕されたとする。二人は別々の部屋で勾留され、互いに連絡を取れない。それぞれに司法取引が持ちかけられ、自分だけが自白すると無罪にしてもらえる。この状況でどう行動するべきか。

二人とも黙秘を貫く→二人とも別件での微罪にとどまり懲役一年
相棒が黙秘し、自分だけが自白する→自分は無罪、相棒は懲役三年
二人とも自白する→二人とも懲役二年
相棒だけが裏切って自白する→相棒は無罪、自分は懲役三年
二人にとって好ましいのは、二人ともに黙秘を貫くこと。しかし、自分だけが自白し、無罪になる誘惑にかられ、結局は二人ともに自白してしまう。

同書では、学生を採用するA、Bの二社が囚人の代わりだ。細かい説明は省くが、二社ともに採用時期を大学四年の末にすれば満足度が高いのに、競合企業が三年の末に活動を始めて優秀な学生を採用してしまうのを怖れ、結局は二社ともに三年の末に活動してしまうと解説している。

囚人のジレンマに続き、「情報の非対称性」、「シグナリング」といったミクロ経済学の基本概念を織り交ぜながら、就職・採用をめぐる学生と企業の行動を平易に解き明かしている。

このパートで、学生と企業の行動パターンを説明する道具となっているのは、「完全競争市場」の枠には収まらない現象に視野を広げたミクロ経済学のモデルや概念だ。標準教科書には必ず登場するモデルや概念であり、別の学者が担当したとしても同様な説明をするかもしれない。

ミクロ経済学は、労働市場をどのようにとらえてきたのかを簡単に説明しておこう。企業は、利潤を最大にできる水準に労働需要（雇いたい人の数）を決め、個人（家計）は、余暇と労働時間を比べながら自分の満足度を最大にできる水準に労働供給（労働時間）を決める。両者にずれがあるときは、実質賃金（物価変動の影響を除いた賃金水準）が変動し、両者が一致する水準に労働の供給量が決まる。

実質賃金は「労働」を売買する市場の価格の役割を果たし、価格調整を経た労働市場では需要と供給が一致し、「完全雇用」が実現する。完全競争市場のモデルを出発点にしている。

企業の行動の方はともかく、このモデルに登場する個人の行動は、明らかに現実離れしている。モデルだとしても受け入れがたいと考える人もいるだろう。

そうした声にも応えるべく、完全競争モデルを中核に据えながらも、完全競争の枠には収まらない様々な経済問題を分析するための理論として発展してきたのが、「情報の経済学」や「ゲーム理論」であり、このパートの主役となっている。

標準教科書に載っている経済学のモデルや概念を使えば、就活という身近な問題の構造を、ある側面から解明できるのは確かだ。ただし、労働市場のとらえ方は他にもあるとあえて強調しておきたい。

他のパートはどうだろうか。参加した経済学者の専門分野を反映し、ミクロ経済学、行動経済学のモデルや基本概念を使った説明が多い。経済学にはなじみがない人に興味を持ってもらい、経済学ファンを増やすための啓蒙書としては優れているが、この書で経済学の全体像をつかむのは難しい。
又吉は同書のまえがきでこう書いている。

人は人生のあらゆる局面において自分で選択しなければなりません。そこには、落とし穴もあるでしょうし、迷子になることもあるかもしれません。
落とし穴に掛かる人や、道に迷う人たちには共通する部分が多々あり、また落とし穴に掛かる場所や、迷子になる場所も似ています。『経済学』は、そんな厄介な道の箇所や迷いやすい箇所を教えてくれる地図になり得ると思います。

「個人の選択」を起点に様々な現象を分析していく手法は、新古典派ミクロ経済学や行動経済学の作法そのものである。

第Ⅲ章　ミクロ経済学の奔流

本章では、大学で教えられている標準的なミクロ経済学の体系を解説する。ただし、理論やモデルの細部には立ち入らず、モデルや理論の背景にあるモノの見方や考え方を抽出することに主眼を置く。理論やモデルの根幹を押さえておけば、理論やモデルを学ぶ際に、自分が立っている場所を見失わずにすむ、と筆者は考える。

根幹を押さえずに、出来上がった理論やモデルを次々に見せられると、消化不良を起こし、教科書を放り出すことにもなりかねないからだ。

そこで、本章では、標準経済学の基礎を作り上げた草創期の経済学者たちの思考や方法論を取り上げる。当時、資本主義は現在ほど発達しておらず、人々の考え方も未熟だったと評する人は多い。そんな時代の経済学者たちの思考を振り返るのはなぜか。

現代経済学の中心地であるアメリカでは現在、ほとんどの大学に「経済学史」という講座はない。経済学は日々、進歩しているのだから、最先端の経済学を学べば、そこにすべてが詰まっている。過去を振り返っているのは時間の無駄だ。現代経済学の最前線で活躍する研究者からは、「膨大な数の論文をフォローするだけで手一杯だ」との声をよく聞く。

現代経済学を眺めると、応用範囲の広さに圧倒される。ミクロ経済学、マクロ経済学、計量経済学の「コアコース」だけでもかなりの分量があり、そこから専門分野に進むと、さらに膨大な研究の蓄積がある。膨大な知的資産を伝承していくのはもちろん大切だが、経済学の専門家を志すわけでもない人にとって、出来上がった体系の一部を覚えこむような学習に意味があるのだろうか。

膨大な森の中に入る前に、経済学の基本的な考え方をまず理解し、そのうえで、現代経済学に対する態度を決めればよいのではないだろうか。

その際に大いに参考になるのが、草創期の経済学者たちの発想である。実は、草創期の経済学者たちの考え方と、現代経済学の考え方はほとんど変わらない。草創期の経済学者たちが深い洞察の中から生み出した経済理論を「知的資産」として継承し、様々な方角に拡張して出来上がったのが現代経済学なのである。

本章では、主流派（標準）の経済学に焦点を当てる。「科学」としての経済学の出発点は**アダム・スミス**の『国富論』とするのが通説だ。そこから、**「見えざる手」の発見**を重視する古典派、新古典派の経済学が生まれ、後述する**一般均衡理論の存在証明**（一九五四）が一つの到達点である。スミスの「**労働価値説**」（商品を生産するために投入した労働の量が、その商品の価値を決めるという考え方）を発展させたのが、**カール・マルクス**（一八一八～一八八三）で、『資本論』（第一巻は一八六七）が到達点である。新古典派に対抗するもう一つの流れを作ったのは**ジョン・メイナード・ケインズ**（一八八三～一九四六）で、『雇用・利子および貨幣の一般理論』（一九三六）が到達点といえる。

本章では、古典派・新古典派、ゲーム理論と情報の経済学の源流をたどる。いずれも、現代ミクロ経済学の主流派である。本書ではまず、主流派の学説を取り上げ、続いて異端派を紹介するが、多様な経済学にはそれぞれ持ち味があり、状況に応じてうまく使いこなすべきだというのが、筆者の持論である。

繰り返しになるが、本書では、経済学の歴史を取り扱う様々な著作を参照している（巻末に参考・引用文献の一覧を掲載）。本書に登場する経済学者の思想や理論をさらに詳しく知りたい人は、経済学史の専門書にあたってほしい。

一　古典派経済学

現代経済学の主流は新古典派経済学であり、その先祖といえるのが古典派経済学である。古典派経済学の考え方を頭に入れておくと、現在の標準経済学への理解も深まる。

古典派経済学とは、どんな経済学なのだろうか。古典派を代表する経済学者はアダム・スミス、**デイヴィッド・リカード**（一七七二〜一八二三）、**ロバート・マルサス**（一七六六〜一八三四）、**ジョン・スチュアート・ミル**（一八〇六〜一八七三）で、いずれもイギリス人である。

「古典派」の定義や範囲は必ずしも明確ではないが、経済学が誕生した十八世紀後半から十九世紀前半までの経済学を指し、現在でも読み継がれている数多くの「古典」を残した学派である。

彼らの業績を紹介しつつ、古典派の特徴をまとめてみよう。

アダム・スミスの思想には前章でも触れたが、本章では、スミスの唱えた「**価値論**」を取り上げる。モノやサービスの値段がどのように決まるかを解明するのが価値論で、経済学の根幹をなす理論である。経済学には様々な学派が存在するが、どんな価値論を柱に据えているかで、その学派の特徴が決まる重要な要素だ。

スミスはまず、商品の**使用価値**と**交換価値**を区別する。使用価値とは、商品を実際に使って得られる満足度、交換価値とは、他の商品と交換できる購買力を指す。水は極めて大きな使用価値を持つのに交換価値はほとんどなく、ダイヤモンドは極めて大きな交換価値を持つのに、使用価値はほとんどない。商品の交換価値は使用価値とはほとんど関係がない、と論じる。

スミスは歴史を二つの段階に分けて交換価値（商品の交換比率）を決める要因を示す。狩猟民族からなる初期の未開社会では、交換価値はその商品を生産する（生み出す）ために必要な労働量によって決まる。例えば、ビーバーの狩猟には鹿の狩猟の二倍の労働時間が必要なら、ビーバー一頭は鹿二頭と交換される。この考え方は「**投下労働価値説**」と呼ばれる。

スミス自身は、この仮説が通用するのは未開社会だけだと断定したが、後述するリカードやマルクスは労働価値説を軸に自説を展開した。

スミスによると、未開社会では労働による生産物はすべて労働者に帰属するため、「投下労働価値説」で交換価値の説明がつくが、資本家や地主が現れる文明社会では状況が変わる。企業家は資材を投入して利潤を生み出し、労働者は賃金、地主は地代を得る。したがって商品の価格は利潤、賃金、地代の三要素で決まる。この考え方はのちに「**構成価値論**」と呼ばれた。

利潤、賃金、地代には、その社会の一般事情によって決まる平均率（自然率）がある。ある商品の価格を構成する利潤、賃金、地代が自然率に従って過不足なく支払われているとき、その価格を**自然価格**と呼ぶ。

スミスは、自然価格と対比させる形で、**市場価格**に言及する。市場価格は需要と供給の関係で決まる現実の価格であり、自然価格は、変動する市場価格の中心となる平均価格である。

市場に出回る商品の量が需要に満たないなら、市場価格は自然価格よりも高くなり、価格の構成要素がそれぞれ自然率を上回る。その結果、資本、労働、土地の使用が増え、市場に出回る商品の量が増えて需要を満たす。価格の構成要素は自然率となり、その商品の市場価格は自然価格まで下がる。

反対に、市場に出回る商品の量が需要を上回るなら、市場価格は自然価格を、その構成要素はそれぞれ自然率を下回る。資本、労働、土地の使用が減り、商品の量が減って市場価格は自然価格まで上昇する。

市場価格が長期間、自然価格よりも高い水準となる事例も挙げている。高い利潤が秘匿される、製造上の秘密がある、生産に特殊な土壌が必要、貿易会社の独占といった競争を抑制する規制がある、などの場合である。

スミスの議論の柱となっている二つの価値論を整理しておこう。一つ目は、様々な生産費用の積み上げによって商品の価値が決まると考える「構成価値論」である。生産費用の面から価格を考察するため、「**費用価値説**」、「**生産費価値説**」とも呼ばれる。「投下労働価値説」は生産費用のうち、労働に注目した説だといえる。構成価値論は、労働価値説を精緻にしたリカードやマルクスを経て、異端派の経済学に受け継がれている。

二つ目は、市場価格は需要と供給が一致する点に決まるという「**需給均衡説**」だ。需要曲線と供給曲線が交わる点に均衡価格が決まるという考え方は、広く受け入れられ、現代のミクロ経済学の教科書には欠かせない存在だ。需給均衡説は、主流派の新古典派経済学の根幹をなす。

スミスは、市場価格は自然価格に落ち着くと主張することで、二つの価値論を共存させているが、現在の主流派経済学は、市場の自動調節機能の基礎となる需給均衡説の方を取り入れたといえる。

スミスが「市場価格は自然価格と一致する」と表現したプロセスは、新古典派が唱える「価格調整メカニズム」とは異なる点にも注意が必要だ。スミスのいう「有効需要」とは、自然価格を支払う用意がある人たちの需要である。市場に出回る商品の数量が有効需要よりも多いか少ないかによって、市場価格は自然価格よりも高くなったり、低くなったりするが、最後は自然価格に落ち着く。自然価格は、利潤を最大にしようとする企業の営利活動の結果として成立する「**均等利潤率**」によって決まる。

スミスが『国富論』で提示した「見えざる手」は価格の自動調節作用を指すという解説をよく見かけるが、この説明も正確ではない。スミスの「見えざる手」は、各個人が最大の利潤を求めて資本を自由に動かす、という文脈の中で登場する。古典派経済学における「競争」は「**資本の可動性**」を指し、競争は各産業の利潤率が均等になる状態に落ち着くとみているのだ。

スミスが「資本の可動性」を重視したのは、資本の投下には、自然な順序があると考えていたためだ。資本は、農業、製造業、国内商業、外国貿易の順に投下されると最も効率がよく、理想的な進歩の道をたどって社会全体が富裕に至るとみていた。ところが、当時の国家は重商主義の政策を採り、この順序をゆがめていた。この歪みを正し、資本を自然な順序で投下せよと唱えるために、「見えざる手」という表現を使ったのだ。

スミスは市場価格の決定には需給均衡の法則が働くと認識する一方で、中心価格としての自然価格は、自由競争の下で利潤を最大にしようとする企業の活動の結果として成立する「均等利潤率」によって決まるとみていた。スミスの議論の中には需給均衡説と構成価値論が混在しているが、実は後者に重点を置いていたといえる。

市場価格は自然価格に一致する水準に落ち着くと主張したスミスはどんな世界観を持っていたのだろうか。自然価格の下で各人が自由に行動し、選択する。生産要素の配分が決まり、商品の生産量も決まる。その生産量は、人々が必要とする量と一致する。人々は最も望ましい交換をし、需要と供給が一致する状態が実現し、それが長期間、続く。

資本家、労働者、地主という三大階級からなる市民社会では、それぞれの階級が自由に行動するが、自然価格の下で全体として調和のとれた状態を維持しながら、社会全体の富が蓄積されていく、と考えたのだ。

次に、リカードとマルサスを取り上げよう。二人はライバルであり、親友でもあった。二人が論陣を張った当時、イギリスの産業革命は頂点に達したが、**ナポレオン・ボナパルト**（一七六九〜一八二一）の大陸封鎖で打撃を受け、国家の危機に瀕していた。

リカードが経済学への関心を深めたのは、一七九九年、休暇先でアダム・スミスの『国富論』を読んだのがきっかけだ。リカードはスミスの経済学を厳しく批判しながら発展させ、理論の体系を作り上げた。

ナポレオン戦争の戦費を調達するために、イギリスは多額の国債を発行した。通貨価値が下落し、金が海外に流出する。金の準備が激減したイングランド銀行は、紙幣と金の兌換を停止した。地金が高騰し、通貨価値が下落する事態に、どう対応すればよいかをめぐる論争が「**地金論争**」である。

リカードは、兌換を停止したイングランド銀行券（通貨）の価値が下落している原因は銀行券の過剰な発行にあると主張し、銀行券の発行残高を減らして兌換を再開するよう求めた。

イギリス議会は一八一五年、穀物の輸入制限の強化を求める農業関係者の要請に応じ、**穀物法**を制定した。リカードは『利潤論』（一八一五）を出版し、イギリスが継続した穀物の輸入国になれば海外からの安定した輸入を期待でき、自由貿易で安価な穀物を輸入すれば賃金が下がり、利潤が増えて急速な資本蓄積が可能になると説いた。

この論考は主著『経済学および課税の原理』（一八一七）として結実する。同書で採用している価値論は、スミスが唱えた「労働価値説」である。ただし、スミスの労働価値説は、商品を生み出すために投下した労働量を交換価値の基礎とする「投下労働価値説」と、労働の価値は不変のまま商品の価値が変動すると仮定し、労働量を価値の尺度とする「**支配労働価値説**」が混ざり合っていると批判し、投下労働価値説を採用した。

労働の投入量によって商品の価格が決まるという考え方と、労働の量を価値の尺度として使うという考え方は似ているように見えるが、大きく異なる。労働の投入量と生産物の量との関係は、変化し得るからだ。

スミスは投下労働価値説の適用を未開社会に限定したが、リカードは文明社会にも適用できると考えた。商品の価値は、その商品を生産するために投下した直接労働と、機械や原材料などに投入した間接労働の合計で決まる。したがって、資本の蓄積や、土地の占有が進んだ文明社会の分析にも有効だと指摘したのである。

同書では、毎年の生産物が地主、資本家、労働者の間でどのように分配され、資本の蓄積に伴って分配がどのように変化するのかを論じている。

議論の下敷きとなっているのは「**差額地代論**」である。最も収穫量が少ない劣等地には地代が生じない。それ以外の土地では、最も劣等な土地との収穫量の差額が地代となる。

資本の蓄積が進み、人口が増えると穀物の需要が高まり、劣等地の耕作が進んで穀物の価格が上昇し、地代と賃金が上昇して利潤が減る。最後には資本の蓄積が止まってしまう。

しかし、穀物法を撤廃して安価な穀物を輸入できれば、世界各地には肥沃な土地が多く残っているので劣等地の耕作は急速には進まず、穀物価格と賃金の上昇は緩やかになり、利潤率の低下も緩慢になる。

自由貿易の論拠として後世に残った仮説が「**比較生産費説**」である。貿易をするかどうかを判断する条件は、二国間で生産費の高低を比べる「**絶対優位**」ではなく、他国と比べて自国の優位をどのように生かすかを相対的に考える「**比較優位**」で決まると唱えた。国内の生産費が外国より高くても商品を輸出したり、国内の生産費が外国よりも安くても外国から輸入したりする方が、両国にとって有利になる事例を示したのである。

この理論によれば、先進国と途上国との貿易は双方にとって有利となる。イギリスは途上国に工業製品を輸出し、途上国からは農産物を輸入していた。比較生産費説は、イギリスの自由貿易を通じた世界経済の支配を正当化したのだ。

「比較生産費説」と「比較優位」の概念は、経済学の面白さや有益さを伝える代表例の一つとしてミクロ経済学の教科書に必ず登場する。経済学をよく知らないと「絶対優位」の基準に従って貿易の利益を考えがちだが、「比較優位」の概念にこそ、真理が含まれているという解説も添えられている。

経済学の知見が世間の常識を覆す事例であるのは確かだが、比較生産費説が成り立つためには、いくつかの前提条件があることを忘れてはならない。列挙しよう。

第一に、ある商品を生産するのに必要な技術が限られ、労働の投入量と生産量との関係が一定である。一つの商品を生産する技術がいくつか存在し、労働以外の生産要素で労働の一部を補えるようなら、議論の前提が崩れる。

第二に、労働をはじめとする生産要素が自由にコストをかけずに異なる産業の間を移動できる。第三に、いずれかの経済主体がすべての生産要素を私有している。
こうした前提条件を満たすかどうかを精査したうえで、「絶対優位」ではなく「比較優位」の概念に基づいて貿易を自由化すべきだと結論づけるのならよい。それを忘れて、「比較優位」は時空を超えた真理なのだから、自由貿易は善、保護貿易は悪と断定するのは科学的な態度とは言えない。

自由貿易の利点を裏付けた比較優位の概念には別の含意もある。リカードによると、国内での商品の交換では、投下労働価値説が成立しているが、海外との貿易では、この仮説は成立しない。比較優位の基準を満たすなら、例えばA国で五十人の労働者が生産した商品と、B国で百人の労働者が生産した商品との交換が両国にとって利益をもたらす場合があるからだ。

リカードの貿易論のうち、自由貿易の論拠となった比較生産費説は、新古典派経済学に受け継がれ、現在に至っている。一方、後者の含意は、「**不等価交換論**」として、異端派の貿易理論の中で生き残っている。

リカードは自由貿易と経済の先行きを楽観視していたわけではない。貿易の自由化は利潤率の低下と、地代の上昇を緩やかにするかもしれないが、長期的には資本の蓄積は止まり、経済発展のプロセスは停滞する。一方、労働者の得る賃金は穀物価格と連動するので、生活水準は変わらない。土地所有の封建制が残っている限り経済発展は望めず、労働者の生活水準の向上にもつながらないと考えたのだ。

リカードは分配の問題こそ経済学の根本問題だと唱え続けた。スミスが、生産力が上昇すれば、その果実は資本家、労働者、地主にうまく分配されるとみていたのとは、対照的だ。

産業革命の入口をのぞくにとどまったスミスと、産業革命が進展する様子を目の当たりにしたリカード。ともに自由貿易を支持したが、「状況」はかなり異なっていた。

産業革命が進展すると大規模な農業経営が普及し、法律に基づく土地の囲い込みで土地を追われた農民は都市に流入して賃金労働者となった。紡績業では機械を使う大工業が生まれ、多くの職人が職を失った。産業革命は失業者や貧しい賃労働者を生み出す。**貧困問題**が社会全体を覆っていたのだ。

ここでもう一人の経済学者、マルサスに登場してもらおう。

下層階級の貧困と悪徳の原因は私有財産制度と専制政治にあるという主張に反論したのが、マルサスの『人口論』（一七九八）である。

貧困や悪徳は社会制度から生まれるのではなく、人口法則の結果であると主張した。人口は1、2、4、8、16と等比数列的に増えるが、食料は1、2、3、4と等差数列的にしか増えない。人口が増えすぎると食料不足になるから、人口を減らすための制限が働く。

早婚の制限といった予防的な制限、餓死などによる積極的な予防が、生産手段以上に人口が増えない歯止めになってきたという。

人口論は、貧民を救済する**救貧法**は無益だから廃止すべきだという主張につながる。救貧法は食料を増やさずに人口を増やすだけだから、貧困問題を解決できない。理想的な平等社会が成立したとしても、人口法則に従って人口が急増すれば食料不足となって社会は崩壊する。

人口論は、古典派経済学者たちに広く受け入れられ、貧困層の救済を目指す政策に反対する論拠となった。

人口論は現在でも話題になる、息の長い著作となったが、マルサスは古典派の経済学者の中では「異端」だった。穀物法による穀物の輸入制限に反対したリカードに対し、穀物法をテーマとする論考（一八一四）で、輸入制限に賛成したためである。

この論考では、穀物の自由貿易は安価な穀物を輸入できる利点を持つと認めつつ、戦争や不作で輸入が突然停止する危険性があり、国家の安全を脅かすと指摘した。国内の農業の衰退と工業への過度の集中をもたらし、工業製品の輸出先である外国市場への依存が経済を不安定にさせるとの見方も示したのである。

一八一五年には穀物の輸入制限を論じた著作を出版し、穀物法を支持する立場を表明した。高い穀物価格が地主にもたらす地代が工業製品への「有効需要」になると唱えた。これを批判したのがリカードの『利潤論』である。

マルサスとリカードは「市場論争」にも加わった。一八一五年、ナポレオン戦争が終了すると、ヨーロッパ各国は戦後恐慌に苦しんだ。恐慌の原因は過少消費による全般的な過剰生産だとみるマルサスらに対し、リカードは部分的な過剰生産だと反論した。

マルサスは『経済学原理』(一八二〇)で、恐慌の原因は地主の過少消費にあり、地主の消費による有効需要の増大が必要だと強調した。この議論は、穀物の輸入自由化に反対する自説とも通じている。

一方、全般的な過剰生産は起こらないと唱えたのが、フランスの経済学者、**ジャン・バチスト・セイ**(一七六七〜一八三二)である。貨幣は交換の媒介手段にすぎず、人々は獲得した貨幣をいずれは消費に回す。ある国で生産者が増え、生産量が増えると販路が広がる。人々が市場価格を受け入れるのなら、人々が商品の販売によって手に入れた貨幣は、商品の購入に回る。販売と購入は等しくなり、過剰生産は起こらないと主張した。リカードも、セイの「販路説」と同様な見解を示した。古典派の中では、セイやリカードの意見が主流となっていく。

リカードはマルサスにこんな言葉を投げかけている。

われわれの意見の相違の大きな原因は、あなたがいつも個々の変化の直接的な、そして一時的な効果を考えていらっしゃるのに対し——私はこういう直接的な、そして一時的な効果をまったく度外視して、それらの変化から生じてくる事態の永続的な状態にもっぱら注意を向けている点にあるように思えます。

（根岸隆『経済学の歴史』、『リカード全集』第七巻）

リカードは、経済現象をそれ以外の領域から切り離して思考実験をする、経済学のモデル分析の先駆者といえる。経済学は専門性が高い学問として独自の道を歩み始めたが、現実から遊離したモデル分析に没頭する経済学者たちの姿が見られるようになった。

古典派経済学の最後を飾るのは**ジョン・スチュアート・ミル**である。ミルは古典派経済学を完成させたと評する人もいれば、解体させたと評する人もいる。ミルの意図はリカード経済学の継承と再建にあったとみる専門家もいれば、アダム・スミスへの回帰だとみる専門家もいる。

経済成長と人口激増の時代を背景に、ミルは『経済学原理』（一八四八）を出版した。同書はそれ以降、半世紀にわたって古典派経済学を代表する教科書として広く読まれた。

同書は生産論、分配論、交換論、社会の進歩が生産と分配に及ぼす影響、政府の影響の五編からなる。

ミルは富の生産の法則と、富の分配の法則とを峻別するよう訴えた。生産の法則は、対象自身の性質に基づく完全な自然法則なのに対し、分配の法則は、いくつかの条件の下で人間の意志によって決まると考えていた。

労働の生産力を増進するのは、勤労、技能と知識、分業、大規模な生産などであり、反対に生産力の増加を阻む要因は、土地の収穫逓減の法則と、マルサスの人口法則である。土地の収穫逓減は特にイギリスのような先進国で顕著である。ミルは、マルサスに従って生産力の増加を上回るような人口の増加は貧困をもたらすと考え、貧困問題を解決するためには産児制限による人口の抑制が必要だと唱えた。

一方、法律や慣習に依存する分配の制度は人為的に変えられる。私有財産制度や自由競争といった一定の制度と習慣を前提に、賃金、利潤、地代がどのように決まるのかを示せるが、前提条件を忘れてはならないと強調した。

分配論では、社会主義、自作農制、小作農制などの財産分配制度を俎上に載せ、財産制度の一つである私有財産制度と自由競争の下での所得分配について論じている。フランスの社会主義思想家、**サン＝シモン**（一七六〇〜一八二五）の影響を受けていたミルは、資本主義と社会主義の比較にも関心を寄せた。

古典派の経済学者たちは、収穫逓減の法則と、マルサスの人口法則に従い、資本蓄積が止まってしまう状態（定常状態）が訪れるのを警戒した。リカードが安価な穀物の輸入を自由化するよう求めたのも、定常状態を恐れたためだ。

対照的にミルは、先進国では定常状態はそれほど悪い状態ではないとみていた。資本や人口の停止状態（定常状態）は必ずしも人間の進歩の停止状態を意味しない。停止状態でも、あらゆる種類の文化や道徳には進歩の余地がある。産業の技術も富の増大という目的にだけ奉仕するのではなく、労働の節約という本来の効果を生む。公正な制度に加えて、賢明で先見の明がある、思慮ある指導の下で人類が増加するようになれば、産業技術は人類の共有財産となり、万人の分け前を増加させる手段となる。

古典派経済学は、経済成長を重視する経済学とみられがちだが、ミルのような主張をする学者も古典派の一人なのだ。

最後にミルの方法論にも触れておこう。資本主義と社会主義を比較したミルは、従来の「経済学」、特にリカードの経済学にも厳しい視線を浴びせた。

自伝では、『経済学原理』が広く受け入れられた理由をこう自己診断する。

本書が単なる抽象理論の書でなく、同時に応用面も扱って、経済学を一つだけ切り離されたものとしてでなく、より大きな全体の一環、他のすべての部門と密接にからみ合った社会哲学の一部門として取り扱い、したがって経済学のその固有の領域内での結論も、一定の条件づきでしか正しくない、それらは直接経済学自身の範囲内にはない諸要因からの干渉や反作用に制約される、したがって他の諸部門への考慮なしに経済学が実際的な指導理論の性格を持ち得る資格はないのだ、としたからである。事実、経済学はいまだかつて人類に、自分だけの見地から忠言を与えようなどと大それたことを実行したことはない。もっとも、経済学だけしか知らぬ者（したがって実は経済学をロクに知らぬ者）が、あえて世に忠言を与えようと分不相応な大望を起したためしはあり、そのばあいその連中は、本当に自分の持つ知識だけでそうするよりほかなかったのだが。

（『ミル自伝』）

「経済学は社会哲学の一部門」と説く同書は、現代の経済学の教科書とは、大きく異なる発想の下で生まれたことが分かる。同書が説く経済学が当時は「主流派」だったが、古典派から新古典派へ受け継がれていく過程で、「一つだけ切り離された」学問に変質していく。

ミルが意図したのはアダム・スミスへの回帰だとの見方がある。『経済学原理』の序文にはこんな記述もある。

（スミスは）経済学の応用に当たっては、純粋の経済学が与えるところの考察とは異なれる考察、それよりもはるかに広大な考察に訴えているのであって、それであるから、彼は、経済学の諸原理を実地の目的に対して駆使しているという、十分な根拠のある感じを人に与え、それによって『諸国民の富』は、数々の経済学に関する著書の中にあって、ひとり一般の読者に親しまれたばかりでなく、世事に通じた人々や国会議員の人たちにも深い感銘を与えた、唯一の著書となったのである。

（『経済学原理』序文）

ミルの方法論をもう少し掘り下げよう。ミルは、フランスの社会学者、**オーギュスト・コント**（一七九八〜一八五七）にならい、社会科学を「特殊社会学」と「一般社会学」に分類する。前者は経済学のように、一定の社会状態を前提にしたうえで、合理的な推論を進め、因果法則を導き出そうとする。後者は、前者で前提とした社会状態そのものを研究対象にする学問だ。

特殊社会学としての経済学は、演繹法による抽象理論の定式化を積極的に認め、一般社会学は演繹法の限界を指摘する。そこで、経済学の命題を現実に適用しようとする場合には、それを制約する各国民や各時代の性格の類型を取り扱う「政治的エソロジー（行動学）」の理論を活用して命題を修正するよう求めたのである。

古典派経済学の特徴をまとめておこう。重商主義に反対し、自由貿易を支持したアダム・スミスの『国富論』が古典派の基調になっているのは言うまでもない。自由主義、個人主義、利己主義は、市場の働きを通じて均衡と調和をもたらし、社会の富が増えていくという世界観は、スミスに続く経済学者に大きな影響を及ぼした。

とはいえ、彼らが生きたのは、地主、資本家、労働者からなる階級社会である。スミスは三つの階級それぞれの自由な活動が秩序を生むと考えたが、リカードとマルサスは市場が階級対立を激化させる可能性を予見し、リカードは資本家、マルサスは地主の利益を代弁する立場から議論を展開した。自由主義、個人主義を支持するといっても、現代とは社会の構造が大きく異なる中での議論である点には注意が必要だ。

産業革命が進展するにつれ、労働者の貧困問題が深刻になる。人口の増加に食料の増加が追い付かないと唱えるマルサスの人口論を受け入れ、やがて資本の蓄積が停止する事態を恐れる経済学者が多かった。穀物の輸入自由化は利潤率の低下に歯止めをかけると主張したリカードにしても、明るい未来を思い描いていたわけではない。経済の自由化が貧困問題の解決策になるとの見方が古典派では大勢となるが、その効果を手放しでは期待していなかった。経済学者たちは分配問題を難題ととらえていたのだ。

古典派の経済学者たちと同時代に生きたイギリスの歴史家・評論家、**トマス・カーライル**（一七九五～一八八一）は経済学を「**陰鬱な科学**」と呼び、マルサスの人口論が、この命名の原因とされている。経済学を批判する論考の中で、今でもよく引用される表現だ。

農業技術の進歩を考慮しなかったマルサスの議論は現代では、もはや通用しない。したがって、現在の経済学は陰鬱とは言えないと一蹴する向きもあるが、カーライルは人口論だけに注目していたのではない。奴隷制度を擁護していたカーライルは、人種の分け隔てなく、人間を平等な存在として扱う経済学に不満を抱いていた。需要と供給の関係で物事が決まり、すべての人々が市場に奉仕させられる市場制度は新たな貧困層を生む。そんな市場制度そのものを「陰鬱な」と批判したのだ。

カーライルの見方に賛同するつもりは全くないが、市場経済の負の側面をよくとらえた発言だったからこそ、長く生き延びてきたのだろう。

スミスを「自由放任主義者」と断定するべきではないとの見方も多い。スミスは独占や規制を撤廃すれば、自由な制度が出来上がると主張する一方で、国家や政府には三つの義務があると強調している。防衛、司法行政、公共施設の建設と維持である。自由な制度はあくまでも理想であり、「自由貿易が将来、大ブリテンに完全に回復されることを期待するのは、この国にオシアナ（十七世紀のイギリスの政治哲学者、ジェイムズ・ハリントンが提唱した共和国）あるいはユートピア（十六世紀のイギリスの思想家、トマス・モアの作品名となった理想国家）が将来建設されるのを期待するような夢想に近い」とも述べている。

貨幣の役割を価値の尺度、交換の手段に限定したのも、古典派の特徴である。マルサスらを例外として、古典派の学者は「供給はそれ自らの需要を生み出す」と考える「**セイの法則**」を受け入れた。貨幣には価値の貯蔵手段としての役割があることを考察しなかったのである。

貨幣は交換の媒介にすぎないため、生産や雇用といった実体経済には影響を及ぼさない。貨幣経済と実体経済を分けて考える「**古典派の二分法**」、「**貨幣の中立性**」と呼ばれる共通認識が広がっていた。この認識は、貨幣の量を増減させると、実体経済は変化せず、物価水準だけが変化するとみる「**貨幣数量説**」にもつながる。

セイの法則と古典派の二分法は後に、ジョン・メイナード・ケインズに手厳しく批判されることになる。現在の主流派経済学は、古典派から何を取り入れ、何を取り入れなかったのか。そうした視点に立つと、現代経済学の見え方が変わってくるはずだ。

二　新古典派経済学

現代経済学の中心に位置する新古典派経済学が勃興したのは一八七〇年代。イギリスの**ウィリアム・スタンリー・ジェヴォンズ**（一八三五〜一八八二）、オーストリアの**カール・メンガー**（一八四〇〜一九二一）、フランスの**レオン・ワルラス**（一八三四〜一九一〇）が立役者である。

ジェヴォンズは一八七一年に『経済学の理論』、メンガーは同じく一八七一年に『国民経済学原理』、ワルラスは一八七四〜七七年に『純粋経済学要論』をそれぞれ出版した。三人ともに、自分以外の二人の存在を知らず、考え方にも大きな違いがあったが、三人がそれぞれ提起した理論は、現在の「**限界効用の理論**」にほぼ等しい。

三人の貢献で、経済学は新しい分析の枠組みを手に入れ、新しい地平を切り開く。一八七一年は「限界革命の年」と呼ばれるようになり、新古典派経済学の幕が開けた。そして、新古典派を確立したのはイギリスの**アルフレッド・マーシャル**（一八四二〜一九二四）。一八九〇年に出版した『経済学原理』はイギリスでは、経済学といえば同書を指すほどだった。

経済学に革命を起こした「限界」概念にはこれまでの章でも触れているが、改めて確認しておこう。消費者が、ある商品やサービスを消費すると効用（満足度）が高まると仮定する。同じ商品やサービスをもう一単位、消費するかどうか。その判断基準を、追加的な消費がもたらす効用の増加分（限界効用と呼ぶ）で説明しようとするのが、限界効用の理論（限界効用価値説）だ。

ある商品をもう一つ購入するかどうかは、その商品がもたらす限界効用と、商品の値段を比べ、前者が後者を上回っていれば、もう一つ購入すると考える。

商品の価値は、その商品を作るために投入した労働の量で決まると考えていた古典派経済学とは異なり、価値は消費者の効用によって決まると主張したのである。限界効用の理論は、「効用を最大にする」という数学の問題に置き換えられるため、経済学を数式で展開しやすくなり、その後の経済学の流れを決定づけた。

数理経済学の始祖とされるのは、フランスの**オーギュスタン・クールノー**（一八〇一〜一八七七）だ。商品やサービスを供給する企業が二社しか存在しない「**複占**」の問題に取り組み、一八三〇年代に研究成果を発表したが、数式を駆使した論文は批判を浴びた。それからほぼ半世紀後に起きた限界革命は、経済学と数学を急接近させ、「数学がなければ経済学は成り立たない」とまで言われるほどになった。ワルラスや、イギリスの**フランシス・エッジワース**（一八四五〜一九二六）らが数理経済学の牽引役となったのである。

限界効用価値説の話題に戻ろう。アダム・スミスは『国富論』で、使用価値と交換価値の概念を打ち出した、とすでに述べた。前者は、あるモノがどこまで役立つか、後者は、あるモノで他のモノをどれだけ買えるか（交換できるか）を示す。水とダイヤモンドの例を挙げ、水は使用価値が大きいのに交換価値がほとんどなく、ダイヤモンドは交換価値が大きいのに使用価値はほとんどないと指摘した。そのうえで交換価値の決まり方を解明していくのだが、使用価値と交換価値の違いの問題は手つかずであった。

限界効用価値説に従えば、両者の違いを説明できる。水は限界効用が低いから交換価値が低く、ダイヤモンドは限界効用が高いから、交換価値が高いのだ。

古典派の労働価値説は、商品の「生産」（供給）の側からアプローチする価値論であり、限界効用価値説は、商品の需要の側からアプローチする価値論だといえる。

まず、限界革命を担った三大学派の一つ、**オーストリア学派**の始祖となったメンガーを取り上げよう。『国民経済学原理』を出版した当初、評判はあまりよくなかった。当時のドイツ語圏の経済学の主流は**グスタフ・シュモラー**（一八三八～一九一七）を中心とする「**新歴史学派**」であった。経済学は国家政策を立案するための学問であり、経済現象は歴史的な背景、慣習、価値観や倫理観に従うと主張していた。普遍的な理論を構築しようとするメンガーの姿勢は反感を買ったのである。

当時のオーストリアは近代化が十分に進まず、個人の解放も完全ではなかった。農奴制をはじめとする封建制度が残り、経済の発展を阻害していた。メンガーは、個人の主観的な価値判断に基づく行為が交換、商品、貨幣に一貫する原理であることを示し、価格を通じて市場経済を強化できると訴えた。

メンガーの経済学の中核をなすのは「価値の理論」である。欲望は、生物の本性と、生物が置かれた環境との関係から生まれる。一般の生物は欲望に従うだけだが、人間は認識の力で欲望を発見し、対象化できる。人間は欲望を充足するために備えるようになる。これが経済行為の源流である。

モノは、人間が欲望の充足にとって有用だと認識したときに「財」（商品）となる。人間はたいてい欲望を満たすために必要な数量を確保できず、限られた条件の下で欲望を満たす。欲望をどの程度、満たせるかで、財の「価値」は決まる。人間が、モノの属性に対して、主観的な評価を無意識のうちに付与すると、モノに価値が生まれるのだ。

価値の原理は、時代や地域の違いを超えて成立すると唱えたメンガーは、新歴史学派との間で激しい方法論争を繰り広げた。オーストリア学派の方法論を特徴づける概念が「**方法論的個人主義**」である。社会現象を「個人」という構成要素に分解して理解しようとする姿勢だ。社会は個人の集合であり、考察の対象は個人以外にないという立場であり、この立場は現代のミクロ経済学にも引き継がれている。

メンガーはこう主張する。

人間経済の複雑な現象を、その最も単純な、確実な観察を許すような諸要素に還元し、これらの要素から複雑な経済現象がいかに法則に従って生じたかを研究する。生産物と生産要素に関する経済現象の因果連関の探求に注意し、あらゆる価格現象を統一的な見地の下に統括する価格理論を確立する。

この部分だけを読むと、現在のミクロ経済学の教科書の導入部分に載っている内容とほとんど変わらないことに気づくだろう。

新歴史学派に対抗し、時代や地域の違いを超えた普遍的な理論を構築しようとしたメンガーの願いは、かなったともいえる。

一八七〇年代に誕生した新古典派経済学を秩序立てて展開し、現代経済学の基礎理論となっているのはワルラスの**一般均衡理論**である。

一般均衡理論が考察の対象とするのは、市場経済を核とする一つの国民経済だ。国民経済を構成するのは個人であり、ある一定の主観的な価値判断の下で矛盾しない行動をする。個人は消費者になるときも、生産者になるときもある。

消費者はどう行動するのか。まず、労働を提供し、市場で評価される報酬を所得として得る。その所得を使って様々な消費財（商品）を購入する。どのような消費財の組み合わせを選ぶのかは、それぞれの人の主観的な価値判断に従う。

消費者は、所得を使ってできるだけ高い効用水準（満足度の高さ）を得られる消費の組み合わせを選ぶ。**消費者主権**の考え方が背景にある。

生産者は、生産技術に関する知識を持ち、生産過程で必要になる様々な生産要素を市場から調達し、生産活動をする。生産物を市場に供給して販売し、収入を得る。売り上げから生産要素の調達にかかった費用を差し引いた利潤をできるだけ大きくしようとする。利潤が最も大きくなるように、生産物、生産過程、生産要素の組み合わせを選択する。経済学でいう「**利潤最大化の原則**」に従う。

生産物の量は、どんな技術を採用し、生産要素をどれだけ投入したかに依存する。生産量と生産要素の投入量との関係を示すのが、生産関数である。生産量は、生産者が市場で調達した生産要素の投入量によって決まり、他の生産者がどのような技術を採用し、生産規模をどんな水準にしているかとは無関係に決まると仮定する。

つまり、消費者は所与の（あらかじめ与えられた）賃金と価格の体系の下で、所有する生産要素をどれだけ供給する（労働を提供する）のかを決め、それによって所得が決まる。同時に、生産物（商品）をどれだけ消費するか（需要）も決まる。

一方、生産者は、一つの市場価格の体系の下で、利潤が最大になるように生産技術を選択し、生産要素の組み合わせを決める。すべての生産者を集計すると、生産物の供給と、生産要素に対する需要が決まる。

そして、すべての生産物と生産要素に対する需要と供給が等しくなる条件に「**均衡価格**」が決まる。

ワルラスの一般均衡モデルでは、消費者の好み、生産者の生産技術に関する知識、生産要素の蓄積などを「所与の条件」とする。これらの条件が変化すると均衡価格の体系は変化するが、こうした条件が安定した状態（定常状態）に落ち着くと、均衡価格の体系も安定した状態となる。

一般均衡理論は、市場メカニズムの謎を解き明かし、一般には価格の調整機能を指すと理解されているアダム・スミスの「見えざる手」を「見える化」したが、議論すべき点は残った。

この理論には、一般均衡が成立するまでの調整過程が欠けている。あたかも、すべての市場の価格を観察する「競売人」が存在し、均衡価格を提示しているようだ。現実には、そんな競売人は存在しないため、どんな過程を経て一般均衡に落ち着くのかは不明になっている。

加えて、一般均衡価格の存在を数学的に証明しきれていなかった。ワルラスは方程式の数と変数の数が一致していれば、方程式の解は存在すると考えていたが、それでは存在証明にはならない。一九五四年にアメリカの経済学者、**ケネス・アロー**（一九二一〜二〇一七）とフランスの経済学者、**ジェラール・ドブリュー**（一九二一〜二〇〇四）が証明に成功するまで、多くの経済学者はこの問題に精力を注いだのである。

ワルラスの一般均衡理論は、現実に存在する様々な市場の合理性を解き明かしたものではない。理論の上では個人中心の世界が可能であると証明し、それを阻もうとする勢力に対する批判の意味を込めていた。近代化・産業化を急ぐドイツとオーストリアに後れを取らないように食らいつくフランスという、当時の国際情勢が背景にあった。

十九世紀後半は、**第二次産業革命**の時期である。十八世紀後半から十九世紀前半にかけて第一次産業革命を牽引したのは織物をはじめとする軽工業だったが、第二次産業革命では、鉄鋼、造船といった重化学工業を中心に、技術革新による生産体制の革新が進んでいた。限界効用の理論は、商品の価値を決める要素として人々の需要を重視するが、人々が望む商品を供給できる生産体制が整いつつあったからこそ、こうした理論を提唱できた。

個人が自己の利益を増やすために行動すると、経済や社会が解体してしまうのではないかと危惧する保守層に対し、企業や消費者が自由に行動すると、一般均衡がもたらされるという大きな絵を見せたともいえる。「経済学者」の立場の変化も影響している。十九世紀前半までは、経済学者の多くは大学という組織には属さずに著作や論文を公表していた。十九世紀後半になると、経済学を大学の講座に加える動きが広がり、現実の世界とは距離を置く科学としての経済学を志向する流れが生まれた。限界効用の理論は、大学人の科学志向にかなう理論でもあったのだ。

一般均衡理論は、自由主義に基づく経済政策の効率性を証明した理論だと評価され、ワルラスはその創始者とされている。そうした見方は間違いではないが、ワルラスの思想は実はもっと幅が広く、一般均衡理論はその一部にすぎない。

ワルラスは経済学を「純粋経済学」、「応用経済学」、「社会経済学」の三部門に分類した。一般均衡理論を核とする純粋経済学はワルラスを新古典派経済学の始祖に押し上げたが、大学の職を引退した後、『社会経済学研究』（一八九六）、『応用経済学研究』（一八九八）を出版し、自らの学問の体系を「科学的社会主義」と呼んだ。

人々は、希少性（量に限り）があり、価値あるモノの総体である社会的な富を交換する。産業は富を生産して増やす。人々は最後に社会的な富を所有する。

社会的な富を、交換価値の観点から研究するのが純粋経済学、産業による生産の観点から研究するのが応用経済学、所有権の観点から研究するのが社会経済学と位置づけていたのである。

純粋経済学では、人々は自由競争によって欲望を最大限に満たすことを示し、自由放任の原則を証明しようとした。応用経済学では、農業、工業、商業の組織における人とモノとの関係を利益の観点から考察し、自由放任の原則は応用経済学にも適用すべきだが、私的な利益に資するモノの生産に限り、公共の利益に資するモノの生産には適応するべきではないと唱えた。さらに所有権（分配）を分析する社会経済学と、自由放任の原則は無関係であると断っている。

社会的な富の専有の起源は人間の意志と行動にあり、自然力の活動にあるのではない。社会的な富の分配は、道徳的な事実であって、産業的な事実ではない。人格と人格の関係である。専有の形態が良い状態であれば、正義の要求を満足させ、悪い形態であれば不正義を生じさせる。いかなる形態の専有が道徳的な人格の要求に合うものであるかを問うのが、公正で合理的な専有の問題なのである。ワルラスは社会的富の分配の科学は、正義を原理とすると考えた。

数学を駆使しながら、自由競争が個人の満足度や企業の利益を最大にし、市場は均衡状態に落ち着くと証明したワルラスは、自らの理論を適用できる分野と、適用してはならない分野を明確に区別していたのである。

古典派から新古典派に至る経済学を集大成したのが、イギリスの経済学者、アルフレッド・マーシャルである。

多様な経済思想を取り入れ、歴史主義の台頭で分裂しかけていたイギリスの経済学を統合し、新古典派を完成させた。

マーシャルが提唱した理論やモデルは現在でもよく使われている。

「マーシャリアン・クロス」の名で知られる需要曲線と供給曲線には、本書でも何度か言及してきたが、現代経済学の基盤となるモデルである。商品の生産と供給にかかる費用が価格を決定するとみる古典派、価格は効用（需要）によって決まると考えるジェヴォンズの見方を総合し、「需要と供給はハサミの上の刃と下の刃のように協調して働き、需要と供給の両方を反映して価格が決まる」と指摘したのだ。

ジェヴォンズはメンガーやワルラスと同様に**「限界効用逓減の法則」**にたどりつき、「任意の二商品の交換比率は、交換終了後に消費に利用できる二商品の量の最終効用度（限界効用）の比率の逆数である」との結論を導いていた。しかし、マーシャルはイギリスでの限界革命の先導役となったジェヴォンズの仕事を評価しなかった。商品の価値は需要と供給のどちらか一方によって決まると一方的に主張するのは無意味であると考え、供給を右上がりの曲線、需要を右下がりの曲線で描いた。

ある商品の価格が上昇すれば企業はその商品の供給を増やす。一方、同じ商品の価格が下がれば、その商品を買う人が増える。需要と供給が絶えず調整を繰り返しながら、その商品は「均衡価格」に落ち着き、資源の最適な配分が実現する。

すべての市場の均衡を同時に考えたワルラスの均衡理論を一般均衡理論と呼ぶのに対し、特定の商品を取り上げて市場の均衡を考えるマーシャルの理論を**部分均衡理論**と呼ぶ。

マーシャルは部分均衡理論を三つの期間に分けて論じている。**一時的均衡、短期均衡、長期均衡**である。

一時的均衡とは、資本や生産物の量が一定という短い時間を仮定した場合に成立する均衡である。このときは主に需要側の要因で価格が決まる。この期間ではジェヴォンズの仮説が成り立つ。短期均衡では、資本量は変化しないが、機械の稼働率を変化させ、生産量を調整できる。この期間の供給曲線は右上がり、需要曲線は右下がりとなり、その交点で均衡が成立する。

長期均衡は、資本量を変化させられる期間の均衡である。商品の価格は生産費で決まり、均衡点で数量が決まる。これは古典派の生産費説にほかならない。

時間が短いときは需要側の要因、長いときは供給側の要因を重視しなければならないというのが、結論である。

商品の交換価値はどのように決まるのか。生産（供給）の面からアプローチする古典派の生産費説と、需要の面からアプローチする限界効用価値説の対立が続いていた。マーシャルは両者の統合を試みたといえる。

商品の供給量が変わらない短期では、価格は需要の大きさによって決まるので限界効用価値説が有効であり、一定の生産費でいくらでも生産を増やせる長期では、供給者側は生産費用を基に価格を設定し、需要の大きさによって販売数量が決まるので、生産費説が有効になる。

二つの仮説が想定する期間の違いを際立たせ、需給均衡の枠組みの中に統合しようとしたのである。

限界革命の後、生産面でも限界概念を使い、企業は利潤を最大にする行動を取ると説明するようになった。企業が余分に一単位生産するのにかかる費用を**限界費用**と呼ぶ。利潤が最大のとき、商品の価格と限界費用は一致している。価格が限界費用を上回っていれば、もっと売れば利潤が増えるのだから、企業は生産を増やす。需要と供給の両面から価格が決まるとする新古典派の体系が完成したのである。

マーシャルの部分均衡分析は、ワルラスの一般均衡分析の一部分ととらえられがちだが、マーシャルはそうは考えず、独自の動学的な分配理論への準備段階と位置づけていた。「経済学者にとってのメッカは経済動学であるよりはむしろ経済生物学である」とよく語っていたマーシャルは**有機的成長の理論**を打ち出した。ただし、体系立てた理論ではなく、現代の経済学には受け継がれていない。

マーシャルの議論を貫くのは、労働者の生活をいかに向上させるかという視点だ。

古典派の学説の一つに、**賃金基金説**がある。一定の期間に労働者の雇用に充てられる資本額には限りがあり、一人当たりの賃金は資本額を労働人口で割った値に等しい。したがって、一部の労働者の賃金が上がっても、他の労働者の賃金が下がる。低賃金を正当化する理論として利用された。

この仮説は、視野を短期に限定しており、長期を視野に入れれば、賃金の増加は需要の増加をもたらし、産業活動が活発になるとマーシャルはみていた。マーシャルによると、人間は文明の進歩とともに「多様性」を求め、その次に「差別」に対する欲求を持つ。最後には「卓越」への欲求が強まる。卓越を求める生産活動が優位になれば、生活水準が向上する。

労働者には所得を安楽のためにではなく、教養と能率を高めるために使う生活態度を期待し、企業家には、生産活動で卓越に対する願望を純粋に追求し、蓄積した富を公益のために提供する精神を求めたのである。

この精神をマーシャルは**経済騎士道**と呼んだ。ユニークな命名の意味をこう説明している。

> 実業における騎士道は、戦争における騎士道が君主、祖国、または十字軍への私心のない忠誠を含んでいるように、公共的な精神を含んでいる。（中略）実業における騎士道は、簡単に手に入る勝利に対

する軽蔑と、助力を必要とする人々を援助する喜びを含んでいる。その途中で得られる利益は軽蔑しないが、見事に戦った戦闘の戦利品、あるいは主として彼らが証明する勲功のための試合の賞品を尊重するという戦士の立派な誇りを抱いており、しかもそれらが市場において貨幣で評価されるその額については、第二次的な考慮しか払わない。

（根井雅弘『物語　現代経済学』Alfred Marshall, Social Possibilities of Economic Chivalry, 1907.）

マーシャリアン・クロス以外にも、「需要の価格弾力性」、「消費者余剰と生産者余剰」、「外部経済と内部経済」など、マーシャルは現代経済に数多くの理論やモデルを残している。

その果実は大切にすべきだが、理論やモデルに込められたマーシャルの真意を見失ってはならない。ジョン・スチュアート・ミルの著作に共鳴していくつかの都市の貧民街を訪れ、貧困の実態を目の当たりにしたのが経済学の研究を志す契機だった。教育者としても優れ、ケンブリッジ大学の在職中に**アーサー・セシル・ピグー**（一八七七〜一九五九）、ケインズらを育て上げ、「**ケンブリッジ学派**」を形成した。ケンブリッジ大学が世に送り出す人物には「冷静な頭脳と温かい心をもって、自分の周りの社会的苦悩に立ち向かうために、その最善の能力の少なくとも一部を喜んで捧げる志」を求めるという有名な言葉を発した人物が生み出した成果物の一部にすぎないのである。

マーシャルが活躍した十九世紀末から二十世紀初頭にかけて、新古典派経済学の基礎は固まった。新古典派経済学は主流派として今も君臨している。歴史の中でたえまなく変化する経済を対象にした学問でありながら、百年以上前に誕生した理論やモデルが今も生き残っているのは驚くべきことだ。

新古典派経済学の特徴をまとめておこう。新古典派経済学の手法を活用して数理経済学者として多大な業績を上げた後、新古典派批判に転じた**宇沢弘文**（一九二八～二〇一四）は、経済学の方法論や歴史を解説した『経済学の考え方』で新古典派理論の前提を列挙している。

一つ目は生産手段の私有制である。生産手段は労働、資本、土地といった生産要素だけではなく、生産や消費の過程で必要となるすべての希少資源を含んでいる。生産活動に必要な希少資源は、いずれかの経済主体が所有しているとみなす。経済主体は自分が所有する希少資源、生産物・サービスを自由に使い、市場で売買できる。

第二の前提は、主観的な価値基準の存在である。経済を構成する経済主体は、抽象的な「経済人」（ホモ・エコノミクス）であり、選好関係（AよりもBを好むといった関係）を明らかにする主観的な価値基準の下で、合理的な行動を選ぶ。

経済人という概念は、歴史や文化、社会から切り離された抽象的な存在であり、経済的な計算だけに基づいて行動する。

経済人のよりどころである主観的な価値基準は、その個人の生育環境などとは無関係に定まっている。他の経済人がどのような経済活動をしているかにも左右されない。他の人々の状態や行動について知る必要はない。各人は価値基準に基づいて選択するために必要な情報を、費用をかけずに入手できる。

この仮定は消費者主権の考え方に通じる。

生産手段の可変性（自由に変えられること）の仮定も欠かせない。ある生産要素は特定の用途に固定されず、そのときどきの条件に対応して、一つの用途から他の用途に自由に転用できる。転用には費用も時間もかからない。新古典派の生産理論では、賃金と価格の変化に応じて労働の雇用量を自由に変えられる。この仮定の下で、実質賃金と労働の限界生産が等しくなる。

生産期間は常にゼロもしくは無視できるほど短い。様々な生産要素を生産過程に投入して産出物を生み出し、それを市場に供給し、販売するまでの時間が生産期間である。

生産要素の可変性と、生産期間ゼロを仮定すると、企業という制度や組織は意味をなさなくなる。企業は単なる生産要素の集まりにすぎなくなり、市場の条件の変化に応じて自由に姿を変える存在となる。新古典派理論では、企業や生産者の行動を分析するとき、企業を構成する個々の生産要素の所有者が、一人の経済人としてどのような行動をとるのかを論じる。個々の経済人の行動を集計して企業の行動を考える手法なのである。

市場均衡の安定性も議論の前提だ。すべての商品やサービスについて、需要と供給が等しくなるような市場価格の体系が存在する。仮に需要と供給が一致しない状態があれば、市場価格の調整が直ちに起こり、均衡する市場価格の体系が瞬時に実現する。市場均衡以外の状態はないと主張しているのに等しい。

仮に経済が不均衡の状態にあり、この状態で生産、交換、消費の活動をするとしよう。ある商品の需要が供給を上回るなら、何らかの方法で需要を満たさなければならない。この商品の需要を満たされなかった人は、所得の使い方を、その商品を購入できないという条件の下で見直さなければならない。

このとき、その商品以外のすべての商品やサービスの購入計画も修正する必要があり、影響が広く及ぶ。すると、すべての生産者が供給計画の見直しを迫られ、消費者の所得の決定、さらには購入計画も修正が必要になる。

ある商品の供給が需要を上回るときにも同じ現象が起きる。そして、この過程がうまく均衡状態に達するかどうかは不明だ。

新古典派理論ではこの過程は省かれ、不均衡の状態が生まれても、需要と供給の乖離は瞬時に解消し、均衡状態だけを観察できる。

こうした前提から、いくつかの基本命題が導かれると、宇沢は続ける。

第一は「**パレート最適**」の命題である。市場均衡の下で実現する理想状態を指す言葉だ。この状態では、一人の消費者が効用の水準を高めようとすると必ず、他の消費者のいずれかの効用の水準を低めなければならない。資源配分の効率性にかかわる概念であり、所得分配の公平性や平等性とは無関係だ。所得分配に関して公平性や平等性の基準を設けようとすれば、必然的に価値判断にかかわる。

そこに踏み込むのは科学としての経済学の領域を超えた問題であるという認識が根底にある。

少し補足しておこう。この概念は、イタリアの**ヴィルフレド・パレート**（一八四八〜一九二三）らが定式化した。パレートはスイスのローザンヌ大学でワルラスの後継者となり、ワルラスの一般均衡理論を発展させた。**ローザンヌ学派**は、限界革命を担う三大学派の一つとなった。

新たな交換で誰かが不利になるのなら、交換は続かなくなるため、価格調整の最終状態とみなせる。反対に、他の誰にも損をさせずにある人の経済状態を改善できるのなら、その実行を拒む人はない。

パレート最適の状態から離れようとすると、社会の中で葛藤が生まれ、誰を優先するかをめぐって価値判断が求められる。

そうなると、「価値中立」の科学を標榜する新古典派経済学とは相いれなくなる。そこで、パレート最適の実現までが経済学の責任であると主張し、それ以上は踏み込まない。パレート最適からの乖離の度合いによって現実の市場を評価し、パレート最適への接近を探究する学問が「厚生経済学」で、ピグーが生みの親である。

新古典派経済学でいう「効率性」とは、すべての資源が有効に活用されている状態を指し、パレート最適と同じ意味である。

現在も、パレート最適をめぐる議論は尽きない。例えば、超富裕層がすべての富を一人で独占しているときも、パレート最適の状態である。その人の取り分を減らさずに他の人の取り分を増やせないからである。貧困層の所得は変わらず、富裕層の所得だけが増える過程も、パレート最適の状態に向かっていると表現できるだろう。パレート最適に至る過程には価値観は入り込まないといえるのか、という疑問が浮かぶ。

経済学者の中には、効率性を実現しているのなら公平だと主張する人もいる。需要と供給の一致した均衡状態では、市場に参加する人を公平に扱っているという論理だ。効率性と公平性とのトレードオフ（一方を得ると他方を失う関係）という問題の立て方をする人もいる。まずは最も効率的な状態を解明し、そのうえで分配の問題を考え、公平性にも配慮するという発想法だ。

宇沢の解説に戻ろう。

新古典派の投資理論によると、すべての生産要素が完全に使われているという命題が成立する。労働市場では、完全雇用が一般的となる。生産要素を自由に変えられる「可変性」の前提の下では、厳密な意味での投資は存在しない。投資は本来、生産要素の蓄積を意味するが、生産要素を自由に変えられるのなら、生産要素を蓄積しなくてもよい。生産要素が必要になれば、その都度、市場で調達すればよいからだ。

税制の中立性の命題も共通認識だ。政府が一定額の税収を得ようとするとき、所得の減少に伴う経済厚生の損失を最小限に食い止めるにはどのような税制が望ましいのか。新古典派の枠組みで議論すると、市場価格の体系に影響を及ぼさないような税制、中立的な税が望ましいという結論となる。

自由貿易が望ましいという命題も重要だ。国際間の経済取引では、関税、非関税障壁を撤廃し、貿易を自由化すると各国の経済厚生が高まる。この命題も生産手段の私有制、生産手段の可変性の前提があって初めて成り立つ。

完全雇用と貨幣の中立性命題も新古典派の柱となる命題だ。実体経済と貨幣経済はそれぞれ独立した経済であり、実体経済では完全雇用が常に実現する。貨幣経済では、物価の上昇率は貨幣供給の増加率によって決まり、貨幣の中立性命題が成り立つと考える。

この命題は「古典派の二分法」から引き継がれている。メンガー、ワルラス、マーシャルの議論では、価格、生産量、雇用量は、貨幣とは関係がない世界で決まる。貨幣は実体経済の決定に影響を及ぼさず、その量に応じて物価水準を決定するにとどまるのだ。

メンガー、ワルラス、マーシャルが貨幣に無関心だったわけではない。三人とも晩年になって貨幣に関する著作を出版しているほどだ。それでも、実体経済と貨幣経済の二元論からは離れられなかった。

なぜだろうか。新古典派経済学では、貨幣の機能を交換の媒介と価値の尺度に限定している。貨幣には価値を貯蔵する機能があり、人間の行動を駆り立てる大きな要因になっているはずだ。新古典派が、この機能をあえて無視しているのは、新古典派の生命線ともいえる効用価値説の性質と密接に関連している。

効用価値説に従えば、個人が商品やサービスから得られる満足度を基準に交換価値が決まる。貨幣は効用をもたらさないので、それ自身では価値を持たない。というより、そう考えないと議論が成り立たなくなってしまう。貨幣を商品やサービスの購入代金として一時的に保有することはあっても、必ず手元から離れていく。貨幣の保有は目的にはならないのである。

新古典派の貨幣観は、貨幣の実態からではなく、効用価値説から演繹的に導かれたのである。

こうしてみると、新古典派経済学は、様々な前提条件があって初めて成り立つ体系であることが分かる。新古典派の体系を学ぶとき、どうしても命題の方に目が向きがちだが、命題が生まれるまでの議論の道筋を忘れないようにしたい。

一糸乱れぬように見える新古典派理論の体系は、経済学者たちが自由化を阻む勢力を退けるための「説得の道具」であり、必ずしも現実の経済から導き出したモデルではないことも確認しておきたい。

説得の道具は、その後、時代の文脈から切り離されて独り歩きを始めるが、ワルラスにせよ、マーシャルにせよ、均衡理論で経済現象のすべてを説明できるとは考えなかった。

古典派から新古典派に至る経済学者たちは、経済や社会全体を視野に入れて思索を重ね、貧困問題の解決や、理想の人間像、経済社会の変革を求め続けた。精緻な経済理論はそうした思索の一端にすぎない。

経済学者たちが意図した結果かどうかは不明だが、強固な理論の体系は、大学の中で「経済学」が独立した存在として認められるのに有利に働いた。一九〇三年、マーシャルは、ケンブリッジ大学では道徳科学学位と歴史学学位の取得に必要な補助科目だった経済学の独立に成功し、経済学学位を創設した。

草創期の経済学者たちは、経済理論の限界を自覚しつつも、大学内での地位を確立するためには、理論の力を前面に出さざるを得なかったのである。

ここまで、古典派と新古典派経済学が誕生した経緯や基本的な考え方を整理してきた。現在のミクロ経済学の教科書や入門書の前半に登場する理論やモデルの原点であり、両者はほとんど同じ内容であることに気づくだろう。

主流派経済学に対して厳しい視線を注ぐ論者の一部は草創期の経済学、とりわけワルラスの一般均衡理論に矛先を向ける傾向がある。草創期の経済学と現代経済学の基本は変わらないのだから、批判の手法として間違ってはいないのだが、往々にして議論はかみ合わない。

主流派の経済学はその後、様々な方角に枝葉を広げ、今日に至っている。草創期の理論を攻撃しても、経済学者は「経済学の現状をよく理解していない人からの批判にすぎない」とやり過ごしてしまう。

一方、専門分化が進んだ現代経済学の姿を一瞥したうえで、「もっと大きな視野で物事を考えよ」とか「道徳哲学を背景に持っていたアダム・スミスの原点に戻れ」と草創期の経済学を逆に持ち上げながら現代経済学を批判する人もいる。

そうした批判にも一理あるが、批判が行き過ぎると「現代経済学を学ぶ意味はない」という不毛な結論に至りがちだ。

本書も経済学の原点に戻っているが、現代経済学に対する理解を深めるのが目的である。もう少し実りのある議論をするためには、主流派の経済学がその後、どんな道筋をたどり、何をテーマにしてきたのかを知っておく必要がある。

ミクロ経済学の教科書を広げると、消費者行動の理論、企業行動の理論、一般均衡理論や部分均衡理論、パレート最適の解説に続き、市場の失敗と独占という項目が最後に出てくる。

完全競争市場で成立する一般均衡では、資源の無駄がなく、消費者は効用を、企業は利潤を最大にできる。誰もがそれ以上は満足度を高められないパレート最適の状態である。この状態は理想ではあるが、様々な事情で実現できないときがある。

新古典派の体系は理論として首尾一貫している反面、現実と乖離していると批判する声は多い。宇沢弘文が新古典派の前提条件を列挙したのも、前提条件があまりにも現実離れしていると訴えるためだろう。

草創期の経済学者の多くは理論の限界を認識していたが、こうした批判に反論するすべがなかった。一九二〇〜三〇年代、新古典派理論は新たな方向に舵を切る。マーシャルの後継者となったアーサー・セシル・ピグーは市場価格が費用と効用を反映できなくなるときがあると主張したのだ。例えば、工場から出る有害物質が大気や河川の水質を汚染しても、大気や水には市場価格がついていないため、工場を運営している生産者はそのコストを負担しなくてもよい。生産者はコストを気にせずに有害物質を発生させ、汚染が広がってしまう。

経済活動にかかわる要素の一部には市場価格が存在せず、経済主体の判断材料から、はずれてしまうのだ。これを経済学では「**外部性**」と呼び、公害などの被害が生じるときは「**外部不経済**」があると表現する。こんな事態になったときは、政府が**環境規制**をかけるといった方法で被害を食い止めるしかない。反対に、良い効果をもたらす経済活動には「**外部経済**」があるという。

新古典派の議論の出発点となる様々な前提条件と現実とを見比べ、現実がいくつかの前提条件からはずれると、市場均衡が効率性を達成するとは限らなくなる。その場合には、現実の方に手を加える必要があると主張して、議論を逆転させたのである。

市場の成果は、市場に参加する買い手と売り手にとっての問題だと新古典派は考えてきたが、現実には、買い手と売り手の意思決定は、市場に参加していない人にも影響を及ぼす可能性がある。**環境汚染**は、市場の外部にいる人々に市場の「成果」が及ぶ典型例である。

外部性が存在すると、市場の厚生は買い手にとっての価値と、売り手にとっての費用以外の要素に左右される。

売り手と買い手はそうした副作用を考慮しない。したがって、市場均衡は社会全体から見ると非効率になる可能性がある。

こうした現象を「**市場の失敗**」と呼ぶ。市場の失敗の研究は、新古典派の均衡理論を補強し、外部からの攻撃を防ぐ防護服となった。

新古典派＝自由市場の擁護という根本的な構図は変わらないが、市場がうまく機能しなかったり、政府の介入が必要になったりする状況にも対応できる理論を追加できたのである。

ピグー自身は、新古典派の防護服を作ろうと意図して、こうした議論を展開したわけではなかろう。主著『厚生経済学』（一九二〇）は、文字通り厚生経済学の原典となったが、同書は、貧困問題に心を砕いた師、マーシャルの意向を引き継ぎ、社会の厚生を高めるためには何をなすべきかを理論的に解明した書である。

外部不経済の問題は、その中の一つであり、ピグーは環境汚染の原因になっている生産要素に課税する「**ピグー税**」や、環境汚染の削減に取り組む場合には資金を提供する「**ピグー補助金**」を提唱した。

『厚生経済学』では、社会全体の経済厚生を高める条件として、**ピグーの三命題**と呼ばれる命題を示している。国民分配分の平均量が大きい（国民の所得総額が大きい＝第一命題）、貧者に帰属する国民分配分の平均取得分が大きい（所得の分配が平等である＝第二命題）、国民分配分の年々の量と貧者に帰属する取得分の変動が小さい（国民所得の変動が小さい＝第三命題）の三つである。

ピグーの第二命題をめぐる議論を「新古典派理論の発展」という視点から改めて見てみよう。本書第Ⅱ章でも取り上げた、ロンドン・スクール・オブ・エコノミクスのライオネル・ロビンズは、科学的ではない命題だとして第二命題をやり玉に挙げた。

ピグーは一定の金額を富裕層から貧困層へ再分配すれば、富裕層がそのお金を使って得る効用よりも貧困層が得る効用の方が大きいので、所得再分配が進んで所得が平等になっていけば、経済厚生が高まると主張した。

ロビンズは、個人の内面にかかわる効用を比べるのは不可能であり、科学的ではないとピグーを批判したのである。

経済学には、人々の効用を数値で示し、足したり引いたりできる「**基数的効用**」、どちらが好ましいかという優劣の比較による「**序数的効用**」の二つ考え方がある。ロビンズは、第二命題は基数的効用を前提にしていると批判し、多くの経済学者が賛同した。現代経済学では、序数的効用の概念が残り、基数的効用の概念は葬られている。

ロビンズは、経済学は「合理的な個人の選択」を解明する学問であると定義した。所得の再分配に踏み込んだピグーの第二命題は、新古典派経済学の枠組みから、大きく足を踏み出していたのだ。

ちなみに、新古典派の基本命題として現在も生き残っている「パレート最適」は、「序数的効用」の概念を基に組み立てられている。市場の均衡点では、他の誰かの満足度を引き下げない限り、誰かの満足度を引き上げることはできない。効用の大きさを測定できないのだから、例えば、均衡点で富裕層と貧困層の取り分に大きな差があっても、それ自体は問題にならない。

ピグーの第二命題がたどった運命は、新古典派理論がどのように発展してきたのかをよく物語っている。市場の失敗はあくまでも例外であり、例外への対処法を考える議論は防護服として重宝され、生き残る。新古典派理論の拡張に取り組んでいるうちに、市場経済の根幹を揺さぶるような議論に足を踏み入れてしまう場合もあるだろう。そんなとき、主流派の枠内にとどまりたい経済学者はそっと元の道に引き返す。あえて足を踏み出しても、そうした議論は学界から批判されるか、冷淡な扱いを受けて淘汰されていく。新古典派経済学は強い生命力を原動力に自己増殖してきたのだ。

外部性以外にも、市場の失敗をもたらす要因はいくつかある。

外部性に近い存在が「**公共財**」である。公共財は「非競合的」で「非排除的」な財・サービスを指す。複数の人が同じ財・サービスを、同じ量だけ消費できるとき、「非競合的」という。料金を支払わない人の消費を防げないのが、「非排除的」な財・サービスである。

非競合的、非排除的の両方の条件を満たす公共財の代表例は、法制度や国防、警察・消防だ。どちらか一方の条件を満たすのが「準公共財」であり、道路や公園が典型だ。道路は、走行する自動車が増えて混雑するとサービスが滞る。その一方、料金の徴収も不可能ではない。

公共財をどれだけ提供すればよいのかを推測するのは難しい。公共財に対する要望を住民に尋ねると、コストを考えない回答が多くなり、適正な規模を導き出せない。誰かが負担して公益のために提供している財・サービスに、無料で**ただ乗り**（**フリーライダー**と呼ぶ）できるのであれば、あえて自分が負担しようとはしない。全員がそう考えると、その財・サービスは提供されなくなる。

経済学者の間では、すべての潜在的な利用者（利用する可能性がある人）に課税できるときだけ、最適な量の公共財を提供できるとの見方が大勢だ。税金を徴収しても、その財・サービスを提供する人に資金を提供してもよい。

「市場の失敗」は、新古典派の弱点をついているように見えて実はそうなってはいない。市場は、たいていは成功している。たまには失敗することもあるが、政策や制度を使って適度に介入すれば、成功の状態に戻せる。どうすれば正常な状態に戻せるかを検討するのが、経済学者の役割の一つだと論じるのだ。

公共財の問題もそうだ。私有財では市場が正常に作用しているのに、公共財ではうまく機能しないと対比させることで、私有財の優位性を浮き立たせている。新古典派の定義に基づく公共財に何が相当するのかと考えていくと、国防や警察などを除くとさほど多くない。

多くの道路や橋は公共財として提供されているが、私的財に転換して通行料を徴収することは可能だ。市場の効率性という物差しでみると、政府や自治体が提供している公共財の多くは私的財に転換できるし、効率性が高まるという議論になりがちだ。

市場の失敗を招くもう一つの要因は「**情報の非対称性**」である。市場に参加している人が持っている情報の偏りを指し、情報に偏りがあると誰にとっても望ましくない結果を招く可能性を指摘する。一九七〇年代に登場した概念であり、ミクロ経済学が発展する大きな力となった。

この分野を開拓したアメリカの経済学者、**ジョージ・アカロフ**（一九四〇〜）によると、中古自動車の売買では、自分の商品の品質を知る売り手と、情報がない買い手との間で市場取引が成立しない可能性がある。

情報の非対称性に関する研究は、ゲーム理論にも取り入れられていく。情報の非対称性は「情報の経済学」の柱でもあり、改めて説明する。

時計の針を再び一九二〇〜三〇年代に戻そう。ピグーが一九二〇年に『厚生経済学』を出したのは、貧困問題や、蒸気機関車が出す火の粉で森林や家屋が焼失する問題に対処するためだった。いずれも十九世紀以来の問題であり、新古典派理論の射程に入っていた。

ところが、この前後から世界の経済環境は激変する。市場の失敗の理論は新古典派の有力な武器となったが、それだけでは、さばききれない問題が目立ち始めた。市場の独占や寡占が進行したのである。

激動の時代に対応し、新古典派の枠組みを飛び越えて誕生したのが、後述するケインズ経済学だ。そして、現代のミクロ経済学の大きな柱となっているゲーム理論の源流が生まれたのも、実はこの時期である。ゲーム理論は、それまでのミクロ経済学の弱点を補いつつ、さらに発展させる原動力となって今日に至っている。

したがって本章では、新古典派による「市場の失敗と独占」の理論に続き、ゲーム理論、市場の失敗に関連する「情報の経済学」の基本的な考え方を解説する。現在の標準的なミクロ経済学が確立するまでの流れを把握しやすくするためだ。

二十世紀初頭に起きた激変の大きな要因は、生産と流通の両面にわたる技術革新である。産業の中心は軽工業から重化学工業に転換し、鉄道網の発達で大量の生産物を運べるようになった。二十世紀は巨大な生産設備と量産体制を前提とする経済となったのである。

さらに、一九二〇年代には株式会社制度が普及し、所有と経営の分離が可能となる。資金の調達や経営管理がしやすくなり、企業の規模を拡大できるようになった。大企業が大量生産をすれば規模の経済が働き、価格を引き下げれば大量に販売できる。大企業による大量生産・大量販売は中小零細企業の淘汰を加速させ、市場の寡占や独占が進行する。

新古典派経済学が想定する完全競争市場では、市場に参加する企業や個人は自分では自由に価格を決められない。プライステイカーとして行動するのが議論の前提だ。

一方、二十世紀初頭に勃興した独占企業には競合する相手がいないため、自社で自由に価格を決められる。完全競争市場には存在しないプライスメイカーとして行動する。

ここでも新古典派はしぶとさを見せる。ある製品を供給する企業が一社しか存在しないとき、その企業は自社の利益を最大にする価格を選ぶ。競争市場で決まる均衡価格よりは高くなるので、取引の総量は均衡価格より減る。独占企業の利益は最大になるが、消費者が得る利益（消費者余剰と呼ぶ）は均衡価格より小さくなってしまう。消費者余剰の概念を使って「独占の弊害」を明らかにしつつ、独占を規制すべきかどうかと論じたのだ。

企業が数社しか存在しない状態を寡占と呼ぶが、競争相手が限られる寡占市場でも、企業は価格の吊り上げや販売数量の抑制に走る可能性がある。この市場の分析ではゲーム理論が威力を発揮することになる。

独占市場や寡占市場のように、企業がプライステイカーとして行動しない状態を「**不完全競争**」と呼ぶ。新古典派とは異なる視点から不完全競争の研究に先鞭をつけたのは、アメリカの**エドワード・チェンバリン**（一八九九～一九六七）とイギリスの**ジョーン・ロビンソン**（一九〇三～一九八三）である。チェンバリンの『独占的競争の理論』、ロビンソンの『不完全競争の経済学』はいずれも一九三三年の出版である。

チェンバリンは議論の前提として、完全競争が成り立つ条件を挙げている。多数の売り手と買い手が存在し、個々の主体の影響を無視できる。製品は完全に同質か標準化されている。資源の移動に摩擦がなく、即時に調整できる。完全な知識の下で不確実性がない、の四つだ。

そのうえで、独占的な要素として企業による「**製品の差別化**」に注目した。企業は顧客が特定の売り手の製品を選好する状況を作り出す。登録商標や商品名、包装や容器の奇抜さ、品質やデザイン、色、スタイルの特異さといった製品それ自体の特性、小売りを例にとれば店舗の立地上の利便性や店舗の品格、商売のやり方、公正で丁重であるという評判、効率性、顧客を店舗に引き付ける人的なつながりといった販売をめぐる各種の条件が、差別化の基礎となる。

ロビンソンは消費者の行動に注目した。同じ製品に価格差があっても、移動の手間などもあって直ちに需要は変動しない。消費者は価格だけに注目しているわけではない。製品のわずかな差異、ブランドへのこだわり、習慣も影響する。消費者の需要の多様性が一社独占の形成を防いでいると説いたのである。

チェンバリンの「**独占的競争**」の概念は現代の教科書でも見かけるが、ロビンソンの主張はあまり取り上げられていない。「**ポスト・ケインズ派**」として主流派と対立する立場を貫いたことが影響しているのだろうか。

米ハーバード大学教授の**グレゴリー・マンキュー**（一九五八〜）のミクロ経済学の教科書には、こんな記述がある。

市場支配力や外部性などの市場の失敗が存在すると、市場では資源が効率的に配分されない。市場の失敗の可能性はあるものの、それでも市場における見えざる手は大変、重要である。完全競争市場の仮定は多くの市場で当てはまり、市場の効率性に関する結論が直接、当てはまる。

完全競争市場以外にも現実には、独占市場、寡占市場、独占的競争市場といった様々な市場が存在するが、完全競争市場は分析が最も容易である。そのうえ、ほとんどの市場にはある程度の競争があるので、完全競争市場における需要と供給の学習で得られた結果の多くは、より複雑な市場にも適用できる。

（『マンキュー入門経済学』）

新古典派は市場の失敗と独占の問題を自身の土俵にうまく取り込んだといえよう。

三　ゲーム理論

現代のミクロ経済学はゲーム理論なしには語れないといえるほど、ゲーム理論は隆盛を誇ってきた。近年のノーベル経済学賞の授賞対象でも、かなりのウエートを占めている。

ゲーム理論とは何か。日本語ではゲームを遊びや遊戯の意味で使う場合もあるが、本来は勝負や勝敗を指す言葉だ。ゲームにはルールがあり、主体（プレイヤー）が環境や他者と相互作用をしながら勝敗を決める。社会や自然界で複数のプレイヤーが意思決定をしたり、相互依存の関係を築いたりする状況を数学のモデルを活用して考察するのがゲーム理論である。

現代ミクロ経済学の教科書、**神取道宏**著『ミクロ経済学の力』には、複数の人間が相手の出方をうかがいながら行動する状況を表現するには、参加者は誰か、各人はどんな行動を取れるのか、その結果、誰がどれだけ得をするのかを明確に記述しなければならず、これらを正確に表したモデルを「**ゲーム**」という、との解説がある。

新古典派の中核をなしてきた一般均衡理論を柱とする「価格理論」、伸張が著しいゲーム理論、制度の問題を取り扱う「契約理論」（第Ⅵ章で改めて説明する）を、現代ミクロ経済学の三本柱と呼ぶ向きもある。

こうした現在の勢力図から見ると意外な印象を持つかもしれないが、経済学の世界にゲーム理論が融合するまでには、実は、かなり時間がかかった。

ゲーム理論を経済分析に応用する流れを作ったのは、ハンガリーの数学者、**ジョン・フォン・ノイマン**（一九〇三〜一九五七）と、ドイツの経済学者、**オスカー・モルゲンシュテルン**（一九〇二〜一九七七）である。

ノイマンは生粋の数学者であり、経済学や社会科学とは無縁だった。ドイツのゲッティンゲン大学で数学界を指導する立場にあった**ダフィット・ヒルベルト**（一八六二〜一九四三）に師事し、「**形式主義**」に基づく研究に取り組んだ。形式主義とは、既存の数学の体系に即して、一貫性のある公理（仮説）の体系を導き出す手法を指す。集合論や量子力学が研究の対象だった。

当時の数学はゲームとの関連が深く、ノイマンはチェスの愛好家でもあった。一九二八年、「室内ゲームの理論」という論文を学術誌に発表したほどである。

この論文ではまず、ゲームの結果は、各プレイヤーの決定と、サイコロの目のような偶然起きる（ランダムな）事象に依存すると想定した。

各プレイヤーは自分自身の結果にしか関心がないが、各プレイヤーが他のすべてのプレイヤーの結果に影響を及ぼすという事実の帰結を考察するのが、論文の趣旨だと説明している。

室内ゲームの結果は勝ちか負け、あるいは掛け金の配分となる。したがって、すべてのプレイヤーの結果を合計するとゼロになる。いわゆるゼロサムゲームである。各プレイヤーの決定を「**戦略**」という変数に転換すると、ゲームを単純に数理で表現できる。偶然起きる現象をプレイヤーの期待値に転換し、さらに議論を単純にした。

プレイヤーが二人しかいない場合、順番に戦略を示す決まりにすると、最初に戦略を示す人が不利になる。後から戦略を決めるプレイヤーは、最初のプレイヤーはどんな状況でどんな選択をするかが分かるからだ。最初に戦略を決める人は、相手が自分に不利な戦略で対応すると想定し、自分に最も都合の良い結果になるような戦略を選ぶだろう。相手が自分の利得を最小にするという条件の下で自分の利得を最大にする戦略を選ぶ――。この結果を「**マキシミン**」、反対に相手が先に戦略を選ぶゲームの結果を「**ミニマックス**」と呼ぶ。ノイマンは、どんなゼロサムゲームでも、マキシミンとミニマックスが等しくなり、均衡が存在する「**ミニマックス定理**」の証明に成功したのである。

ゲーム理論の世界では画期的な論文ではあるが、数学界で高く評価されたわけではない。数学とゲームの相性は悪くはないが、数学者にとってゲーム分析はあくまでも余芸だったのである。

研究には着々と取り組んでいたが、ヨーロッパではユダヤ人に対する迫害が広がりつつあった。ユダヤ人の家庭に生まれたノイマンは次第に不安を募らせ、一九三〇年、アメリカのプリンストン大学に移った。

アメリカでは数学の研究にいそしみながらも、ハンガリーやドイツ情勢を気にかけていた。個人や集団の現実の姿に目を向けざるを得ず、ゲームの世界に閉じこもるわけにはいかなかった。一方、モルゲンシュテルンはオーストリアで経済学の教育を受け、オーストリア学派の影響を受けた。限界革命の三巨頭の一人、カール・メンガーを始祖とする学派である。個人の利己的な意図から社会現象を説明できると考える「方法論的個人主義」と呼ばれる手法を身につけた。

その後、アメリカやイギリスに研究のために滞在した経験や数学者との交流を糧に、オーストリア学派の枠にとらわれない研究に踏み出していく。

モルゲンシュテルンは一九二八年の『経済予測』と題する著作で、経済予測は不可能だと主張する。経済に参加する個人は最大限に知性を発揮し、利己的に行動する。経済予測が発表された時点で各個人は、行動を変えてしまう。経済予測をする側が、個人の反応を考慮しようとしても、個人は再び、その意図を読み、自分にとって望ましい結果となるように行動する。互いの読み合いが続き、結果を断定できなくなる。

方法論的個人主義をベースにした議論ではあるが、他者との相互依存の関係に対する関心がうかがえる。新古典派経済学の鍵概念である限界分析には疑いの目を向け、人間の心理や信念に注目していた。

やがて、オーストリアにも不穏な空気が広がってきた。オーストリアは一九二九年に始まった**世界大恐慌**で大きな打撃を受け、**アドルフ・ヒトラー**（一八八九〜一九四五）が率いるナチスが支持を拡大した。

モルゲンシュテルンは一九三〇年代にプリンストン大学の教員となり、ノイマンと知り合う。お互いの研究について議論する間柄となった。

ノイマンは一九三二年、『量子力学の数学的基礎』を出版し、自然界では、観察者と観察対象の間で相互依存の関係が生まれるとの見方を強めていた。電子は、観察者に観察される前は波動だが、観察後は粒子に姿を変える。波動とは、電子がある時刻にある場所でどの程度、観察されるのかという確率を表している。

自然界でさえ、相互依存の関係が生まれるのだから、経済活動をする主体の間に相互依存の関係があり、相手の行動が不確実になるのは当然だと考えるようになったのである。

二人の交流の中から『ゲーム理論と経済行動』（一九四四）が誕生した。経済学者にゲーム理論を紹介するのが出版の目的であった。

複占や寡占を論じることができないと新古典派経済学の欠陥を指摘し、ゼロサムゲームでの「ミニマックス定理」を提示した。三人以上のプレイヤーがいるゲームも分析し、プレイヤーが提携すれば二人ゲームと同じ結果になると結論づけた。

新古典派理論では意思決定の主体は一人であり、それぞれが合理的な選択をすると仮定する。一方、複数の主体が絡む場面で、それぞれが何を選ぶかを分析するのがゲーム理論である。新古典派の完全競争市場では、経済主体（ゲーム理論の用語で表現すればプレイヤー）が無数に存在し、それぞれが合理的に意思決定する。一人のプレイヤーが市場に与える影響は小さいので、ライバルを気にせず、市場の動向を見ながら行動する。経済学者は、代表的な一人のプレイヤーの動向を分析すれば、市場全体の動きをつかめる。

その反対に、独占市場では一人のプレイヤーが合理的に行動する。経済学者はやはり一人のプレイヤーの動きをフォローすればよい。

現実の市場を見る限り、完全競争や独占が当てはまる市場はそう多くはない。お互いの顔が見える程度の複数のプレイヤーが他者の様子をうかがいながら競合している市場が圧倒的に多い。プレイヤーの「数」に注目すると、ゲーム理論の使い勝手の良さが分かる。

完全競争の世界を離れると、プレイヤーの行動は大きく変わる。お互いの行動が影響し合うため、自分にとって何が得かは相手の出方次第となり、相手の出方を読む必要がある。ゲーム理論は、プレイヤーの相互依存の関係を描写できるのだ。

プレイヤーの行動原理のとらえ方が大きく異なる新古典派理論とゲーム理論には、共通点もある。一言でいえば両者が描くのはともに「予定調和」の世界である。ゲーム理論では、プレイヤーは自らの利得を最大にするように「合理的」に行動し、最後は「均衡点」に落ち着く。合理性を発揮するときに視野に入れる判断材料は新古典派とは異なるが、プレイヤーの世界観はあまり変わらないように見える。だからこそ、新古典派理論とゲーム理論は、同じ教科書に仲良く収まっているといえよう。

この点を掘り下げるために、もう一人の立役者に登場してもらおう。アメリカの数学者、**ジョン・ナッシュ**（一九二八〜二〇一五）である。

第二次世界大戦直後、アメリカ空軍の支援の下で航空機会社が軍事技術に関する研究部門を設立し、戦後、**ランド研究所**として独立した。

ランド研究所には多数の数学者が籍を置き、ゲーム理論は、軍事研究との結びつきを強める。同研究所にはプリンストン大学も協力し、ノイマンは非常勤の顧問という立場で影響を及ぼした。

カナダ出身のプリンストン大学の数学者、**アルバート・タッカー**（一九〇五〜一九九五）の誘いを受けて大学院に進学したナッシュは、同研究所のゲーム理論研究に加わった。

ナッシュは一九五〇年代初頭の一連の研究で、プレイヤー同士が提携しない、ゼロサムではないゲーム（非協力ゲーム）の均衡（**ナッシュ均衡**）を定義し、その存在証明に成功した。

ナッシュの定義によると、ゲームの均衡とは、すべてのプレイヤーの利得が、他のプレイヤーの戦略が一定のときに最大になっている状態を指す。つまり、すべてのプレイヤーからみて「今の状態から自分だけ戦略を変えても利益が増えない」状態であり、すべてのプレイヤーが他のプレイヤーの戦略に最適に反応しているといえる。ナッシュ均衡は、ゲーム理論の中核をなす概念となった。

ランド研究所では、様々なゲームの類型が生まれた。ある研究者が考案し、タッカーが名付け親となったのが第Ⅱ章で紹介した「**囚人のジレンマ**」である。「囚人のジレンマ」モデルはナッシュ均衡の一例であり、ゲーム理論を代表するモデルとして教科書には必ず顔を出す。

ゲーム理論は一直線に発展してきたわけではない。ゲーム理論の経済学への応用に貢献したノイマンはナッシュ均衡を批判していた。ノイマンが提唱したミニマックス定理は、ゼロサムゲームで成り立つ。自分にとって最悪の事態を想定し、その中から一番ましな選択をする **「マックス・ミン」戦略**が有効だ。一方、ナッシュ均衡は非ゼロサムゲーム（ゼロサムではないゲーム）で成り立つ均衡である。

ノイマンは、相互依存の関係にあるプレイヤーがお互いに最適な意思決定をすると考えるナッシュ均衡の設定は、現実を反映していないとみていた。

ノイマンは、経済主体が最適な意思決定をすると唱える新古典派理論をかねて批判し、『ゲーム理論と経済行動』でもワルラスの一般均衡理論を攻撃している。ノイマンから見れば、ナッシュ均衡は新古典派の発想とそれほど変わらないのだろう。

一般均衡理論を批判するノイマンは、同書で「**期待効用理論**」と呼ばれる新たな意思決定の理論を打ち出している。経済学の効用の概念に不確実性の要素を取り入れて拡充した理論である。

くじの賞金を例に取ろう。くじAは当たりが十万円、はずれが〇円で確率は二分の一ずつだとする。このくじで得られる金額の期待値は十万円の二分の一にあたる五万円だ。一方、確実に五万円をもらえるくじBもある。

くじを引く人は、それぞれのくじの賞金が出る確率を基に効用の期待値（期待効用）を数値で表し、どちらのくじを引くかを選ぶ。どちらを選ぶかは、その人のリスクに対する好み（賞金額と満足度との関係を示す効用関数の形状）の違いによって決まる。リスクに対する好みは「**リスク愛好的**」、「**リスク中立的**」、「**リスク回避的**」に分類できる。

企業や個人は天候や株価といった不確実な環境に囲まれている。新古典派の効用の概念に不確実性の要素を取り込む発想は確かに斬新ではあった。それでも、企業や個人が自分の利益を最大にするために合理的に行動するという基本認識は変わらない。ノイマンは主流派の発想から逸脱してはいないのだ。

ゲーム理論は一九五〇年代に花開いたが、経済学にはすぐには受け入れられなかった。五〇年代には、非協力ゲームの枠組みを使った完全競争市場の存在証明、六〇年代には協力ゲームの枠組みを使った交換経済モデルの一般化に成功し、両者が接近する場面も見られたが、なお距離は遠かった。

一般均衡理論を軸に発展していた経済学には、簡単にはなじまなかったためである。変化が起きたのは一九八〇年代以降だ。多くの経済学者がゲーム理論の可能性に気づくとともに、分析手法を単純にしたナッシュ均衡がゲーム理論の中心となり、経済学者が参入しやすくなった面もある。この流れを「ゲーム理論による経済学の静かな革命」と評する向きもある。

ゲーム理論の特徴と意義についてまとめておこう。

ゲーム理論は、「合理的な選択をする経済主体」という主流派経済学の基本を守りつつ、「相手の出方を読む」という判断基準を新たに設定し、理論研究の土壌を急速に拡大した。

現代のゲーム理論は様々な種類に枝分かれしている。ゼロサムゲームと非ゼロサムゲーム、協力ゲームと非協力ゲーム、互いの利得を知っている「完備情報ゲーム」と、知らない「非完備情報ゲーム」、プレイヤーが同時に戦略を選ぶ「同時手番のゲーム」とプレイに順番がある「逐次手番のゲーム」、一回限りのゲームと繰り返しゲームといった具合だ。

状況に応じて多様な理論を構築できるゲーム理論は、先人たちの研究によって完成度が高まっている一般均衡理論に比べると、開拓の余地が大きく、研究を広げやすかったのだろう。

反面、思考実験の結果として誕生した様々なモデルは、現実から遊離しやすい。何のためのモデルなのかを常に問い直す必要があるだろう。多くの学者がゲーム理論の研究に参入した影響もあり、二〇〇〇年代に入ると「主要な研究テーマは出尽くした」との声も出るようになった。そうなると、研究者たちの目はますます細部に向かい、知的な遊戯に陥る危険性がある。

ゲーム理論の中心命題であるナッシュ均衡は、「パレート最適」の状態ではない点が、次のポイントだ。ゲーム理論の世界では、各個人は、自分の利益だけを最大にしようとする。社会のためにはなるが、自分にとってはコストがかかるような協調行動はとらず、最後は足の引っ張り合いになる。

新古典派が想定する完全競争市場では、個人が自己の利益を追求すると社会全体の利益も最大になるが、ナッシュ均衡はパレート最適の基準から見ると「非効率」になりがちなのだ。

ゲーム理論の専門家（ゲーム理論家と自称する人が多い）は、この結果は極めて画期的だと説明する。新古典派の競争市場では、企業や個人は自己の利益を追求し、価格調整を通じて均衡点に達する。均衡点では社会全体の利益も最大になる。この状態はパレート最適である。

一方、ゲーム理論の世界では、企業や個人は、やはり自己の利益を最大にするように行動し、ナッシュ均衡に到達する。ところが、この均衡点では、社会全体の利益が最大にはならず、「非効率」な状態になってしまう。

新古典派理論に従えば、個人と企業が自由に行動するうちに、社会全体の利益も最大になる。そうであるなら政府の介入は不要であり、自由放任の経済政策が良い結果をもたらす。ゲーム理論の見方では、ナッシュ均衡は社会全体の利益を最大にはしない。したがって改善が必要だ。

そこで出てくるのが「**制度設計**」の考え方だ。個人や企業が、相手の出方を読みながら自己の利益を最大にするように行動すると非効率になる。そうした企業や個人の行動を修正し、社会全体の利益を増やすような行動を促す報酬や罰則を設ければよい。自由放任主義は通用しないと論じる。

現代の経済学者がよく使う「**インセンティブ**」(**誘因**)という言葉も、ゲーム理論と密接に関連している。インセンティブとは人間を動かす要因を意味する。人間は費用と便益を比べながら意思決定するため、費用や便益が変われば行動を変える可能性がある。人々が合理的に行動してもパレート最適な状態を実現できないというのが、ゲーム理論のナッシュ均衡の考え方だ。したがって、人々のインセンティブに適切に働きかけ、パレート最適な状態を目指す必要があると、議論を展開していく。

こうした発想の端緒となったのは、アメリカの経済学者たちの研究だ。**レオニード・ハーヴィッツ**(一九一七〜二〇〇八)は一九六〇年代の論文で「**メカニズムデザイン**」の考え方を提唱し、**エリック・マスキン**(一九五〇〜)、**ロジャー・マイヤーソン**(一九五一〜)が発展させた。

例えば、子供二人でパイを分け合うとき、親が子供に「公平だと思うケーキの取り方」をそれぞれの子供に尋ねるとき、「自分の申告が結果に影響を与える可能性がある」と子供が考えると、正直に申告しないインセンティブが働く。そこで、一人にパイをカットさせ、もう一人に自由に選ばせると公平な分配ができる。市場メカニズムに代わる、あるいは補完する資源配分のメカニズムを考察した。

ハーヴィッツが念頭に置いていたのは中央集権による計画経済のシステムではなく、経済主体のインセンティブにうまく働きかける分権的なシステムである。

ハーヴィッツは、市場メカニズムは資源配分のメカニズムのうちの一つだという命題を示したといえる。同時に、中央集権的な計画経済は人々のインセンティブを考慮しないために持続性と効率性に欠けると結論づけた。

ハーヴィッツはゲーム理論を駆使し、資源を効率よく配分するシステムについて論じた。マスキンはハーヴィッツの理論を基に、投票行動といった集団の意思決定の問題を扱う「**社会的選択理論**」を構築し、マイヤーソンはオークション取引の設計に応用したのである。

話を本筋に戻そう。一般均衡理論は完全競争市場、ゲーム理論は寡占市場に焦点を当てる理論であり、「すみ分け」ができているとはいえ、均衡点の性質がそれほど大きく異なるのであれば、なぜ両者は共存できているのだろうか。

それはやはり、個人や企業は自分の利益を最大にするように合理的に選択し、均衡点に落ち着くという命題を共有しているからだろう。

ゲーム理論家は、パレート最適を達成している一般均衡は理想的な状態だが、ナッシュ均衡では達成できていないと論じる。パレート最適が理想だという認識を新古典派と共有しつつ、パレート最適を達成できるような制度設計が重要だと説く。

ノイマンはワルラスだけでなく、後述するイギリスの**ジョン・ヒックス**（一九〇四～一九八九）やアメリカの**ポール・サムエルソン**（一九一五～二〇〇九）も批判していたが、そうした軋轢はやがて目立たなくなり、新古典派理論とゲーム理論は共存の道を歩んできた。

本書第Ⅱ章では、経済学とは何かという「定義」をめぐる議論を取り上げた。経済学を分析対象ではなく分析の手法で定義する流れがあり、経済学はその流れに乗って「合理的な選択をする経済主体」という主人公を経済以外の分野に次々と送り込んできた。

そこで紹介した新古典派のゲイリー・ベッカーは極端な例だが、経済以外の分野に主人公を送り込む力の強さという点では、ゲーム理論家たちも決して引けを取らない。

ゲーム理論を代表するモデルとして登場する「囚人のジレンマ」を再度、見てみよう。登場するプレイヤーは二人の容疑者である。囚人となった二人には、それぞれ黙秘するか自白するかの選択肢がある。このモデルでは、囚人にとっての利得とは、自分の刑期をできるだけ短くすることである。二人には贖罪の意識は全くない。二人とも黙秘すれば二人分を合計した刑期は最も短くなるのに、相手だけが自白して自分の刑期だけが長くなるのを恐れ、結局は二人ともに自白してしまう。二人分を合計した刑期は、二人とも黙秘したときの刑期より長くなってしまうのである。

二人は自分の損得だけを考えて自白するか黙秘するかを選択する。モデルの中では黙秘と自白のそれぞれに点数がついているので、経済のモデルのように見えるが、二人の行動は、生産や消費にかかわる経済活動ではない。経済活動の範疇には入らない人間の行動パターンを示すモデルが、ゲーム理論を代表するモデルとして経済学の教科書に堂々と載っているところに、ゲーム理論の特質がよく表れているのではないだろうか。

ライオネル・ロビンズの定義に従えば、経済学のモデルでは、個人や企業が掲げる目的は何でもよい。囚人二人の目的は「自分の刑期を短くすること」である。その目的を達成するために合理的な選択をした結果、二人とも自白してしまう。このプロセスを解明した囚人のジレンマモデルは、立派な経済学のモデルなのである。

イスラエルの経済学者、**アリエル・ルービンシュタイン**（一九五一〜）は経済学を「人間の相互作用における規則性を説明しようとするもの」と定義している。ライオネル・ロビンズの「希少性定義」よりもはるかに広い定義であり、ゲーム理論家の発想がよく表れている。この定義に従えば、ゲーム理論が経済以外の分野に広がっていくのは当然という認識になるだろう。

ゲーム理論家たちの言い分を聞こう。

一九八〇年代の「静かな革命」がもたらしたのは、一般均衡理論との共存ではない。理論の面では一般均衡理論はゲーム理論の特殊ケースであると証明ずみだ。新古典派の前提であり、批判の対象にもなりがちな「経済人」の限界を克服すべく、一九八〇年代以降、伝統的な合理性の仮定を緩めた研究にも取り組んでいる。

完全競争市場以外の幅広い社会・経済問題を「合理的な行動」という観点から統一して把握できる理論の体系ができた。市場か政府かという二者択一ではなく、個人に適切なインセンティブを与え、社会全体の効率を高める「制度設計」の道を開いた。

周波数オークション、研修医のマッチングプログラム、学校選択制、腎臓交換プログラムなど多くの分野で実用化が進んでいる……。

ゲーム理論は日本の学界でも勢いづいているが、日本では実用化はほとんど進んでいない。なぜか。周波数の割り当てを例にとると、官民癒着の構造が、周波数オークションの導入を阻んでいるためだとゲーム理論家は主張している。

四　情報の経済学

ゲーム理論とのかかわりが深く、現代ミクロ経済学の柱となっているのが、情報の経済学である。この分野の鍵となる概念は「**情報の非対称性**」である。情報の非対称性の概念にはすでに触れたが、改めて意味を確認しておこう。

例えば、労働者と経営者、保険加入者と保険会社は、一方は自分自身についてよく知っているが、もう一方はその人についてあまりよく知らないという、不釣り合いな状態にある。これを情報の非対称性と呼ぶ。物事を依頼する側（人を雇う側＝経営者）を**プリンシパル**、依頼される側（雇われる側＝労働者）を**エージェント**と呼ぶ。プリンシパルとエージェントの間に情報の非対称性があると、様々な問題が発生する。労働者は経営者の目を盗んで、いい加減に仕事をするかもしれない。保険加入者は保険に入っているという安心感から、安全運転をしなくなるかもしれない。エージェントはプリンシパルが期待するほど努力をしなくなる可能性があるのだ。これを「**モラルハザード**」と呼ぶ。

情報の非対称性の概念は、完全情報を前提とする伝統的なミクロ経済学の基盤を揺るがしたわけではない。新古典派理論を発展させた「応用ミクロ経済学」の柱となり、主流派の一翼を担っている。情報の非対称性は、市場を非効率な状態にするが、それを避けるために様々な制度が存在しているのだと議論を展開し、均衡理論を堅持したのだ。

ゲーム理論との相性も良い。プレイヤー同士の交渉に焦点を当てるゲーム理論を使えば、売り手と買い手の間に情報の非対称性が存在する事例も分析できるためだ。情報の経済学はゲーム理論と並んで現代ミクロ経済学の中心に鎮座している。

一九九六年にノーベル経済学賞を受賞した、カナダ出身の**ウィリアム・ヴィックリー**（一九一四～一九九六）とイギリス出身の**ジェイムズ・マーリーズ**（一九三六～二〇一八）は情報の非対称性がもたらすモラルハザードに、全く別の対象から切り込んだ。モラルハザードの発生を防ぐにはどんな制度を設計するのが望ましいのかを検討したのだ。

ヴィックリーの研究対象はオークションである。『対抗投機、オークション、封印式競争入札』（一九六一）では、複数の入札方式を検証し、一つの方式をベストな方式として提唱した。価格が実際に決まる仕組みにはほとんど関心を払わなかった伝統的なミクロ経済学を補完する役割を果たしたといえる。

ヴィックリーは三種類の入札方式を検証した。入札者が価格を次第に繰り上げ、最後に最も高い価格を提示した買い手が落札するのが、**イングリッシュ・オークション**である。売り手が設定する最高価格を徐々に引き下げ、最初に買い手がついた時点で落札価格が決まるのが**ダッチ・オークション**だ。最高価格を提示した入札者が落札するが、入札者がお互いの提示価格を確認できないのが「**封印入札方式**」である。これは、最高提示価格が落札価格となる第一価格入札、最高提示価格を提示した入札者が二番目に高い提示価格で落札するのが第二価格入札だ。

第一価格入札では入札者は自分の評価額を正直に申告しない可能性があるが、第二価格入札では自分の評価額を正直に申告するインセンティブがあるとの命題を証明したのである。

マーリーズが取り組んだのは「**最適課税理論**」である。政府は人々の所得を観察できるが、能力を観察できない。所得の高い人に高い税金を課せば、能力が高い人に高い税金を払わせることにはならない。政府と人々の間には情報の非対称性があるのである。政府はどのように税制を設計すれば、人々に自分の能力を正直に開示するように仕向けられるだろうか。

人々の労働意欲を減退させない税制の設計を考えるのが最適課税理論である。先鞭をつけたのは、実はヴィックリーであり、博士論文のテーマは「累進課税の指針」であった。マーリーズは数学を駆使して問題の解を導いた。公平性と効率性のバランスをいかに取るかが、議論のポイントだった。

一九六〇年代に、情報の非対称性の問題を考察したのが、アメリカの経済学者、**ジョージ・アカロフ**である。情報が完全ではないとき、個人差があるときに市場に何が起きるのかを探究した。「レモン市場」と題する論文では、中古車市場に焦点を当てた。皮が厚くて外見からは中身を見分けづらいレモンは、低品質の中古車を表す俗語だ。中古車市場では買い手よりも売り手が情報の面で有利であり、市場が十分には機能しない。買い手は質が悪い中古車を買う羽目になるか、中古車市場を敬遠する。

同じような問題は借金や保険の契約でも起こりえる。借金を申し込む人、保険契約を結ぼうとする人は、自分の状態をよく知っているが、契約の相手にはよく分からない。ここにも情報の非対称性が存在するのだ。

市場への政府の介入に賛同する論調で言論界をリードしているアメリカの経済学者、**ジョセフ・スティグリッツ**（一九四三〜）が最も大きな業績を残したのは、情報の非対称性に関する研究である。市場の情報が不十分だと、どんな現象が起きるのか、具体的な事例を挙げた。

その一つが「**逆選択**」だ。資金の貸し手は、将来の損失を見込んで借り手全員の金利を高く設定しがちだ。優良な借り手は、そうではない借り手の分まで高い金利を払わなければならない。やがて優良な借り手は市場から撤退し、そうではない借り手だけが市場に残る現象が起きる。貸し手側は借り手の信用を正確には見抜けないので、市場はうまく機能しない。

保険契約でも似た現象が起きる。保険会社はリスクが高い顧客とリスクが低い顧客の両方を視野に入れて保険料を設定しなければならないからだ。リスクが低い顧客は割高な保険料を払わねばならず、市場から撤退していく。

モラルハザードの問題にも取り組んだ。保険を契約すると、いざというときに保険金が出ると安心し、保険契約者のリスク管理が甘くなってしまう。大手金融機関の経営者が、仮に経営破綻しそうになったら政府や中央銀行が救済してくれるだろうと考え、放漫な経営に走るのもその一例だ。

「**シグナリング**」も重要な研究テーマである。アメリカの**マイケル・スペンス**（一九四三〜）、スティグリッツらが開拓した概念だ。

企業や個人に「隠れた」特性があるとしよう。企業や個人が何らかの観察可能な行動を起こすと、隠れた特性の存在は外部から認識される。そこで、その行動に応じて報酬を与えるようにすると、企業や個人は積極的に観察可能な行動を起こすだろう。企業や個人の特定の行動が、特性を持っている証になるのだ。こうした現象をシグナリングと呼ぶ。

労働市場を例に取ろう。会社側は生産性が高い人を雇いたいと考えるが、誰の生産性が高いのかを把握できないため、全員に同額の給与を提示するしかない。生産性が低い労働者には給与を払い過ぎ、生産性が高い労働者には十分な報酬を提供できない。労働市場は「失敗」してしまうのだ。

スペンスによると、正当な評価を得られない労働者は、自分の能力を示すシグナルを送ろうとする。大学を卒業し、自分には能力があるとアピールするのだ。仮に大学教育が実際には労働者の生産性向上にはつながらなかったとしても、大学卒の肩書は能力の証明になり、高い報酬を得られるチャンスが広がる。

情報格差は市場の効率性を損なう。情報格差を縮めるために、コストが高いシグナリングをしなければならないと、市場の効率は一層悪くなる。シグナルを送っても市場の効率が上がらないときは政府による課税や補助金が有効だとスペンスは訴えたが、政府の介入を支持する見解を批判する声もあった。

本章では主流派経済学の流れを追ってきた。古典派から新古典派へと渡った主流派の座を新古典派は今も堅持している。完全競争市場や市場均衡、合理的な選択といった新古典派の基本概念は「あまりにも現実離れしている」と批判を浴びてきたが、「市場の失敗」や「情報の非対称性」の概念を取り込んで守りを固めた。

さらに、当初は相性が良くなかったゲーム理論と急接近し、連合体を形成して主流派の座を盤石にしたのである。

第Ⅳ章　マクロ経済学の激動

本章ではマクロ経済学の潮流を追いながら、基本的な考え方を紹介する。マクロ経済学は**ケインズ革命**によって誕生したというのが通説であるが、ケインズ革命が起きる前から存在していた経済学に「マクロ」の視点がなかったわけではない。そもそもミクロとマクロの分岐点はどこにあるのか、といった視点も大切である。

現代のマクロ経済学には新古典派マクロ経済学（新しい古典派マクロ経済学とも呼ぶ）と、ケインズ経済学の二つの流派がある。二つの流派を並列して紹介している教科書もあれば、一方に軸足を置く教科書もある。教科書の中では共存しているように見えるが、両者の関係は良好とは言えない。現在の学界での勢力図をみると、圧倒的に前者が優勢であり、勝負にはなっていない。反面、学界の外からは、現在の主流派マクロ経済学に対する厳しい批判の声が聞こえてくる。

なぜ、こんな状態になっているのだろうか。そして、現代マクロ経済学には、どのように接すればよいのか。そのヒントを探るため、マクロ経済学の成り立ちを見てみよう。

一　ケインズ経済学

マクロ経済学の始祖と呼ばれるのは、**ジョン・メイナード・ケインズ**である。ケインズが生み出した経済学がケインズ経済学であり、かつてはマクロ経済学＝ケインズ経済学であった。

マクロ経済学の教科書を開くと、国全体の経済活動を構成する要素の集計や平均値を取り、その数値がどのように動き、それぞれがどのように関連するかを解明する学問である、という定義を目にするだろう。第Ⅲ章で取り上げた古典派・新古典派やゲーム理論が、個々の経済主体（プレイヤー）の動きに注目し、そこから議論を組み立てるのに対し、国全体の数値（統計データ）を基に議論を展開するのが特徴だ。

これはケインズ経済学に依拠した定義である。初級のマクロ経済学の教科書には必ず載っているが、新古典派マクロ経済学は異なる手法を採用している点には注意が必要だ。新古典派マクロ経済学は、反ケインズ経済学の流れの中で生まれてきた面があるため、ケインズ経済学を解説した後で改めて取り上げたい。

経済を分析の対象とする学問が、ミクロの側面に注目するミクロ経済学と、マクロの側面に注目するマクロ経済学に分かれたのは一九三〇年代以降である。古典派・新古典派がまず誕生し、その体系に対抗する形で生まれたのがケインズ経済学である。

両者の誕生にタイムラグが生まれたのはなぜか。古典派や新古典派の理論体系は、自由主義の確立を目指すための「説得の道具」の色彩が濃かったと、すでに述べた。草創期の経済学者たちはミクロの経済現象だけにとらわれていたわけではない。貧困問題や、経済や社会の理想像に思いを巡らせ、思索を重ねていた。

マクロの経済現象にも関心を寄せていたのである。

しかしながら、マクロ経済学を支える集計データが当時は存在しなかった。マクロ現象を分析する手掛かりがなかったのだ。

ケインズが経済学者として活動を始めたころ、国民所得をはじめとするマクロの集計データを利用できるようになり、計量経済学の基盤が整いつつあった。立役者はノルウェーの**ラグナー・フリッシュ**（一八九五〜一九七三）とオランダの**ヤン・ティンバーゲン**（一九〇三〜一九九四）だ。計量経済学のモデル作りに取り組んだフリッシュは一九三〇年、計量経済学会を創設した。ティンバーゲンはフリッシュの研究を受け継ぎ、雇用や賃金、貿易に関するマクロ経済学の方程式を導き出す。計量経済学はケインズ経済学を奉じるケインジアンたちの支えになったのである。

ケインズは人並外れた「直観力」を持ち、独自の理論体系を生み出した。ケインズの直観の正しさを確かめるための材料（統計データ）が手元にあったおかげで、ケインズ経済学は発展したが、ケインズ自身は計量経済学には、あまり好意を示さなかったという。

一九二九年十月、ニューヨーク・ウォール街の株式市場で株価が暴落し、世界中の株式市場に伝播した。世界恐慌が始まり、失業率はアメリカでは二十五パーセント、イギリスでも二十パーセントに達した。

イギリス政府は三つの対策を打ち出した。税収の減少に見合うように政府支出を減らす。保護貿易に転換して国内産業を保護する。賃金を切り下げる、の三つである。

多くの経済学者は、失業者が増えた原因は高すぎる賃金にあると考えた。

労働市場では、物価変動の影響を除いた実質賃金が「価格」として機能し、労働需要と労働供給は一致する。失業が発生するとすれば、労働組合の行動などで賃金が引き下げられず、価格の調整機能がうまく働いていないためである。

新古典派経済学は失業が発生する理由をこう説明した。仮に賃金が下がれば、企業はもっと多くの人を雇うだろう。

新古典派理論にも失業の概念はあったが、現在の賃金水準では働かないと判断する「**自発的失業**」や、産業間で労働者の移動がスムーズに進まないときに発生する「**摩擦的失業**」に限定していた。

価格が自由に動けば経済に調和をもたらすとの見方は、自由競争、個人主義、小さな政府、均衡財政（赤字を出さない財政）を重んじる思想と結びついていた。ただし、海外との貿易に関しては、外国製品に関税をかけて価格を高くすれば国内産業を保護できるという考え方が有力だった。新古典派の経済学者たちは、国内では自由競争を促す一方、関税による保護貿易を唱えていた。

一九二〇年代から三〇年代のはじめ、ケインズは新古典派の主張に納得できず、直観を基に反対した。自由放任主義を批判し、大規模な公共事業の実施を唱えたものの、実現しなかった。ケンブリッジ大学でケインズの世話役となっていたアーサー・セシル・ピグーにも理解を求めたが、賃金切り下げが解決策であるとの見方を変えなかった。

ケインズの経済学者としての基盤はアルフレッド・マーシャルの経済学であり、直観を裏付ける理論がなかったのである。マーシャルやピグーの理論の誤りを正すために、新たな理論を生み出す必要があった。

マーシャルが築き上げた強固な体系から抜け出すのは容易ではなかった。ケインズは一九二三年に刊行した『貨幣改革論』では新古典派の貨幣数量説を肯定している。貨幣経済と実体経済を分けて考える「二分法」に基づく仮説である。『貨幣論』（一九三〇）では、貨幣数量説との妥協を試み、**自然利子率**（投資と貯蓄が等しくなる利子率）と**市場利子率**（銀行が設定する利子率）が乖離すると、投資と貯蓄が一致しなくなり、物価が変動すると説いた。

ケインズは後に**ケインズ・サーカス**と呼ばれた若い経済学者らと議論を重ねていた。イギリス出身の**リチャード・カーン**（一九〇五〜一九八九）がメンバーとケインズのパイプ役だった。後述するケインズの「**乗数理論**」はカーンが打ち出した概念を取り入れた理論である。

サーカスのメンバーは、『貨幣論』の分析は産出量が一定と仮定していると批判した。産出量はどのように決まるのか解明しなければならない。議論を踏まえ、ケインズは『雇用・利子および貨幣の一般理論』（一九三六）を書きあげた。

『一般理論』は経済学者たちを説得するための書である。難解な表現が多いために、発刊当初は評判があまり良くなかったが、徐々に賛同する人が増えた。ケインズ経済学と新古典派を「折衷」する立場を取ったアメリカの経済学者、ポール・サムエルソンは『ケインズ卿と「一般理論」』（一九四六）で以下のように評した。

『一般理論』はちょうど南海の孤島の人たちを疫病がおそうような勢いで、三十五歳以下のたいていの経済学者をおかしていった。五十歳以上の経済学者はまったくその病気に感染しないことが明らかになった。この両者の中間にある経済学者は、たいてい徐々にその熱病におかされはじめたが、自分たちの病状に気づかずにいるか、あるいは病気にかかっていることを認めなかった。

ケインズはアダム・スミスからマーシャルまでの経済学者を「古典派」と呼んで批判したが、通常の分類とは異なっている。通常はスミス、リカード、マルサス、ミルを、古典派を代表する経済学者と位置づけ、限界革命以降の主流派を新古典派経済学と呼ぶ。ケインズは古典派と新古典派をあえて区別せず、旧来の主流派を一括して批判するために「古典派」と呼んだのである。

『一般理論』は古典派の経済学を打ちのめし、まずは若い世代の経済学者を魅了し、徐々に支持を広げていく。これを機に経済学の体系は大きく変わり、「**ケインズ革命**」と呼ばれた。

ケインズが古典派の核心とみなしたのは、「供給はそれ自らの需要を生み出す」と説く「**セイの法則**」である。セイの法則が成立する世界では、労働市場で需要と供給が一致しないときには、賃金が変動して需給が一致する。一方、民間投資と貯蓄の金額が一致しないときには、利子率が変動して調整が進む。例えば、消費が減ると消費財を販売する産業での雇用は減る。一方、消費が減ると貯蓄が増えるので、金利が下がる。金利が下がれば民間投資が増える。投資財を生産する産業での雇用が増え、消費財産業での雇用の減少を補う。労働市場は完全雇用の状態になり、労働によって生産された財は、消費財か投資財として消費者か企業に求められる。

セイの法則を否定するため、ケインズはまず、古典派の雇用理論は二つの「公準」を前提にしていると指摘した。第一公準は、「賃金は労働の限界生産物に等しい」。労働者が労働量を増やしていくと、次第に効率が悪くなり、労働が生み出す生産物は減っていく。賃金が一定だとすると、企業は労働者が一単位の労働を追加して生み出す生産物（限界生産物）が賃金を上回る間は雇用を増やす。そして、限界生産物が賃金を下回りそうになると雇用を追加しなくなる。

第一公準は、企業は自社の利益を最大にする水準に雇用を決めるというに等しい。ケインズは第一公準を『一般理論』に取り入れている。

第二公準は、「賃金の効用は労働の限界不効用に等しい」。労働者が労働の量を増やしていくとき、一単位(例えば一時間)を追加したときに感じる苦痛は追加する単位が増えるほど大きくなる。限界不効用とは限界効用の逆の概念である。賃金が一定額だと仮定すると、労働者は、賃金がもたらす効用が、不効用を上回っている間は労働を増やす。不効用が効用を上回りそうになったら労働を増やさなくなり、労働の供給量が決まる。

労働者も企業と同じように、自分の利益(効用)を最大にするように行動するというに等しい。

そのうえでケインズは第二公準を否定する。社会全体の労働量は労働時間×雇用者数で決まる。労働量を増やすには、雇用者数は変えずに一人当たりの労働時間を増やすか、一人当たりの労働時間を変えずに雇用者数を増やすしかない。一人当たりの労働時間を増やすと、第二公準で指摘している限界不効用が増してしまうため、企業は賃金を引き上げざるを得なくなる。

そこで、労働量を増やしたい企業は、賃金を据え置いたまま雇用者数を増やす。雇用者数が増えるので、失業している人にとっては有利だし、すでに働いている人も労働時間を増やさずに済む。

この過程を経ると、すべての人が雇用される完全雇用の状態になる。企業はこれ以上、雇用者数を増やせないので、さらに労働量を増やしたいのなら、一人当たりの労働時間を増やし、賃金を引き上げるしかない。

企業が求める労働量が、完全雇用に到達する前に満たされてしまうなら、賃金は据え置きのままだ。この時点で失業している人は、労働者に支払われている賃金と同じ賃金で働く意思があっても雇用されることはないのだ。ケインズはこの現象を「**非自発的失業**」と呼んだ。

古典派の第二公準は、すでに職を得ている労働者の効用に焦点を絞っている。完全雇用を前提にした命題なのである。ケインズは、特殊な状況を示している第二公準を否定し、より一般的な状況を分析する理論として「一般理論」を提示したのだ。

非自発的失業が発生するとき、失業者の力ではそこから脱出できない。企業の労働需要を何らかの方法で増やすしかない。企業の労働需要は、生産物に対する需要で決まるのだから、労働需要を増やすためには生産物に対する需要を増やせばよい。

そこでケインズが提唱したのが「**有効需要の原理**」だ。

有効需要の原理を裏付けるために生み出したのが「**乗数理論**」と「**流動性選好仮説**」である。人口や技術、資本設備などが一定の短期を想定し、国全体の生産物（国民所得）はどのように決まるのかを解き明かす。この視点がケインズの原点であり、経済全体の動きをマクロでとらえるマクロ経済学の基本的な発想が生まれたのである。

政府の活動や海外との貿易を考慮しない「封鎖経済」の下では、国民所得は、供給の面では生産物の供給、需要の面では消費需要と投資需要の合計からなる。そして、国民所得は供給と需要が一致する点に決まる。

短期で見る限り、社会全体の消費支出と国民所得の間には安定した関係が見られる。所得が増えたとき、その何割程度が消費に回るのかを表す「**限界消費性向**」といった概念を使って消費と所得の関係を示したのである。

限界消費性向は消費の習慣によって決まる。当然ながら、社会の情勢によって、この大きさは変わる。生活が豊かになり、所得が増えても消費をあまり増やさなくなれば限界消費性向は低下し、所得から消費を差し引いた貯蓄が増える。

企業や個人の投資需要が旺盛で、貯蓄に回ったお金が貸し出しに回り、投資資金として利用されれば、消費と民間投資を合計した国民所得の水準を維持できる。投資需要が貯蓄を下回ると国民所得の水準は下がる。

消費性向は変動するものの、消費は国民所得の大きさに比例して決まる安定した数値である。そこで大切になるのが民間投資である。民間投資が決まれば国民所得の大きさが決まるからだ。

民間投資は「**資本の限界効率**」（予想利潤率）と利子率の関係で決まる。企業は予想利潤率と利子率を比べ、前者が後者よりも高ければ、お金を借りてでも投資をした方が得なので投資に踏み切る。前者より後者が高いのなら投資を減らして両者が一致する水準にする。資本の限界効率は予想値であり、変化する可能性があるが、とりあえず一定と考えれば、利子率が下がれば民間投資は増えることが分かる。

ここでケインズの企業観を少し掘り下げておこう。新古典派の数理経済学者として数々の業績を残し、後に新古典派批判に転じた宇沢弘文は、ケインズ経済学を理解するために最も重要なのは、『一般理論』の背後にある企業観を明確にとらえることだと強調している。ケインズは資本主義経済の中心は私企業だと考えた。私企業は様々な生産要素を使って生産の種類と量を決め、新しい技術や製品の開発、投資の方向、性格を決める。

新古典派理論に登場する企業家は生産要素を組み合わせて利潤を最大にするコーディネーターといえるが、ケインズ理論に登場する私企業は、有機体のような組織を持ち、目的の実現を目指して行動する。

こうして消費需要と投資需要が決まり、両者の合計である総需要（有効需要）が決まる。有効需要はどの水準に決まるのか。各企業は利潤を最大にするために生産規模と雇用の量を決める。各企業の雇用の合計が変化するとき、それに見合う財・サービスの合計がどのように変化するかを表す曲線が総供給曲線であり、雇用の合計に見合う国民所得の中から、どれだけ財・サービスの需要が生まれるかを表すのが総需要曲線である。

そして、総需要曲線と総供給曲線が交わる点に国民所得は決まるが、このときの雇用の合計は、完全雇用を実現する水準であるとは限らない。その時は政府が積極的に財政支出を増やし、完全雇用を目指さなければならない。

『一般理論』にはこんな記述もある。

もし大蔵省が古い壺に銀行券をつめ、それを廃炭鉱の適当な深さのところへ埋め、次に都会のごみで表面まで一杯にしておき、幾多の試練を経た自由放任の原理に基づいて民間企業にその銀行券を再び掘り起こさせる（もちろん、この権利は銀行券の埋められている地域の借地料の入札によって得られるものとする）ことにすれば、もはや失業の存在する必要はなくなり、その影響のおかげで、社会の実質所得や資本資産もおそらく現実にあるよりもはるかに大きくなるであろう。もちろん、住宅やそれに類するものを建てる方がいっそう賢明であろう。しかし、もしそうすることに政治的・実際的困難があるとすれば、上述のことはなにもしないよりはまさっているであろう。

（『雇用・利子および貨幣の一般理論』）

穴を掘るだけの公共事業であっても、失業を減らせるなら、実行した方がよい。ケインズ政策の特徴の一つを表す有名な一節だ。当時のイギリスでは、公共投資は民間投資を抑制するので雇用の拡大にはつながらないとする大蔵省の見解が受け入れられていたが、この見解に真っ向から反対したのである。

公共投資の効果を説くケインズを支えたのが、乗数理論である。公共投資を一単位増やすと、その「**乗数**」倍の国民所得が生まれる。国民所得の決定モデルから簡単に導き出せる仮説だ。

『一般理論』のもう一つの柱が流動性選好仮説であり、民間投資が、資本の限界効率と利子率との関係で決まるのだとすると、利子率はどのように決まるのかと議論を発展させる中から生まれた。

ケインズが批判した「古典派」は、需要と供給の関係を示す価格決定理論を応用し、右下がりの投資曲線と右上がりの貯蓄曲線によって利子率が決まると主張した。

これに対してケインズは、利子率は「**流動性**」に対する需要と供給の関係によって決まると考えた。古典派は、所得のうち消費に回さない分が貯蓄であり、利子率は貯蓄に対する報酬だととらえたが、ケインズはもう一歩踏み込んだ。貯蓄はそのまま残るのではなく、すぐに使える現金（貨幣）の形か、他人に貸し付けるかに分かれる。貯蓄は他人に貸し付けられたときに利子を生む。現金の形で持っていれば、自分が使いたいときに自由に使えるが、他人に貸してしまうと自由には使えなくなる。利子率は、現金を使いたいときに自由に使える「流動性」を手放す不便さに対する報酬だととらえたのである。

この考え方が、流動性選好仮説である。

貨幣に対する需要は、日常の取引のために現金を手元に置こうとする「**取引動機**」と将来の不測の事態に備えて現金を手元に置こうとする「**予備的動機**」、債券価格や利子率の動きを素早く予想して利益を得るために、投資用の資金を手元に置こうとする「**投機的動機**」に分かれる。利子率に左右されるのは投機的動機である。利子率を縦軸、貨幣量を横軸に取ると、利子率が高くなると投機的動機を満たすための貨幣量は減る関係にあり、右下がりの曲線となる。

一方、貨幣の供給量は中央銀行の政策によって一定額に決まると仮定する。グラフで示せば垂直となる。この直線と、右下がりの貨幣需要（流動性選好）曲線との交点に利子率は決まる。

流動性選好仮説はケインズの独創ではなく、師のアルフレッド・マーシャルをはじめ、当時からよく知られていた概念を整理したにすぎないとの見方も多いが、ケインズの思想を支える重要な仮説である。

失業者があふれる状況を目の当たりにしたケインズは、完全雇用を達成するためには金利水準が高すぎるとにらんでいた。資本の限界効率が一定だとすると、利子率が下がれば民間投資が増え、乗数効果によって国民所得が増えるはずだ。さらに、低金利が続けば資本ストックが増える。資本に希少価値がなくなれば、資本による超過利潤は期待できなくなると考えたのだ。

ケインズは金利生活者に厳しい視線を注いでいた。人々を投資者（金利生活者）階級、企業家階級、労働者階級に分類し、投資者を非活動階級、それ以外を活動階級と呼んだほどだ。ケインズは、何代にもわたって富を増殖させる金利生活者を生む世襲制度を批判している。

個人主義的資本主義の知的衰頽の根源は、それ自体の特徴ではないような、それが先行する封建制の社会体制から継承した一制度——すなわち世襲原則——の中に見出されるべきだ、と私は考えている。

富の譲渡や企業の支配にみられる世襲制度は、資本主義陣営の指導部〔指導性・指導力〕が弱体で愚かであることの理由である。そのあまりにも多くが、三代目の人間の支配するところとなっているのである。この世襲制度を墨守することほど、社会制度を確実に衰頽させるものはないであろう。

（ケインズ『説得論集』）

後述するが、ケインズが残した膨大な論考の中のどこを重視するかで、様々な学派が生まれ、現在も論争が続いている。

ケインズはマクロ経済学の創始者であり、『一般理論』はその原典であるとの位置づけは間違っていないが、それだけには収まらない存在なのである。

そんな『一般理論』のエッセンスを巧みに抽出したのが、イギリスの経済学者、**ジョン・ヒックス**だ。一九三七年の論文で、雇用の決まり方を論じる有効需要の理論と、利子率の決定を論じる流動性選好仮説を一つの理論モデルで要約したのである。

文章が難解で理解が難しいとされていたケインズの経済学が身近な存在となり、後世に残るのに大きな役割を果たした。

有効需要は、総需要と総供給が等しくなる水準に決まる。ところが、利子率が上昇すると、総需要のうちの投資もしくは消費が減り、総需要曲線が下の方にシフトする。有効需要は減り、それに対応する雇用も減る。したがって、利子率を縦軸、雇用の量を横軸にとってグラフを描くと、利子率と有効需要の関係を示す**IS曲線**は右下がりとなる。

流動性選好仮説を同じグラフ内で表現したのが**LM曲線**である。有効需要が増え、それに伴って雇用が増えると、貨幣（現金）に対する需要が増え、それに対抗するために金融市場の利子率が上昇する。したがって、雇用の量と利子率の関係を示すLM曲線は右上がりとなる。

IS曲線とLM曲線の交点で雇用は決まるが、完全雇用の状態ではない。労働市場は必ずしも新古典派理論のいう均衡状態にはならないのだ。

ポール・サムエルソンら**アメリカン・ケインジアン**と呼ばれる学者たちは**IS－LM分析**を基に財政政策や金融政策の効果をやさしく解説した教科書を執筆した。その効果もあり、ヒックスのIS－LM分析と呼ばれるようになり、現在のマクロ経済学の教科書にも、初級のモデルとして登場する。

反面、ヒックスの分析はケインズ経済学の一面だけをとらえており、ケインズの多様な洞察が捨象されたと指摘する声も絶えない。

その後の推移をたどると、一世を風靡したIS－LM分析はマクロ経済学の初級モデルとして今も生き残ってはいるが、もはやマクロ経済学の専門家の研究対象ではなく、経済学の大学院教育のメニューにも入っていない。

新古典派を打ち負かしたかに見えたケインズ経済学は数奇な運命をたどったのである。

ここで、ケインズの発想の原点と、ケインズ経済学の底流にある考え方を整理しておこう。マクロ経済学の基盤となったケインズの発想がどこから生まれ、どんな内容なのかを押さえておけば、現代のマクロ経済学との共通点や相違点が浮き彫りになり、マクロ経済学を学ぶ意義を確認できるだろう。

ケインズの生家は、イギリス・ケンブリッジのハーヴェイ・ロードにある。大学がある閑静な住宅街であり、ケインズ家には学者や思想家たちがよく出入りしていた。イートン校を卒業後、ケンブリッジ大学キングス・カレッジに進み、数学、古典、政治、哲学、文学などに興味の対象を広げた。

イギリス出身で、ケインズの弟子である**ロイ・ハロッド**（一九〇〇〜一九七八）は、師の思想には「**ハーヴェイ・ロードの前提条件**」があると指摘した。

優れた知的能力を持ち、良好な社会環境の下で育ち、一般大衆に比べてはるかに深い、正確な知識と判断力を持つ人々が、イギリス全体の長期的な利益を指向し、理性をもって診断し、政府に政策を助言する賢人の役割を果たしてきた。イギリスの繁栄には賢人たちが大きく貢献している。

賢人たちは決して民主主義の手続きを経て選ばれた人々ではなく、大衆に責任を取る必要がない自由な職業人であると、ハロッドは解説している。

ケインズ経済学の根底には、こうしたエリート主義が流れている。

ケンブリッジ大学を卒業したケインズは、インド省に勤務したのち、ケンブリッジ大学に戻り、キングス・カレッジのフェローとなる。経済学者としての道を歩み始めるが、大学の枠内にとどまる人材ではなかった。イギリスを代表する経済学雑誌、『エコノミック・ジャーナル』の編集者、第一次世界大戦後のパリ平和会議の大蔵省首席代表、大蔵大臣顧問、保険会社の社長、投資会社の経営者、貨幣制度に関する委員会の委員、第二次世界大戦後のブレトン・ウッズ協定のイギリス代表……。

イギリス政府の代表として、国家の命運を左右する様々な場面に立ち合い、経営者として経済の実態もよく知っていた。多彩な経歴を誇るが、アメリカがイギリスに代わって世界の覇権を握りつつあるなか、母国イギリスの劣勢を食い止めようと奮闘した人生だったと総括できる。

「古典派」理論には厳しく対峙したが、資本主義には欠陥があっても適切に総需要を管理すれば他の経済システムよりも優れているという信念を持っていた。政府の機能拡充を主張したが、あくまでも総需要の管理に限定しており、基本的には自由主義者であり、社会主義者ではない。

自由主義を否定したファシズムも警戒していた。独裁主義の国家は、効率と自由を犠牲にして失業問題を解決しているように見える。短い好況期を除けば、資本主義と結びついている失業問題に世界は遠からず我慢できなくなる。しかし、問題を正しく分析すれば、効率と自由を保持しながら病弊を治療することは可能だと考えたのである。

ケインズは経済学をどのように位置づけていたのだろうか。『わが孫たちの経済的可能性』(一九三〇)でこう述べている。

経済問題の重要度を過大に評価したり、経済問題で仮定されているいろいろな必要のために、もっと大きく、より持続的な重要性をもった他の諸問題を犠牲にしたりしてはならない。それは、歯科医術と同じように、専門家たちの問題であるべきなのだ。経済学者が歯科医と同じ位置にとどまって、控えめで有能な人とみなされるようになることができたとすれば、それはなんとすばらしいことであろうか。

二　新古典派総合

第二次世界大戦後、経済学の中心地はイギリスからアメリカに移った。ケインズ経済学を奉じるケインジアンの多くもアメリカで活動するようになった。

その一人が**ポール・サムエルソン**である。

ハーバード大学に提出した博士論文『経済分析の基礎』（一九四七）は新古典派経済学を高度な数学を活用して整理した著作だ。サムエルソンはその後、消費、一般均衡、貿易、経済成長など幅広い分野で数学を駆使した論文を量産し、数理経済学の地位を盤石にした。

そんなサムエルソンが、ケインズ革命に共鳴して編み出したのが新古典派とケインズ経済学を折衷する「**新古典派総合**」と呼ばれる手法である。

ベストセラーとなったサムエルソンの教科書『経済学――入門的分析』（一九四八）は、新古典派総合の考え方に基づいている。

単著としては一九八一年まで版を重ね、経済学の教科書といえばサムエルソンの教科書を指すほど世界中に普及した。

マクロ経済学を前半に、ミクロ経済学を後半に収めた構成は、ケインズ経済学の影響力がいかに大きかったかを示している。

『一般理論』によると、自由放任の経済体制の下では、ときに有効需要が不足して大量に失業が発生する。そんなときは政府が積極的に財政・金融政策を打ち出し、完全雇用を達成しなければならない。

そして、完全雇用を達成したら、価格の自動調整機能を信頼する新古典派の理論に基づき、再び自由放任主義に戻ればよいと提唱したのである。

財政金融政策を適当に補強することにより、われわれの混合企業制度はブームやスランプのゆき過ぎを避けることができ、また健全な前進的成長の展望をもつことができる。この基本的な点が理解されれば、小規模の『ミクロ経済学』を扱った古い古典派の原理からその関連性と妥当性の多くを奪ったパラドックスも、いまやその効力を失う。要するに、所得決定の近代分析をものにすれば、基礎的な古典派の価格付け原理の正しさも、ほんものとして確認されるのであって、経済学者はいまや、ミクロ経済学とマクロ経済学とのあいだの大きな溝は埋められた、と言うことができるのである。

（サムエルソン『経済学』第六版）

この発想は、実はケインズ自身にも見られる。新古典派の大家、マーシャルの教えを受けたケインズは「古典派」を批判したが、全否定はしていないのだ。

一般に受け入れられている古典派経済理論に対するわれわれの批判は、その分析における論理的な欠陥を見出すことではなく、その暗黙の想定がほとんどあるいはまったく満たされていないために、古典派理論は現実世界の経済問題を解決することができないということを指摘することであった。しかし、もしわれわれの中央統制によって、できるかぎり完全雇用に近い状態に対応する総産出量を実現することに成功するなら、古典派理論はその点以後再びその本領を発揮するようになる。

（ケインズ『一般理論』）

新古典派総合は、新古典派とケインズ経済学の折衷とはいっても、基本的には新古典派の枠組みを維持している。一時的に有効需要が落ち込んで大量に失業が発生しても、適切な総需要管理をすれば、長期的には元に戻るとみているためだ。

市場の働きは万全だとみる新古典派と、市場の不安定性に焦点を当てるケインズ経済学を本当に折衷できるのかとの見方は当初からあったが、サムエルソンの威光もあり、新古典派総合は一九六〇〜七〇年代前半まで、学界の主流だった。

政治への働きかけも強めた。アメリカの**ジョン・F・ケネディ**（一九一七〜一九六三）政権を支持する**ウォルター・ヘラー**（一九一五〜一九八七）、**ジェイムズ・トービン**（一九一八〜二〇〇二）らのアメリカン・ケインジアンが**大統領経済諮問委員会**に参加した。政治の面では、ケインジアンの全盛期といえるだろう。

ただ、ケインズ政策には弱点があった。積極的な財政・金融政策はインフレーションという副作用を生んだのである。失業の防止を重視するのか、それともインフレを防止するのか。政策の優先順位を決めるのに役立ったのが、**フィリップス曲線**である。ニュージーランド出身の**アルバン・ウィリアム・フィリップス**（一九一四〜一九七五）は一九五八年の著作で、イギリスのデータを基にしたフィリップス曲線を発表した。賃金の上昇率（物価上昇率）と失業率は逆比例の関係にある。失業率が下がると物価上昇率が高まり、失業率が上がると物価上昇率が低くなる関係を示している。

物価の上昇率と失業率を同時には下げられない。そこで、賃金の上昇率を生産性の上昇率の範囲内に収める所得政策が必要だと、経済学者たちは説いた。

ケネディ政権から、**リンドン・ジョンソン**（一九〇八〜一九七三）政権の途中までは、ケインジアンが提示する処方箋は有効に機能していた。しかし、ジョンソン政権がベトナム戦争の泥沼にはまると、総需要が急拡大してインフレが加速し始めた。ケインジアンたちはジョンソンに増税を進言したが、受け入れられなかった。七〇年代には物価上昇率が十パーセント近くに達した。

大恐慌が発生した一九三〇年代から、第一次石油危機による激動が起きた一九七〇年代初めまでが、ケインズ経済学の全盛期といえよう。

三　マネタリズム

ケインジアンの前に立ちはだかったのが、アメリカの経済学者、**ミルトン・フリードマン**である。一九七〇年代後半、インフレが加速し、景気が後退する中で、物価が上昇する**スタグフレーション**の発生に対応できないケインジアンの権威は失墜していた。

フリードマンは、インフレが加速するうちに人々の間に**インフレ期待**が生まれ、フィリップス曲線が描く、失業率とインフレの関係は、もはや成り立たなくなったと主張したのである。

一九六八年には「**自然失業率仮説**」を打ち出した。自然失業率とは、新古典派経済学の定義による「自発的失業者」と「摩擦的失業者」の合計が、労働者の人口に占める割合を指す。

政府が財政支出に踏み切り、総需要が増えれば、一時的には失業率が下がる。その結果、人々のインフレ期待が高まると、失業率が上昇する。そこで再び政府が財政支出を増やすとまた失業率は下がるが、時間がたつと人々のインフレ期待が高まって失業率も上昇してしまう。

物価上昇率を縦軸、失業率を横軸に取ってグラフを描くと、フィリップス曲線は右下がりとなる。それは短期の現象であり、長期で見るとフィリップス曲線は、失業率の水準が自然失業率に固定した垂直線となる。賃金や価格が自由に変動すれば、生産量は完全雇用に対応する水準に落ち着くのだから、失業率を無理に下げようとすれば、インフレをもたらすだけになる、と主張したのだ。

金融政策も同様である。名目金利を引き下げれば、人々のインフレ予想が変わらないうちは物価変動の影響を除いた実質利子率が下がり、経済を底上げする。しかし、人々のインフレ予想はやがて高まり、実質利子率は元の水準に戻り、名目金利は上昇する。

そこでフリードマンは、インフレ対策としてマネーサプライ（通貨供給量、現在ではマネーストック）の管理を提唱した。人々の予期しないマネーサプライの変動が物価や賃金の上昇を引き起こし、景気を変動させる。景気変動は完全雇用からの逸脱にほかならない。したがって、長期の経済成長に合わせて、マネーサプライを一定の率（ｋパーセント）で増やす「**ｋパーセントルール**」を提唱したのだ。

これは新古典派の「貨幣数量説」と発想は同じだ。貨幣経済と実体経済は独立しているのだから、貨幣の供給量を増やせば物価が上昇するだけで実体経済には影響を及ぼさない。マネーサプライを一定の割合で増やせば、物価が安定して上昇し、予期しない景気変動は起きなくなるというわけだ。

フリードマンの主張は「**マネタリズム**」と呼ばれ、ケインズ政策が影響力を失うのと反比例するかのように世界中に広がった。

ケインズが唱えた総需要の管理政策には政府の裁量が入り込む。ｋパーセントルールは、ルールに基づく政策なので、政府の裁量が入り込まない。政府による民間への介入を排除するという発想は、古典派・新古典派にも通じる。

古典派・新古典派を批判する「ケインズ革命」に対し、フリードマンは「**ケインズ反革命**」を起こしたといえる。

ケインズ反革命の旗手となったフリードマンには研究の下地があった。『消費関数の理論』（一九五七）では、『一般理論』の消費理論を批判している。『一般理論』では消費の水準は所得の一定割合（消費性向と呼ぶ）に決まる。消費性向が安定していると、民間投資が増えない限り国民所得は増えない。したがって、国民所得を増やすには財政支出を増やすしかない。

ところが、アメリカ人の消費は、短期間で所得が増えても変化しないことを示す実証研究を公表する研究者が次々と現れ、ケインズの仮説の信憑性が問われていた。

フリードマンが唱えたのは「**恒常所得仮説**」である。所得を長期間にわたって一定の恒常所得と、変動分の「変動所得」に分け、恒常所得が消費に回る分は大きいが、変動分は消費にはあまり回らないと指摘した。仮に政府が公共事業や減税に踏み切っても人々の恒常所得は変化しないから、効果は薄いという結論になる。

マネタリズムの源流といえるのが、アメリカの経済学者、**アンナ・シュワルツ**（一九一五〜二〇一二）との共著『アメリカの金融史一八六七—一九六〇』（一九六三）である。貨幣量の長期間の動きを統計学の手法を使って分析した著作である。

M1（現金＋普通預金）、**M2**（M１＋定期預金）といった指標を使い、一九三〇年代の大恐慌の原因を解明している。

大恐慌は資本主義に内在する不安定性が原因ではなく、政府の誤った経済運営に起因する。アメリカ連邦準備制度理事会（ＦＲＢ）は一九三〇〜三一年、不適切な金融政策を実行し、それほどの規模でもなかった不況が大恐慌に発展したと指摘した。不適切な金融政策とは、この間にマネーサプライを急減させた政策を指している。

貨幣量の推移を検証する論考の中から生まれたのが、マネタリズムである。企業の投資や政府支出に注目するのではなく、貨幣の量に注目すれば適切な政策を打ち出せると説いた。議論の背景にあるのは貨幣数量説である。

マネタリズムの全盛期がやってきた。一九七〇年代末から八〇年代にかけて、アメリカの**ロナルド・レーガン**（一九一一〜二〇〇四）政権とイギリスの**マーガレット・サッチャー**（一九二五〜二〇一三）政権はマネタリズムを採用し、反ケインズ政策を推進した。

レーガン政権は、マネタリズムに加え、供給サイドを重視する「**サプライサイド・エコノミクス**」と呼ばれる学説に基づく政策を実行した。貯蓄が不足して投資資金を賄えない経済では、貯蓄や勤労意欲を刺激する税制改革、技術革新を促す投資減税が必要だと訴える学説である。減税すると逆に税収が増えると説く「**ラッファー曲線**」を根拠に減税を実行した。

ケインズ経済学を転覆させたかに見えたマネタリズムの「寿命」はそれほど長くなかった。ＦＲＢがマネタリズムを採用したのは一九七九〜八二年の間にすぎない。レーガンはフリードマン信者ではあるが、「**レーガノミクス**」と呼ばれる経済政策の中核はサプライサイド・エコノミクスによる減税だった。マネタリズムはどちらかと言えばわき役であり、貨幣の供給量だけに着目する金融政策は経済の安定にはつながらなかった。八二年には不況が深刻となり、ＦＲＢはマネタリズムを放棄する。レーガノミクスは、財政赤字と貿易赤字という「**双子の赤字**」とともに終焉した。

サッチャー首相は当初「マネタリズムがインフレを制御する唯一の解決策だ」と述べていたが、七〇年代末から八〇年代前半に不況に見舞われ、八〇年代半ばにはマネーサプライの増加目標を公表しなくなった。

四　新しい古典派マクロ経済学

マネタリズムの実験は失敗に終わったが、経済学界では、フリードマンが巻き起こしたケインズ反革命の動きがその後も勢いを増した。

フリードマンに師事したアメリカの経済学者、**ロバート・ルーカス**、**トーマス・サージェント**（一九四三〜）らは一九七〇年代前半、フリードマン以上に新古典派の色彩が濃い「**合理的期待形成仮説**」を提唱した。長期はもちろん、短期でもフィリップス曲線は垂直であり、ケインジアンが唱える裁量に基づく財政・金融政策は無効だと訴えたのである。

人々の期待が合理的であれば、マネーサプライ（現在の呼び名はマネーストック）の増加率を的確に予想するため、金融当局がマネーサプライの増加率を変動させても予期しない物価上昇率はゼロとなる。短期でも裁量に基づく金融政策は通じない。金融政策が効果を発揮できるのは、人々の意表を突くときだけだ。

裁量に基づく財政政策も無効である。アメリカの経済学者、**ロバート・バロー**（一九四四〜）によると、政府が財政支出の原資を国債発行で調達すると、人々は、政府は国債の償還と利払い費を将来の増税で賄うと予想する。国債の発行は将来の増税を伴うと予想する人々はそれに備えて貯蓄する。政府の財政支出は民間消費の減少（貯蓄の増加）で相殺され、総需要には影響しない。

ルーカスの主張は、経済学での「**期待**」（一般の用語では「予想」）の取り扱いに大きな変化をもたらした。期待は、過去のデータの蓄積・分析からは生まれない。人々が将来、何が起きるのかを合理的に予想する中から生まれるのだ。

政府が過去のマクロデータを集め、その集計値に基づいて政策を実行しても、その間に人々は「合理的期待」に従って行動を変えてしまう。政府の裁量に基づく政策は効果を発揮できないのだ。

これが、本書でもすでに言及してきた「**ルーカス批判**」であり、計量経済学の手法を活用してマクロデータを分析し、政策を立案・提言してきたケインジアンたちを痛烈に批判したのである。

ルーカスは「マクロ経済学にはミクロの基礎が必要だ」と主張し、「**マクロ経済学のミクロ的基礎づけ**」が学界を席捲する。

ケインズ経済学はマクロの集計値どうしの関係を解明しようとするが、個人や企業の行動とはどのように関連づけられるのかを問うのが、「ミクロ的基礎づけ」である。ミクロとマクロを分割し、失業が発生したときは後者を採用するのが「新古典派総合」の考え方だが、両者の関係を問う議論は『一般理論』の刊行直後からあった。

イタリア出身の**フランコ・モディリアーニ**（一九一八〜二〇〇三）は一九四四年の論文で、名目賃金・物価が自由に動く経済を分析するのが新古典派、動かない経済を分析するのがケインズ経済学と整理した。賃金・価格が自由に動けば完全雇用となるが、何らかの理由で賃金・価格が動かなくなると不完全雇用となる。

ケネス・アローは、こうした議論を踏まえ、一九六〇年代に「新古典派総合は厳密さを欠いた常識論にすぎない」と批判していた。

それでも、このあたりまではケインズ経済学をミクロの側面から基礎づけようとする議論だったが、フリードマンの自然失業率仮説、ルーカスの合理的期待形成仮説を経て、「ミクロ的基礎づけ」はケインズ経済学そのものの存立基盤を問う議論に変質する。

ルーカスはこんな発言をしている。

> マクロ経済学における最も興味ぶかい最近の発展は、インフレーション、景気循環などマクロの問題を、ミクロ経済理論の一般的な枠組のなかに再び組み入れる試みだといえるだろう。こうした研究が成功すればマクロ経済学という言葉は死語となり、ミクロという修飾語も不必要になるに違いない。われわれは、スミス、リカード、マーシャル、ワルラスがそうであったように、経済理論という一つの言葉を語ることになるだろう。
>
> （吉川洋『マクロ経済学の再構築』Robert Lucas, *Models of Business Cycles*, 1987）

一九八〇年代以降、マクロ経済学は「ミクロの最適化」を核とする経済学に変貌した。「代表的な」個人や企業の行動に焦点を当て、効用や利潤を最大にすると仮定したうえでマクロの経済現象を分析しようとする。

学界ではミクロ経済学に軸足を置いてマクロ経済学を統合する動きが加速し、「新しい古典派マクロ経済学」という呼び名も定着していく。

ルーカス批判で息を吹き返した新古典派は、景気変動や経済成長の仕組みを解き明かす理論をさらに発展させてきた。一九八〇年代に登場したのが、「**リアル・ビジネス・サイクル**」（**RBC**）理論である。ノルウェー出身の**フィン・キドランド**（一九四三〜）とアメリカ出身の**エドワード・プレスコット**（一九四〇〜）の共著論文（一九八二）が始まりだ。

マネタリズムや合理的期待形成仮説では、予期しないマネーサプライの変動が景気変動の原因となる。RBCでは、技術の進歩や財政政策など実体を伴う要因が景気変動を引き起こす。このとき、経済主体は常に均衡状態にあり、効率的な資源配分を達成している。

マネタリズムや合理的期待形成仮説では、「人々の予期せぬ変化」が景気変動を引き起こすとしていたのに対し、それすらも認めないのだ。

RBCによると、技術が進歩して企業の生産力が高まると、企業の労働需要が高まる。雇用が増え、生産量が増える。一方、政府が財政支出を増やすと金利が上昇する。労働者は労働供給を増やし、所得が増えた分を高金利の貯蓄に回し、将来の消費に備える。足元の労働供給が増え、生産量が増える結果となる。実体経済の変化が景気の変動を引き起こすのだ。

RBCでは、景気変動は均衡点からの乖離ではなく、均衡点そのものの移動だ。失業率が何パーセントであっても、均衡状態での失業率（自然失業率）の推移とみなす。経済は常に均衡しているのだから、ケインズ政策は無効だという結論になる。

個々の企業の動きを見れば、技術が進歩する様子を観察できるが、RBCが景気変動の起点になるとみているのは、マクロの技術の進歩であり、直接、観察することはできない。

アメリカの経済学者、**ロバート・ソロー**(一九二四〜)は資本や労働の投入量の増加では説明できない生産量の増加分を技術の進歩とみなした。技術の進歩や生産の効率化などを表すとされる**全要素生産性**(**TFP**)と生産量のデータを取ると、国、産業、期間によらず、高い相関を示す。

RBCを支持する論者は、TFPは技術の進歩を正しくとらえており、技術が進歩する速度などが変動するために生産が変動するのだと主張する。一方、マンキューやアメリカの政治家・経済学者、**ローレンス・サマーズ**(一九五四〜)らは、生産の変動は有効需要の変動によって生まれると唱える。有効需要が変化すると資本や労働の稼働率が変化するが、稼働率の変化をうまくとらえられないために、結果としてTFPと生産量が相関しているように見えるだけだという。

RBCの発展型も登場している。フランス出身の**グザビエ・ガベ**(一九七一〜)は「**粒状仮説**」を唱えている。マクロの景気変動を起こす要因は、大企業への「ミクロ」のショックだと説明する。合理的期待形成仮説は予期せぬマネーサプライの変化、RBCはTFPの変化と、いずれもマクロのショックに注目するが、ガベは企業の大きさの違いに注目する。大企業にミクロのショックが起きると、経済全体に大きな影響を及ぼし、景気変動を引き起こすというのだ。ただし、ミクロのショックとして想定しているのは、やはりTFPショックである。

「代表的消費者」や「代表的企業」の存在を仮定して議論を展開してきたRBCは「異質な」経済主体を取り込んでモデルを拡張したといえるが、モデル作りに都合がよい「異質性」を形の上で取り入れたにすぎないとの批判もある。

ケインズ反革命によるマクロ経済学の激動は、教科書にも変化をもたらした。

一九八〇年代半ばには、ロバート・バローの『マクロ経済学』など、ルーカスの発想を取り入れた教科書が登場する。

同書の構成を見ると、冒頭の「マクロ経済学へのアプローチ」と題する章で、「ミクロ的基礎づけと市場均衡モデルの基本型」を解説している。国民経済計算、国内総生産（ＧＤＰ）といったマクロの集計の説明から入り、ＩＳ－ＬＭ分析や財政・金融政策の効果を解説する伝統的なマクロ経済学の教科書とは全く構成が異なっている。

「市場均衡」という言葉を冒頭に登場させているのは、マクロ経済学も新古典派のミクロ経済学と同じ基盤の上に成り立っていると著者が考えているためだ。マクロ経済学の方法論を解説した後は、財市場・信用市場における家計の行動、市場均衡モデルにおける貨幣、インフレーション、および利子率、市場均衡モデルにおける投資といった章が続く。

冒頭には「マクロ経済学へのアプローチ」とあるものの、目次を見る限りではミクロ経済学の教科書と見分けがつかない。「マクロ経済学という言葉は死語になる」というルーカスの思いを形にした教科書といえるだろう。

五　ニュー・ケインジアン経済学

新しい古典派マクロ経済学は学界を席捲したが、景気や失業率の変動が消滅するはずもない。経済理論としては成功を収めたものの、生産性の変化と景気変動との因果関係は見られず、逆方向の関係であるという実証分析も現れた。世界各国の政府や中央銀行の多くは相変わらず、伝統的なケインズ経済学の枠組みに沿って財政・金融政策を実行していた。

そこで、一九八〇年代に登場したのが**ニュー・ケインジアン**である。ケインズの発想を取り入れつつ、ルーカスの批判に耐えられるように、「ミクロ的基礎づけ」を伴うマクロ経済理論を構築しようとする集団である。

ニュー・ケインジアンの武器は「**動学的確率的一般均衡**」（**DSGE**）と呼ばれるモデルである。家計や企業の合理的な行動様式を織り込んだモデルで、RBCの発展型である。経済理論との整合性が極めて高く、政策や経済ショックの波及効果を示しやすい。モデルが誕生したのは一九八〇年代初め。当初はRBCと同様に現実への応用は難しいモデルだったが、一九九〇年代に入り、ニュー・ケインジアンたちは「**価格の硬直性**」をモデルに組み込む手法を開発した。

伝統的なケインズ経済学では、賃金や価格が短期では固定していると仮定する。ニュー・ケインジアンは、「価格の硬直性」を漠然と前提条件にするのではなく、新古典派の経済理論の中にこの仮定を取り込むことで、オールド・ケインジアンたちとは異なるモデルを使って政策効果の存在を導き出したのだ。

これを機に主要国の中央銀行はDSGEモデルを政策分析の手段として採用するようになった。「各国の中央銀行はDSGEを標準装備している」と言われるほどの存在となり、現在のマクロ経済学ではニュー・ケインジアンが主流派となっている。

ニュー・ケインジアンはそれ以外にも様々な要因を取り込み、新古典派理論の枠の中で、ケインズ政策の効果を論じている。

「価格の硬直性」をもたらす要因としては、価格を表示するメニューの変更に要するコストの存在、価格変更のタイミングのずれ、独占的競争による価格設定、労働市場の特異性、信用の割り当て（借り手は現在より高い金利で借りたいのに、何らかの理由で拒否される現象）による非効率などがある。

もう一つが「**調整の失敗**」である。企業が製造費用に上乗せする利潤率（マークアップ率）の変動、市場の外部性や収穫逓増の存在などに注目する。自分だけが先んじようと行動するために、調整に失敗し、全員が損をする現象を指している。

労働市場の特異性や、信用割り当てには、「価格の硬直性」と「調整の失敗」の両方の側面がある。

新古典派理論と同じようなアプローチにも見えるが、完全競争市場を議論の出発点にしないところが、大きく異なっている。

こうしたアプローチには先駆者がいたが、新古典派にもオールド・ケインジアンにも注目されなかった。八〇年代以降に「ニュー・ケインジアン」という呼び名とともに、まとまった理論として評価されるようになったのである。

取り扱うモデルも進化している。ＤＳＧＥモデルは、人々の期待を反映させつつ、パラメータ（補助変数）が政策変更によって変化しない点が特徴だ。

企業や家計の「最適化」を分析の基礎とするが、時間軸を明示した動学モデルであり、景気循環が起きる確率を織り込んでいる。

新古典派のＲＢＣモデルには、現実のマクロデータの動きをうまくとらえられない弱点があるが、ニュー・ケインジアンのモデルは、価格の硬直性、投資の調整コストといった「市場の摩擦」を取り込めるため、データとの相性がよいのである。

DSGEは、RBCとニュー・ケインジアンの総合を目指す研究であり、「新しい新古典派総合」と呼ぶ向きもある。

ニュー・ケインジアンの中心人物の一人、**グレゴリー・マンキュー**は新古典派が優勢だった時期を経て、ニュー・ケインジアンは理論、政策、教育の三つの面で大きな影響力を持つようになったと自己診断する。

理論の面では、様々なアプローチの集合体として業績が積み上がり、学術誌への論文掲載も多い。広義のニュー・ケインジアンには**ジョセフ・スティグリッツ**、フランス出身の**オリヴィエ・ブランチャード**（一九四八〜）、アメリカ出身の**デイヴィッド・ローマー**（一九五八〜）らの大物も名を連ね、注目度が高い。アメリカ政府や中央銀行の中にも、ニュー・ケインジアンの主張に共鳴する政策立案者は多い。

マクロ経済学の教科書にも変化が表れた。マンキューの教科書を見よう。価格を縦軸、生産量を横軸に取ってグラフを描くと、新古典派の総供給曲線は縦軸に沿って垂直となり、ニュー・ケインジアンの総供給曲線は右上がりの曲線となる。総需要曲線がシフトすると、ニュー・ケインジアンのモデルでは生産量が増えていくが、新古典派モデルでは生産量は変わらないと、両者の違いを説明している。

それでは、ニュー・ケインジアンはケインズ経済学を復活させた、といえるのだろうか。この議論でも、総需要の変動が生産量の変化をもたらす様子を描写してはいるが、総供給曲線の形の違いで説明がつく。経済全体の需要がなぜ、足りなくなるのか、という問いには答えられない。

著名な経済学者たちの華々しい活動は目立つが、独自の枠組みを創造したわけではなく、あくまでも新古典派の枠組みの中にとどまっているといえる。

ルーカスは二〇〇三年、アメリカ経済学会の会長講演でこう発言した。

マクロ経済学は、大不況への知的なリアクションとして一九四〇年代に生まれた。それは、大不況という大災害を二度と起こさないようにするために必要な知識の体系を意味していた。この講演で私が言いたいことは、誕生した当初マクロ経済学が目指したことはすでに成し遂げられた、大不況を起こさないようにするという問題はすでに解決された、ということである。

この発言の裏付けになっているのは、フリードマンの自然失業率仮説と、自身の合理的期待形成仮説である。学界では、合理的期待形成仮説の流行は去り、RBC、さらにはDSGEが主流になっていたが、両者は新古典派の考え方をさらに極端に推し進めたモデルであり、ルーカスの自信は揺るがなかった。

二〇〇八年、リーマン・ショックで世界経済が大混乱に陥ると、ルーカスの発言は現代経済学の信頼性の低さを象徴する発言としてたびたび引用された。

ニュー・ケインジアンたちは、経済危機の予測に失敗しただけではなく、大不況に陥ったマクロ経済に対する明確な処方箋を示せなかった。各国は伝統的なケインズ政策を実行して、不況から脱出したのである。

ニュー・ケインジアンは「独占的競争」、「価格と賃金の硬直性」、「非中立的な金融政策」などを価格の調整機能を妨げる「市場の歪み」ととらえ、モデルに付け加えたが、リーマン・ショック後にさらに多くの「歪み」をモデルに取り込み始めた。

新古典派経済学を批判し、「**不均衡動学**」という独自の理論体系を構築した**岩井克人**（一九四七〜）は、ニュー・ケインジアンは理論とデータの乖離を埋めるために、付け加える歪みの数を増やしていくしか道はないと指摘している。

本章を終えるにあたり、改めてレオン・ワルラスの一般均衡理論の持つ意味について整理しておこう。ルーカスの合理的期待モデル、RBC、DSGEはいずれも一般均衡理論が土台となっているからである。フリードマン、ルーカスに端を発する新古典派マクロ経済学の潮流に厳しい視線を注ぐマクロ経済学者の**吉川洋**（一九五一〜）は、ワルラスの一般均衡理論は「現実のマクロ経済を描写するモデルとしてはまったく意味のないモデルである」と断言する。

一般均衡モデルでは、個々の消費者や企業の選好はすべて異なるが、すべての経済主体は「価格」を通じて他の経済主体と関わるだけだと仮定する。そうであれば「代表的な経済主体」が存在するかのように分析できる。

本書第Ⅲ章でも説明したように、一般均衡理論は現代ミクロ経済学の基盤となっている。しかし、ワルラスが言うように、個々の経済主体が合理的に行動する結果、すべてのモノやサービスの価格が均衡点に落ち着くのなら、マクロ経済も均衡点に落ち着いているはずである。つまり、ミクロの経済主体の合理性は、マクロの合理性をもたらし、そこで分析を終えればよい。ワルラスの体系は、実はマクロ経済の体系といえるのだ。

吉川は、モノやサービスを家計が求め、企業が供給するとき、判断材料は価格だけではないと指摘する。消費者が行動を決定する材料は、品質、デザイン、ブランド、周囲の人間との相互作用など様々だ。

一般均衡理論では、モノやサービスの数を任意のｎとし、ｎを固定して価格の調整だけを考えるが、資本主義経済ではモノやサービスは新陳代謝を繰り返し、品質も変化している。ワルラスの仮定が成り立つのは、原材料や一部の素材、資産市場に限られる。ワルラスがモデルを作るときに念頭に置いたのは、パリの証券取引所だった。

吉川は価格が伸縮的（自由に動く）かどうかにかかわらず、ワルラスの一般均衡理論はマクロの経済モデルとしてはじめから失格だと主張する。

ワルラス自身は一般均衡理論をどのように位置づけていたのか。本書第Ⅲ章では、現実の経済から導き出したモデルではないと説明した。ワルラスが理想としたのは「絶対的自由競争」と「条件の平等、地位の不平等」だ。

各個人の条件が平等であるなら、能力と努力の結果として不平等な地位を得るのは正義にかなっている。絶対的自由競争の世界は天から降ってくるわけではない。国家はまず、条件の平等を保証しなければならない。貨幣価値の安定、財やサービスの品質に関する正しい情報を行きわたらせるための広告規制、国防、警察、裁判、初等教育、独占企業や公営企業に対する規制、株式取引の制限、長時間労働の規制などを具体例として挙げた。

ワルラスは資本の蓄積が進むと資本家の利潤が減り、土地を国有化すれば地主階級は消滅すると唱えた。絶対的自由競争に参加するのは平等な個人だけという理想郷を思い描いていたのである。ワルラスの後継者で一般均衡理論の完成を目指したヴィルフレド・パレートは、ワルラスを社会主義者だと評した。

一般均衡理論は現代経済学の基盤をなすが、現代人はやはり、ワルラスの思い描いた理想郷で暮らしたいと望むのだろうか。

第Ⅴ章　「異端派」経済学の興亡

本章では「異端派」経済学を取り上げ、それぞれの学説を貫く発想や考え方を整理し、主流派（標準）経済学の考え方との相違点を明らかにする。

本書では、異端派を、現在の標準教科書にはほとんど登場しない経済学説と定義している。経済学の歴史をたどると、現在の主流派に連なる何本かの太い木が目を引くが、それ以外にも多様な木が存在し、様々な方向に枝分かれしている。本章では、異端派を代表する学派を紹介するが、それ以外にも様々な学派があると断っておきたい。

また、異端派は、現在の主流派ではないというだけであって、両者の間に優劣をつけているわけではない。主流派はいつまでも主流派で、異端派はいつまでも異端派であるとも限らない。例えば、本章の冒頭で取り上げるマルクス経済学は、米ソ冷戦が終わるまでは日本の多くの大学で近代経済学（現代経済学）と並ぶ主流派経済学だった。

異端派の発想を学ぶのは、決して無駄ではないと筆者は考える。標準経済学の体系を習得するうえでも、異端派経済学との比較は有益であるし、学派の壁を飛び越える新たな発想の源にもなる。

一　マルクス経済学

主流派の経済学者で今、**カール・マルクス**の主著『資本論』を話題にする人はほとんどいない。あえて感想を求めると、『資本論』は『共産党宣言』を裏付けるための著作であり、学術上の価値は薄れているといった厳しい評価が返ってくる。

研究者だけではない。マルクス没後に誕生した共産主義諸国のたどった道や、東欧諸国や旧ソ連の崩壊を念頭に、マルクス経済学を共産主義国家の学問と位置づけ、無意識のうちに遠ざけている人も多い。

現在、経済学部のカリキュラムの中に、「マルクス経済学」という名称の講座を設けている大学は、どれだけあるのだろうか。標準経済学を習得し、マルクス経済学や、本章で紹介する「異端派」経済学には全く触れる機会がないままに卒業する学生が圧倒的に多いのが現実だろう。

『資本論』を共産主義の宣伝の書ととらえるのではなく、資本主義社会の原理を解明した著作として読むと、主流派経済学が光を当てなかった論点が明確になる。資本主義社会の抱える様々な問題が深刻さを増している現在、マルクスの視点は参考になるのではないだろうか。

そこで、本章ではマルクスの基本的な考え方、社会や経済に対する姿勢、『資本論』のエッセンスを紹介する。

カール・マルクスの経済学に関する最初の著作といえるのは、『経済学・哲学草稿』（一八四四）である。アダム・スミスの『国富論』から刺激を受け、それまでに書きためていた著名な経済学者の著作からの抜粋を引用し、そこに書き加えた長文のコメントをまとめ、後に出版したのが同書である。

『草稿』では、「**疎外された労働**」の議論を展開する。

これまでの経済学は、商品や貨幣、資本といった私的所有制度を前提にして経済を研究してきた。社会主義者も同様であり、私的所有の下で所得の平等を実現しようとしてきた。

まず問われるべきは、私的所有物が存在するのはなぜか、である。私的所有が存在する限り、経済格差や貧困、恐慌（大不況）の問題は発生する。私的所有制度を前提とせず、制度の存在から問い直すべきである。私的所有が存在する根本的な原因は「疎外された労働」である。労働が疎外された形になっているために、私的所有物が人間から離れて力を持っているのだ。

近代社会では、ほとんどの労働者は資本家に雇われて仕事をしている。賃金労働者は、自分の意思では働けない。雇い主の指示に従うしかないからだ。働く主体は自分でありながら、労働は自分とは疎遠な存在になっている。これが「疎外された労働」である。

賃金労働者は生産の道具や原材料とも疎遠な関係である。所有権は雇い主側にあるためだ。労働者が生産した生産物の所有権も労働者にはない。

後に完成させる『資本論』の原型となる考え方がここにある。

ここで、現代の主流派経済学の先祖である古典派経済学と、マルクスの視点の違いを確認しておきたい。古典派経済学は、資本家、労働者、地主の三階級からなる社会で生まれた学説だった。古典派を代表するアダム・スミスは、市場は三階級の調和をもたらし、秩序を自生させると論じたのに対し、デイヴィッド・リカードは資本家、ロバート・マルサスは地主の立場を代弁する論理を展開した。リカードとマルサスの議論は、階級対立を激化させる市場経済の負の側面を示唆していたが、労働者の視点に立つ議論は乏しかった。

リカードやマルサスに続く世代のマルクスは、労働者の利益を守るための理論を組み立てたのである。

マルクスはこの時期に、ドイツ出身の思想家・実業家、**フリードリヒ・エンゲルス**（一八二〇〜一八九五）と再会する。エンゲルスはマルクスの才能を見抜き、盟友となって支援を続けた。

二人は、ドイツ観念論の大家、**ゲオルク・ヴィルヘルム・フリードリヒ・ヘーゲル**（一七七〇〜一八三一）の弁証法的な歴史観の影響を受けていた。

自由の価値は、遊び惚けた主人ではなく、自己を犠牲にして働く奴隷によってこそ十分に認識され、主人ではなく、奴隷の側により普遍的な自由を実現する能力が生まれる。主人と奴隷の立場を逆転させる弁証法は、近代社会のブルジョアジー（資本家階級）とプロレタリアート（労働者階級）の関係に置き換えられるが、二人は、観念が優位に立つヘーゲルの歴史観には限界があると感じていた。

マルクスはやがて、かつて心酔していたドイツ出身のヘーゲル左派、**ブルーノ・バウワー**と**ルートヴィヒ・アンドレアス・フォイエルバッハ**（一八〇四〜一八七二）の批判に転じる。

バウワーは、たえず反省する自己意識によって、すでにある存在を批判し、乗り越えようとするが、自己意識では社会を変革できない。

フォイエルバッハが提唱する「感性的人間」も無力である。市場経済で大量の労働者が生まれ、貧困に陥っている現状を打開する方法論が必要だと考えたのである。

マルクスは手帳に、以下のような趣旨のテーゼ（自分の考え方や観念をまとめて表現した文章。「フォイエルバッハに」という表題があり、全部で十一からなる）を書き付けた。

フォイエルバッハはヒューマニズムの理念で人々の誤った意識を啓蒙し、変革しようとする。しかし、人々の意識は、現実の世界の反映であり、自己意識、感性的人間、唯一者といった正しい理念を主張し、人々の意識を正そうとしても社会を変革はできない。そうした意識を生み出す現実の世界、生活や労働を理論で分析し、変革しなければならない。

啓蒙主義は害悪にもなりえる。現実に対して何らかの理想を対置して満足してしまうからだ。感性的人間がどのように生活し、働いているのかを分析できなければ、私的所有制度の特質を理解できない。

そして、「これまでの哲学者たちはただ世界を解釈してきただけである。肝心なのはそれを変革することである」という有名なテーゼで締めくくり、啓蒙主義の哲学から離脱したのである。

思索を重ねたマルクスとエンゲルスが到達したのが**唯物史観**である。ヘーゲルの歴史観を転倒させ、「物質的な現実」が人々の意識を規定し、現実にある矛盾が人々を動かし、歴史が進行すると唱えた歴史観である。

マルクスは、『ドイツ・イデオロギー』(エンゲルスとの共著、一八四五〜四六)、『哲学の貧困』(一八四七)、『共産党宣言』(エンゲルスとの共著、一八四八)をまとめる中で、唯物史観を固めていく。

人間は高度な自己意識を持っていても、食料を確保できなければ生きていけない。生命を再生産するために物質の制約を受ける。したがって、人間の社会を分析するには、人間の「物質的生活」がどのように再生産されているのかを、明らかにしなければならない。

再生産の方法は、人間どうしの間で取り結ぶ関係(**生産関係**)によって変わる。生産関係は、生産力が発展するにつれて時代とともに変化する。自己意識を持つ人間は、再生産の方法を変化させ、労働の生産力を向上させる。生産力が高まると、ある時点で既存の生産関係とうまく合わなくなり、矛盾が生じる。人間は生産力に対応して生産関係を変革する。「**生産諸力と生産関係の矛盾**」が生産関係の変化をもたらすのだ。

「万国のプロレタリアよ、団結せよ！」で終わる『共産党宣言』は、革命を促す檄文のイメージが強いが、本文では、ブルジョア階級が政治・経済面で築いた地位が脅かされる背景を唯物史観に基づいて説明している。内容を要約しよう。

ブルジョア階級は百年にも満たない支配のうちに、過去のすべての世代を合計したより大規模な生産諸力を作り出した。成長の土台をなす生産手段や交通手段は封建社会の中で作られた。その発展がある段階に達すると、封建社会の所有関係は生産諸力に適合しなくなり、粉砕された。

それに代わって自由競争があらわれ、それに適合した社会ならびに政治制度があらわれ、ブルジョア階級が経済、政治を支配するようになった。

巨大な生産手段や交通手段を魔法で呼び出した近代ブルジョア社会は、自分が呼び出した地下の悪魔をもう使いこなせなくなった魔法使いに似ている。

数十年来の工業と商業の歴史は、近代的生産関係に対する、近代的生産諸力の反逆の歴史である。

周期的に起きる恐慌は、ブルジョア社会の存立を脅かす。恐慌では、生産物と生産諸力の大部分を破壊する。恐慌が起きると、過剰生産という疫病が発生する。飢饉や破壊戦争が社会からすべての生産手段を奪ったように見える。

文明、生産手段、工業や商業が発達しすぎたからである。ブルジョア的な所有関係が生産諸力に歯止めをかけようとすると、ブルジョア社会は混乱に陥る。ブルジョア階級は、一定量の生産諸力を無理に破壊するか、新しい市場の獲得と、古い市場のさらなる搾取によって恐慌を克服しようとするが、もっと強大な恐慌の準備をしているに等しい。

ブルジョア的生産関係は、それ以前の共同体、奴隷制や封建制とは異なり、商品と貨幣の関係に基づいている。人間どうしの関係に依存してきた過去の生産関係とは異なり、生産諸力の拡大に歯止めがかからなくなる。生産が過剰になり、モノが大量に売れ残って恐慌が発生する。ブルジョア社会は、恐慌の発生を防げなくなると説いたのだ。

巨大な生産諸力を使いこなせなくなったブルジョア社会はどこに向かうのか。生産諸力と生産関係の矛盾は、ブルジョア階級とプロレタリア階級の闘争をもたらす。プロレタリアは団結して闘うために結社（アソシエーション）を作り、ブルジョアに打ち勝って支配階級となる。『共産党宣言』では、プロレタリア階級の独裁と、すべての階級が止揚された共産主義社会の成立を導き出している。

ブルジョア階級とプロレタリア階級の闘争の末に共産主義社会が誕生するという歴史観に、違和感を覚える人も多いだろう。『共産党宣言』は、共産主義者の団体のための綱領であり、団体の求めに応じてこの文書を書いたマルクスは経済学者として開花してはいなかった。

一八四八年、二人が『共産党宣言』を執筆した直後から、パリの二月革命を端緒にヨーロッパ各地で労働者や農民による革命が広がる。マルクスは革命に参加するが、各国政府は同年秋から弾圧を強め、革命は下火となる。マルクスは一八四九年、プロイセン、フランスから追放され、家族とともにロンドンに移住した。その後は大英博物館に通って研究活動に没頭する。

そして、『経済学批判要綱』（一八五七〜五八）、『経済学批判』（一八五九）、『資本論』第一巻（一八六七）という成果物を生み出した。

マルクスが研究活動に専念するのは、ロンドンに移住した後である。『共産党宣言』で打ち出した基本認識は変わらないにしても、ロンドンでは資本主義経済の仕組みを根本から問い直す作業に重点を置き、『資本論』第一巻の完成にこぎつけたのである。マルクスの死去により、『資本論』第二巻と第三巻は未完となったが、エンゲルスが遺稿を整理し、第二巻（一八八五）、第三巻（一八九四）を発刊した。第二、三巻がマルクスの考え方を正確に反映しているかどうかは議論が分かれている。

『資本論』は、こんな記述で始まる。

資本主義的生産様式が支配的に行われている社会の富は、一つの「巨大な商品の集まり」として現れ、一つひとつの商品は、その富の基本形態として現れる。それゆえ、われわれの研究は商品の分析から始まる。

資本主義社会では、人間が消費する富のほとんどは商品であり、商品とは何かを問うところから議論を始める。

資本主義社会とは、商品の生産が全体を覆っている社会である。古代や中世にも商品は存在し、交換の対象になっていたが、一部にとどまっていた。資本主義が発達すると、商品の生産が拡大し、富が急増する。ただ、商品は貨幣を媒介にして取引されるため、人々の生活は、経済全体の動きに左右されやすくなり、不安定になる。

マルクスは商品の価値の決まり方から論じる。そこで採用したのが、「**投下労働価値説**」である。アダム・スミスが見出し、デイヴィッド・リカードが発展させた価値論をマルクスも取り入れたのである。マルクスはスミスと同様に、商品には使用価値と交換価値があるとみる。スミスは使用価値の分析を掘り下げなかったが、マルクスは労働の概念を厳密に定義することで、両者の違いを解明しようとした。

机や椅子といった生産物を作るための労働を「**具体的有用労働**」、労働力の投入を「**抽象的人間労働**」と呼び、前者が「使用価値」を、後者が「価値」を生む。商品は、両者の統一物であると説明したのである。

佐々木隆治によると、「価値」は『資本論』の中で最も基礎をなす概念だ。交換価値は商品どうしがどのような交換比率で交換されるかを示し、商品とカネの交換比率が価格である。一方、価値とは、商品の交換価値の変動、あるいは価格の変動の中心点を指す概念だ。価値の大きさは、交換価値や価格とは異なり、需給関係とは無関係に、その商品の生産に費やした労働量によって決まると考えた。

アダム・スミスは、ある商品の交換価値を、その商品に対する需給関係で決まる市場価格と、市場価格が変動する中心点となる自然価格に分類した。マルクスは前者を交換価値、後者を「価値」と表現したのである。

抽象的人間労働の大きさは労働時間の長さによって決まる。労働には様々な種類があり、一時間の労働でも質が異なるが、「平均的に必要な、または社会的に必要な労働時間」を基準にするよう提唱している。

人々が生産物を通じて関係する社会では、生産物が「価値」を持つ存在として現れ、人間に影響力を及ぼす。人間が生産物を制御するのではなく、商品が人間を制御するようになるのだ。

商品の生産は、生産力の上昇と、社会での分業の進展が前提だ。ところが、私有財産制度の下では、生産手段も私有物であり、生産活動は私的な活動となる。私有財産制度の下で切り離されている人々は、商品と商品、商品と貨幣の交換を通じて結びつく。商品や貨幣が力を持ち、人間を支配するのだ。人間同士を結び付ける力を持ったモノを「**物象**」、人間がモノの関係に振り回される事態を「**物象化**」と呼ぶ。

物象化が進むと、商品と商品、商品と貨幣の交換は当たり前の日常となる。価値は人間が労働によって生み出したにもかかわらず、生産物自身が価値を持っているとみるようになる。これが「**物神崇拝**」である。

「価値」は様々な形態（形式）で現れる。生産量がXの商品Aと、生産量がYの商品Bの価値が等しいとき、後者を前者の「**価値形態**」と呼ぶ。数量や種類が異なるが、価値が等しい商品を並べていくと、最後に「**貨幣形態**」へと至る。

私的所有の下では、労働力も商品化の対象となる。自由な意思をもって働ける反面、生産手段からは切り離されている労働者の存在が商品化の前提である。労働者は生存を維持するために労働力を商品として売るしかない。労働力を購入するのは、生産手段を所有する資本家だ。

資本家の目的は資本の増殖である。貨幣Gを商品Wと交換し、その商品を再び貨幣**G'**と交換する。G'はGよりも増加している。増加分を「**剰余価値**」と呼ぶ。しかし、交換価値に基づいて買った商品をそのまま売っても価値は増殖しない。そこで利用しているのが労働力という商品なのである。

労働力は他の商品と同様に交換価値に従って貨幣と交換される。労働力の交換価値は、労働を再生産するのに必要な労働時間によって決まる。商品の価値が労働量によって決まるのは、その商品の生産を継続するために必要だからである。労働力の再生産とは、労働者が生活を維持するために必要な、衣食住のための生活手段の価値の大きさで決まると考えたのだ。労働者が生活を維持するために必要な生産手段の価値はおのずと決まるはずであり、その水準に労働力の交換価値は決まる。

資本家は交換価値に従って労働力を手に入れるが、貨幣によって手に入れた労働力を自由に使える。そこに剰余価値が生まれる余地がある。

労働者が一日十時間、働くと仮定する。労働力の価値を再生産するために必要な労働時間は五時間だとすると、五時間は「**剰余労働時間**」といえる。資本家は、労働力という商品を交換価値（五時間分）で購入しておきながら、剰余労働を課し、剰余価値を手に入れるのだ。

労働者は、労働によって自分の生活を維持するための価値を上回る価値を生み出せる。資本家は労働力を等価交換で購入し、労働者が作った商品を等価交換で販売するだけで、価値を増殖できる。労働者の側からみると、自分が生み出した価値を資本家に「**搾取**」されていることになる。

資本家は前近代社会の奴隷制のように労働者を支配しているわけではない。市場経済で労働力を購入し、商品を販売するだけで剰余価値を手にできるのだ。

マルクスによると、自由な労働者は自分の必要に駆られて労働する。自由な自己決定、自由の意識やそれと結びついている責任の感情は、自由な労働者を奴隷よりもはるかに優れた労働者にする。なぜなら、どの商品の売り手もそうであるように、自分が提供する商品に責任を負い、同種の商品を提供する他の販売者によって打ち負かされないようにするためには、一定の品質で商品を提供しなければならないからである。

奴隷と奴隷保有者との関係が連続しているのは、奴隷が直接、強制されているためだが、自由な労働者は、自ら関係を連続させなければならない。労働者の存在も、家族の存在も、繰り返し自分の労働能力を資本家に販売することに依存しているからだ。

生産手段（原材料、道具や機械）の価値は、生産物を作るとき使用された分だけ生産物に移転する。原材料は使われた分、道具や機械は摩耗した分が生産物に移る。したがって、生産手段を購入するために投入された資本の価値は変わらないため、「**不変資本**」と呼ぶ。

一方、労働力を購入するために投入された資本の価値は生産過程で剰余価値を生むため、「**可変資本**」と呼ぶ。

生産過程で生まれる商品の価値は、生産手段の移転価値、労働力の価値、労働力による剰余価値の合計となる。剰余価値を、労働力の価値で割った値を「**剰余価値率**」と呼ぶ。これは剰余労働時間を必要労働時間で割った値に等しい。

資本家は剰余価値をできるだけ増やそうとする。それには二つの方法がある。労働時間を延長して得られる「**絶対的剰余価値**」と、労働の生産力を高め、必要労働時間を短縮して剰余労働の比率を高める「**相対的剰余価値**」の生産である。

絶対的剰余価値の生産には限度があるため、資本家はある時点から、優れた技術や機械を導入して労働の生産力を高め、相対的剰余価値を増やそうとする。

資本家は市場での競争に勝つため、剰余価値を資本に追加し、優れた技術や機械を導入して生産力を増強する。

商品の価値は、平均した条件の下で必要とされる労働量で決まる。ある資本家が別の資本家よりも優れた技術を導入し、平均を上回る生産力を備えるようになれば、実際に投入した労働量よりも大きな価値を持つ商品として販売できる。

他の資本家に先駆けて生産力を増強した資本家は、商品の価値と実際に投入した労働量との差額を手に入れ、大きな剰余価値を得られる。これを「**特別剰余価値**」と呼ぶ。

優れた技術や機械を導入した資本家は、実際の価値よりは安いが、投下した労働量より高い価格で商品を販売し、市場での競争に勝とうとする。

他の資本家も同じように動くため、資本家どうしは常に新技術や機械を導入し、価格競争を繰り広げるのだ。資本家の競争は激化し、生産力が急速に拡大する。

労働者は原材料や機械を使って商品を生産するが、価値の増殖という視点から見ると、労働者はその手段となる。

労働者は生産手段に注意を払い、その価値を生産物に移転し、価値を付け加える。労働者は生産手段の都合に合わせて動く。資本は生産力を増強するとともに、労働技術を資本に適合するように変化させてしまい、労働者は生産に必要な知識を得られなくなる。

資本が分業を組織し、労働者の作業を単純化する。労働者は分業に組み入れられるしかない存在となってしまうのだ。

こうなると、労働者の立場はさらに弱くなり、労働時間は一層、長くなる。資本主義社会では剰余価値の生産が目的であり、生産力の増大とともに労働時間も長くなる。生産力が増大すれば労働を減らすことは可能だが、それは労働時間の削減ではなく、労働者の削減となって表れる。

剰余価値の資本への再転化を「**資本の蓄積**」、不変資本を可変資本で割った値を「**資本の有機的構成**」と呼ぶ。利潤率は、利潤を不変資本と可変資本の合計で割った値である。資本家が生産性の高い技術や機械を導入すると、可変資本のウエートは小さくなる。生産力が増大すると、可変資本だけではなく、不変資本の価値も減るため、生産手段が増大した分と同じだけ不変資本の価値が増えるわけではないが、全体としては不変資本の価値が増し、可変資本と不変資本の価値を比べると後者のウエートが高まる。

資本の蓄積が進めば労働者の数は増えるが、可変資本の割合が減るために全体では増えない。

労働者の雇用が減り、過剰な労働人口を生む。過剰な労働人口は、資本蓄積の産物であり、資本蓄積の条件でもあるのだ。

過剰な労働人口を「**産業予備軍**」と呼ぶ。働きたくても働けない失業者が発生する。資本家が雇いたいときに雇える便利な存在だ。現在、働いている人にとっては、競争相手となり、現在の賃金で長時間労働に耐えないと、とってかわられる恐れがある。労働者の賃金や労働条件が悪くなり、貧困をもたらす。

マルクスの「搾取説」は地主、資本家、労働者の三階級のうち、労働者の立場を代弁しながら、資本主義経済の下で、どのように利潤が生まれるかを解明した理論である。岩井克人は『資本主義を語る』で、資本主義論の中心となる問題は利潤論であると指摘したうえで、古典派は「**生存基金説**」、マルクス派は「**搾取説**」、新古典派は「**時間選好説**」という利潤論を提示してきたと整理している。

時間選好とは、消費者が現在の消費と将来の消費を比べ、現在の消費を好む程度を指す。そして、現在の消費を我慢して貯蓄に回す対価が金利だとみる。新古典派は時間選好の概念を元に、マルクスの搾取説を以下のように批判した。

資本家が労働者を雇って小麦を生産する事例を考えよう。資本家は労働者に百単位の小麦を支払うと、一年後に労働者が生産する二百単位の小麦を得られるとしよう。労働者が産出するのは一年後の（将来の）小麦であり、資本家が支払うのは現在の小麦である。たとえ同質の小麦でも、将来の小麦を現時点では入手できないから、同じ量なら現在の小麦の方が、価値が大きい。金融商品などの現在の価値と将来の価値を比較する場合、将来の価値を割り引いて比べるのが普通で、その場合は利子率で割り引く。小麦と労働だけからなる単純な経済では、利子率と利潤率は同一とみなせる。一年後の小麦二百単位の現在価値は、利潤率百パーセントで割り引いた百単位となる。資本家は一年後に二百単位の小麦が手に入るが、将来の小麦の現在価値は百単位にすぎない。つまり、労働者が生産する小麦二百単位の現在価値である百単位を賃金として支払っているのだから、搾取は存在しない。労働者が労働のすべての成果を受け取れないのは生産期間の期首に賃金を受け取るために、利子率＝利潤率の分だけ割り引かれるためだと主張したのである。マルクス経済学の陣営はこうした見方を反批判するが、本書ではここまでとしよう。

利潤が生まれる原理は異なるが、三学派とも、すべての産業や企業に共通する一般利潤率を想定している点では同じだ。一時的に乖離する可能性はあるが、長期でみると一般利潤率に落ち着く「均衡現象」ととらえている。岩井は、三学派に共通する、均衡現象から生まれる利潤論を乗り越えるべく、「差異性」あるいは「不均衡」から利潤が生まれるという考え方を提示しているが、これ以上は立ち入らない。

改めて「価値論」にも触れておこう。古典派とマルクス派の利潤論を支えている価値論が、「労働価値説」である。あらゆる商品の交換価値はその生産に直接、あるいは間接に投入された労働の量によって決まる、とみる仮説だ。

人間の労働が価値の源泉であるという「**人間中心主義**」の発想が生まれたのはなぜか。岩井はその時代背景をこう解説している。

十九世紀のイギリスに住んでいたリカードやマルクスは、半世紀以上前から始まった産業革命のただなかにいた。工場の建設や機械化で分業が可能になり、労働者の生産性が増大していた。「**産業資本主義**」の時代である。

人間は、自分を人間として再生産するために必要な商品の価値をはるかに超える価値を持つ商品を生産できるようになり、その価値の剰余を機械や設備に投資して国富をたえず増やせるようになった。ところが、人間が生み出した剰余価値は、生産に携わっている労働者のものにはならず、利潤という名目で生産手段を所有している資本家の手にわたってしまう。

資本家は、労働力と商品に関わる「二つの交換比率」をうまく利用して利潤を独占していたと岩井は説く。一つ目は実質賃金率（労働者が受け取る時間当たりの賃金を消費者物価で割った値）で、労働者は、資本家が買い手、労働者が売り手となる労働市場で自分の労働力と引き換えに賃金を獲得し、商品を購入する。

もう一つが労働生産性だ。資本家は労働市場で雇い入れた労働者を工場で働かせ、生産物を商品として販売する。労働生産性とは、生産された商品の総量（付加価値生産量）を投入した労働量で測った値を指す。労働者は実質賃金率しか利用できないが、資本家は実質賃金率と労働生産性の両方を利用でき、労働生産性と実質賃金率の差を媒介しながら利潤を得る。

この仕組みがうまく機能するためには、実質賃金率を労働生産性より低い水準に抑え込む必要がある。当時の農村は過剰な人口を抱え、都会の工場で働く機会をうかがう人が尽きなかった。産業予備軍の存在が、実質賃金率の上昇を抑えていたのである。

現代の日本に目を転じよう。政府は大手企業に対して毎年のように賃上げを求めるが、企業側は「労働生産性の上昇が重要だ」と繰り返し、期待通りの賃上げは実現していない。二つの交換比率の差を利用して利潤を得ようとする資本家（企業）の行動原理は、それほど変わっていないのである。

『資本論』では「恐慌」の問題も論じている。資本主義では、周期的に恐慌が発生する。恐慌は、過剰生産が原因で起きる。生産活動が減退して生産手段と労働力に対する需要が低迷する。失業者が増え、総需要がさらに減少する。

資本主義経済では、市場の調整機能を通じて労働や生産物の分配が決まるため、本来なら過剰生産は発生しないはずだ。

その謎を解く鍵が貨幣の存在である。恐慌は貨幣の流通なくしては起こりえないとマルクスは考えていた。古典派および新古典派の経済学者たちは、「供給はそれ自らの需要を生み出す」と唱える「セイの法則」を信奉していた。生産者が生産を増やすのは、自分が欲しいモノを手に入れるためだから、個々の商品の供給がいったん過剰になっても、どこかで需要が生まれ、供給と需要は一致する。

マルクスはセイの法則を批判した。この法則は、貨幣は単に交換の媒介にすぎないという考え方を前提にしているためである。商品どうしの交換は貨幣を媒介とするものの、実態は物々交換に等しいとの見方である。

貨幣は物々交換を媒介するだけの存在ではない。貨幣は商品の価値を表現するときに欠かせない存在であり、あらゆる商品と交換できる可能性を独占する特別な「**物象**」なのである。

貨幣には商品の交換を便利にする側面もあるが、新たな矛盾も生む。商品どうしの交換が販売と購買に分裂するからだ。貨幣さえあれば商品を購買できるが、商品を持っていても販売できるとは限らない。商品が貨幣に転じるのは「命がけの飛躍」だとマルクスは表現した。

セイの法則に従えば、ある商品の販売は別の商品の購買となる。実際には、ある商品を販売して得た貨幣を、別の商品の購買に回さなくても構わない。

ある商品を販売できるかどうかは、その商品を購買する人がいるかどうかに左右される。貨幣を使うかどうかは、所有している人次第であり、手元にずっと置いておいてもよい。いったん、こうした流れができると商品の売れ残りが加速する恐れがある。販売不振が連鎖し、経済全体が過剰生産の状態になる現象が恐慌である。

ここまでの議論は、恐慌が起きる可能性を示すにとどまっているが、マルクスはさらに踏み込む。資本家は、利潤を不変資本と可変資本の合計額で割った利潤率を高めようとする。どの部門に資本を投下するかを決める基準は利潤率の高さである。

商品によって生産に必要な可変資本と不変資本の割合が異なるため、利潤率に差が生まれる。資本家は部門別の利潤率を比べ、利潤率が低い部門から高い部門へと移動する。

利潤率が低い部門からは資本が撤退するために供給が減り、商品価格が上昇する。資本が平均的な利潤率で利潤を得られるようになるまで価格は上昇する。このときの商品価格を生産価格と呼ぶ。利潤率が高い部門には資本が参入するために供給が増え、商品価格は生産価格まで下落する。こうして各部門の利潤率は同一の水準に落ち着く。

ここで利潤率の関係式を改めて確認しよう。利潤率（r）は、利潤（m）を不変資本（c）と可変資本（v）の合計額で割った値である。ここで、右辺の分子（m）と分母（c＋v）をともに可変資本（v）で割ると、分子は利潤（m）を可変資本（v）で割った値（剰余価値率）、分母は資本の有機的構成（cをvで割った値）＋1となる。

仮に剰余価値率が一定だと仮定すると、分母を構成する資本の有機的構成が上昇すると、利潤率は低下する。詳細にはこれ以上は立ち入らないが、生産価格の決定や、利潤率の低下にかかわる関係式の立て方には、あいまいさが残り、後世の議論の争点にもなってきた。資本家どうしの競争が激化し、利潤率が低下するという見方は、その後の資本主義の歴史をたどると必ずしも当てはまらない。かといって、この関係式はイデオロギーにすぎないと片づけることはできないだろう。

マルクスはさらに、利潤率の低下が恐慌をもたらすプロセスを描いた。恐慌後の停滞を抜け出すと、新たな景気循環が始まる。新しい市場や技術、使用価値が生まれる。「中位の活気」と呼ばれる時期だ。生産力が高まり、資本の有機的構成が高度になる。この局面では、需要が高まり、商品の市場価格は上昇する。

高い利潤率の下で資本の蓄積が進み、景気循環は「繁栄期」に入る。生産手段や労働力に対する需要が高まり、資本の蓄積はさらに進むが、利潤率は低下し始める。新技術が普及すると資本の有機的構成がさらに高度化し、特別剰余価値の獲得が困難になるためだ。

利潤率は低下するが、利潤の総額はなお増えている。資本家は銀行からの借り入れも利用しつつ、資本を増強し、強行突破しようとする。

そのうちに「過剰生産期」を迎える。資本家は資本蓄積を加速させ、生産手段や賃金が上昇する。利潤率はさらに低下する。

やがて限界が訪れる。資本を蓄積しても利潤の総額が減る。「**資本の絶対的過剰生産**」の状態となってしまうのだ。

資本の蓄積は止まり、生産手段に対する需要は急減する。労働者の多くが失業し、消費需要も減る。利潤率はさらに低下し、恐慌が発生する。

資本家はこの時期に生産を調整し、利潤率の上昇を目指す。恐慌期から脱出するためには新技術や新市場が必要であり、簡単には抜け出せなくなるのだ。

『資本論』第一巻には、資本主義の生産様式の誕生と、運命についての記述もある。

封建領主は、輸出向け商品の羊毛を生産するため、暴力を使って農民を土地から追い出した。農地を牧羊地に変えるためである。土地を所有し、自給自足の生活をしていた農民は、労働力を売るしかない賃金労働者となった。封建領主による**土地の囲い込み（エンクロージャー）**が、資本主義の原点である。

土地を追われた農民の多くは乞食や盗賊、浮浪者となるが、法律によって労働に従事することを義務づけられた。

資本主義は広がっていくが、労働者階級と資本家階級との対立が激しくなる。資本の蓄積過程で生産の集中と労働の社会化が進むと、資本主義の生産様式とは相いれなくなるというのだ。

一人の資本家が多くの資本家を打ち倒し、資本が集中すると、生産過程での協業や、科学の技術への応用、土地の計画利用、世界市場への組み入れが進行する。

この過程で利益を独占する資本家の数が減るにつれ、貧困、抑圧、隷属、堕落、搾取はますます増大する。反面、資本主義の生産過程で訓練を受け、結合している労働者階級の反抗も増大する。資本の独占は、資本主義の生産様式の桎梏となる。生産手段の集中も、労働の社会化も、資本主義の外皮と調和できなくなる一点に到達する。外皮は爆破され、私有制の最後を告げる鐘が鳴り、収奪者が収奪される。

労働者階級は革命に成功し、生産手段は私有から公有に移行して社会主義が誕生するという結末となる。マルクスの記述はここまでだ。社会主義国家が誕生したら、どのように経済を運営するべきなのか、までは語っていない。

一九一七年、十月革命でソビエト国家、二二年にマルクス・レーニン主義を掲げるソビエト社会主義共和国連邦が誕生すると、社会主義は理想から現実に移行する。そこで起きたのが「**社会主義経済計算論争**」である。論点は、社会主義の下で経済計算は可能か、である。

論争の火付け役となったのは、オーストリア学派の**ルートヴィヒ・フォン・ミーゼス**（一八八一～一九七三）である。一九二二年、「社会主義の下では生産手段の私有が存在せず、生産手段の価格もない。したがって合理的な経済計算はできない」と説き、社会主義を批判した。

これに反論したのが、ポーランド出身の社会主義者、**オスカー・ランゲ**（一九〇四～一九六五）だ。生産手段の価格が存在しない社会でも、中央計画当局が特定のルールの下で計算価格を設定すれば、「価格」の機能を活用できると考えた。ここでいう価格は、モノやサービスの「代替比率」を指す。

ランゲ以前にも、同様な視点に気づいた経済学者はいた。イタリアの**エンリコ・バローネ**（一八五九～一九二四）は一九〇八年、完全な情報を持つ生産者が市場と同様な結果を実現できると唱えた。ランゲは著名な経済学者だったため、バローネを飛び越えて論争の主役に躍り出たのだ。

ランゲが計算の根拠としたのは、レオン・ワルラスの一般均衡理論だ。一般均衡理論は、完全競争市場を前提とする価格決定の理論であり、市場経済の理想を描いたモデルである。

完全競争市場に参加する企業や個人が合理的に行動すると、市場は均衡価格に到達する。実際に価格を調整するのは「**競売人**」という架空の存在だ。競売人は、ある価格を叫び、そこで価格が一致しなければ価格を修正し、需給が一致するまで調整を繰り返す。

中央計画当局が競売人の役割を果たせば、生産手段の価格が存在しなくても、モノやサービスの代替比率を決定できるはずだ。

一方、ロンドン・スクール・オブ・エコノミクスのライオネル・ロビンズは『大不況』（一九三四）で、理論上はそうした計算は可能かもしれないが、現実には膨大な数の方程式を解かねばならず、不可能だと反論した。仮に計算をしようとするなら、すべての考え得る価格、異なった商品に対する消費者の需要、生産要素の考え得る多様な組み合わせ、生産性の情報を基に連立方程式を組み立てる。その解が生産と分配の均衡点となる。

数百万の方程式、何百万もの統計表、何百万以上の個々の計算が必要であり、方程式を解いたときには、基礎となる情報は古くなっている。消費者の選好に応えるために生産を調整する手段を得られないと指摘したのである。

オーストリアの経済学者、**フリードリヒ・フォン・ハイエク**（一八九九～一九九二）もランゲを批判する。編著『集産主義計画経済の理論』（一九三五）では、一般均衡理論を社会主義経済に持ち込むランゲのモデルは、情報や知識の多様性を無視し、動機のない管理者の存在を想定していると論じている。

ハイエクはロビンズと同様な観点からランゲを批判したと受け止められていたが、批判のポイントは異なる。後年に記した『社会主義計算論争とはなんだったか』（一九八二）によると、ハイエクは、「ランゲの理論は正しいが、現実には計算ができない」と主張したのではない。中央計画当局が必要な情報をすべて入手できるという誤った仮定を置くと、社会主義の経済計算が可能だという結論が出てしまうと指摘したのだ。自分の知識を他人にすべて受け渡すことはできない。人間の意思決定にとって重要なのは、時間と場所の特殊な情況についての知識であり、分散した形で存在する。中央計画当局がすべての情報を統計表の中に入れるのは無理なのである。

一方、ランゲはコンピューターが発達すれば計算は可能だと主張し、自説を曲げなかった。**中央集権と官**

僚主義によるソ連型の社会主義ではなく、**分権と均衡に基づく社会主義**を理想としていた。

現代経済学の主流派である新古典派経済学の中核をなす一般均衡理論は、社会主義の経済理論なのか。激しい論争が続いた歴史を改めて確認しておきたい。ワルラス自身は、完全競争市場を実現するためには国家の介入が不可欠だと考え、協同組合運動にも身を投じた、独自の意味での社会主義者だった。

ここで、経済理論の類型について整理しておこう。経済学の歴史の中で多種多様な理論が生まれてきたが、二種類に大別できるとの見方がある。資本主義経済は安定していると考え、市場の自動調節機能に信頼を置く「**市場主義**」の理論と、資本主義経済は不安定であり、計画や介入によって安定させるべきだと唱える「**設計主義**」の理論である。設計主義はハイエクの言葉である。

この類型では、古典派や新古典派は前者、マルクス経済学、ケインズ経済学、これから説明する制度派などは後者に該当する。

確かに古典派や新古典派は市場に信頼を置いているが、ワルラスの一般均衡理論は人工的に設計した理論であり、ワルラスとハイエクの市場観は大きく異なっている。また、現代ミクロ経済学の主流であるゲーム理論から派生した制度設計の理論は、まさに設計主義といえないだろうか。

資本主義は本質的に安定しているのか不安定なのか、国家レベルの介入が必要なのか不要なのか、という大きな問いを立てれば、市場主義か設計主義かという類型は成り立つだろう。しかし、新古典派理論＝市場主義と単純に考えるのではなく、経済理論を扱うときは、個々の理論の背景にある思想や考え方をきめ細かく押さえるべきだろう。

東西冷戦の終了後、マルクス経済学は退潮となり、現在、日本の大学で取り扱う標準経済学の教科書からも姿を消している。

確かに研究者の数は減っているものの、研究活動が消滅したわけではない。**岡本哲史**（一九六二〜）は、マルクス経済学は主に三つの分野に分かれて継承・発展してきたとみている。

一つ目は**応用系マルクス経済学**。資本主義という社会経済制度に焦点を当てる研究であり、オーストリア出身の**ルドルフ・ヒルファディング**（一八七七〜一九四一）やロシアの革命家、**ウラジーミル・レーニン**（一八七〇〜一九二四）らが代表だ。ヒルファディングは『金融資本論』（一九一〇）でマルクスが生きていたころの産業資本主義による蓄積とは異なる、金融資本による蓄積様式に注目した。株式会社制度の発展、産業資本と銀行資本の融合といった構造変化を論じた。レーニンは『帝国主義論』（一九一七）で、巨大になった資本主義は過剰生産のはけ口として植民地市場を必要とし、ヨーロッパ列強による世界の分割戦が生まれると説いた。

二つ目は**人文系マルクス経済学**だ。人文科学のスタイルを捨てず、『資本論』の解釈と再構築に注力する研究である。現実を、言語を使って抽象化・概念化し、概念どうしの連関を、論理を使って再構成し、資本主義の構造を描き出す。『資本論』の体系を忠実に継承しているといえる。日本を代表するマルクス経済学者、**宇野弘蔵**（一八九七〜一九七七）はその典型だ。

三つ目は**数理系マルクス経済学**。マルクスが未解決のまま残した、生産価格と価値との関係（**転化問題**と呼ぶ）や、搾取理論の証明を、現代数学を活用して解明しようとする。価値の生産価格への転化を論じているのは『資本論』第三巻である。これは第一巻で唱えた労働価値説の放棄であるとの議論もあり、一九五〇年代ころから、労働価値説や転化問題を、現代数学を使って議論する動きが生まれた。この議論には新古典派の**森嶋通夫**（一九二三〜二〇〇四）やポール・サムエルソンも加わった。学派を超えた議論が活発だったのだ。

数理系マルクス経済学は、現在も研究領域を広げている。労働価値説や搾取理論の否定、新古典派の理論体系の導入など、様々な方向に拡散している。

マルクスの思考法は、自由な個人の行動が結果として社会の安定と経済成長をもたらすと唱える新古典派の発想とは対照的だ。マルクスの没後、マルクス経済学は世界の学界で地歩を固め、日本でも一大勢力を形成した。旧社会主義国の崩壊で「マルクス主義」が敗北すると、マルクス経済学もかつて学界で築いていた地位を失う結果となったが、「マルクス研究」の灯は消えていない。

伊藤誠（一九三六〜）は『マルクス経済学の方法と現代世界』（二〇一六）で、ソ連型社会主義の挫折・崩壊を受け、中央集権的な計画経済の機能や問題点、新たな社会主義の経済体制の可能性を改めて理論的に再考する課題に直面していると指摘する。マルクスは『資本論』の執筆後、社会主義の経済体制に関する考察を深める作業には向かわず、資本主義が崩壊した後に実現する、自由な個人のアソシエーション（協同社会）について断片的に記述するにとどまった。

資本主義が抱える問題が深刻さを増し、旧ソ連型ではない「市場社会主義」やアソシエーションといった、資本主義のオルタナティブ（代替物）への関心が高まっている。伊藤によると、市場社会主義とは、「社会的配慮」による計画にゆだねる諸領域と市場取引にゆだねる経済行為を組み合わせる体制を指し、両者の組み合わせ方によって、全面的な計画経済による社会主義よりも、はるかに複雑で多様なモデルを形成し得る。伊藤は、二十一世紀型社会主義のモデルは、二十世紀モデルのような単一のモデルには収斂せず、当面は選択可能な多様な経路を可能性として内包せざるを得ないとの見通しを示している。

旧ソ連が掲げていた「正統派マルクス主義」から脱し、マルクスの思想に新たな光を当てる動きも広がりつつある。マルクスが晩年に書き残した、勉強のための「抜粋ノート」などを材料に、「**晩期マルクス**」の思想を浮き彫りにする研究はその一つだ。現在、刊行中の「MEGA」と呼ばれる『マルクス・エンゲルス全集』には「抜粋ノート」もすべて収録する予定で、研究者たちは「晩期マルクス」の思想を裏付ける材料として注目している。

佐々木隆治によると、『資本論』を完成させた当時のマルクスはいわゆる「恐慌革命論」を撤回し、長期的な改良闘争を重視するようになっていた。資本主義のグローバル化をかつては肯定していたが、反植民地主義に転じていた。晩期のマルクスは『資本論』で展開した理論に基づいて、より一層豊かな変革構想を練り上げていったと佐々木はみる。

そして、「晩期マルクス」の変革構想を理解する鍵となるのが、「**物質代謝**」という概念だ。資本主義の生産関係の下では、人間と自然との持続可能な物質代謝を可能にする生産力を実現できないとの見方を強め、かつては解体を唱えていた前近代的な共同体の生命力を評価するようになったという。

斎藤幸平（一九八七〜）の『人新世の「資本論」』も「晩期マルクス」の思想に注目する著作だ。ノーベル化学賞を受賞した**パウル・クルッツェン**（一九三三〜二〇二一）は、人間たちの活動が地球の表面を覆いつくした地質年代を「**人新世**」と表現した。人工物が地球を大きく変えている現状に対する危機感が背景にある。

人新世の環境危機に対峙するためには「資本主義を批判し、ポスト資本主義の未来を構想しなくてはならない」と唱える斎藤は、「晩期マルクス」の思想に共鳴する。マルクスは「生産力至上主義」と「ヨーロッパ中心主義」という進歩史観にとらわれた思想家という理解が世間では普及している。生産力至上主義のために、二十世紀後半になると、マルクス主義は環境運動によって繰り返し批判されてきたという。

マルクスが死去する二年前の一八八一年にロシアの革命家、ヴェラ・ザスーリチに宛てた手紙などを材料に、斎藤は「晩期のマルクスは生産力至上主義、ヨーロッパ中心主義と決別していた」と指摘する。

斎藤によると、マルクスにとって「コミュニズム」とは、旧ソ連のような一党独裁と国営化の体制ではなく、生産者たちが生産手段を「コモン」として、共同で管理・運営する社会を指していた。コモンとは、人々が共有し、管理するべき富を意味する。

コミュニズムの基礎をなす「持続可能性」と「社会的平等」は密接に関連している。資本主義に抗い、コミュニズムを打ち立てられるのは共同体だと論理を展開し、最晩年のマルクスが到達した社会像を「**脱成長コミュニズム**」とみる独自の解釈を打ち出している。

斎藤は「脱成長コミュニズム」を掲げるにあたり、マルクス以外の学者の見解も参照している。コモンの発想は、宇沢弘文が提唱した「**社会的共通資本**」と同じだという。社会的共通資本は、水や土壌のような自然環境、電力や交通機関といった社会インフラ、教育や医療などの「制度資本」からなり、人々が豊かな社会で暮らし、繁栄するための基盤となる。社会全体にとって共通の財産であり、国家や市場に任せずに、専門家集団が公共の観点から管理、運営するべきだと宇沢は説いた。

斎藤の構想では、コモンの管理を専門家任せにはせず、市民が民主的・水平的に共同管理に参加する。コモンの領域をどんどん拡張し、資本主義の超克を目指す点が、宇沢の考え方との決定的な違いだという。

フランスの経済学者、**トマ・ピケティ**（一九七一〜）も、自治管理や相互扶助を旨とするコミュニズムに賛同していると斎藤はみている。ピケティは『21世紀の資本』（二〇一三）で、長期的に見ると**資本収益率（r）**は**経済成長率（g）**よりも高く、富は資本家に集中するという命題を示し、格差問題の核心を突く命題として世界中で話題となった。

同書では富裕層への累進課税の強化を提唱するにとどまったが、二〇一九年の『資本とイデオロギー』では、資本主義の超克を唱え、労働者が生産を自治管理、共同管理する「参加型社会主義」を求めている。労働者による企業の「社会的所有」と経営参加を促すようになったピケティを、斎藤は「これほどはっきりした社会主義への転向は近年、ほかには存在しない」と評する。ただし、ピケティは脱成長を受け入れる立場を明らかにはしていない。参加型社会主義に移行するプロセスで租税に依存しようとする点も問題だと注文を付けている。

斎藤の著作は大きな反響を呼び、「脱成長コミュニズム」に関心を寄せる人は多いが、主流派の経済学者たちの反応は総じて鈍い。

「資本主義をなくし、経済成長をやめれば環境問題が解決するという主張には根拠がない」、「専門性が高く、複雑な生産手段を市民が話し合いながら民主的に管理するのは困難」、「様々な団体の行動が全体として望ましい環境対策をもたらす保証はなく、分権的な社会主義は解体するか、結局は独裁的な中央集権体制になるしかない」と指摘する声は一部にあるが、学派を越えた議論が活発になる気配はない。

現在の資本主義社会が抱える数々の難題に対し、予定調和を前提とする新古典派の理論だけで適切な処方箋を書けるのだろうか。マルクスが信奉していた唯物史観は歴史の洗礼を受けてしまったが、『資本論』で解明しようとした資本主義の基本原理や「晩期マルクス」の思想をめぐる論点は、議論の幅を広げるのではないだろうか。

二　制度派経済学

レオン・ワルラスが確立した一般均衡理論を中核とする新古典派理論を、最初に体系立てて批判したのは、アメリカの経済学者、**ソースティン・ヴェブレン**（一八五七〜一九二九）である。ノルウェーからの移民の子として、恵まれない生活を送った経験もあり、アメリカの資本主義と、主流派の新古典派経済学に厳しい視線を注いだ。

十九世紀末のアメリカでは、古典派・新古典派とドイツ歴史学派が勢力を誇っていた。ドイツ歴史学派とは、抽象的な理論ではなく、歴史上の出来事を重視する立場で、**フリードリッヒ・リスト**（一七八九〜一八四六）が先駆者である。

ヴェブレンは既存の経済学を「**前進化論的**」と批判した。科学の世界では進化論が有力となり、人文社会科学もそれに応じて変化しているのに、経済学だけが取り残されていると主張したのだ。

ヴェブレンは「経済学はなぜ進化論的科学ではないのか」（一八九八）と題する論文で、「新しい経済学」の存在意義を問い直している。新しい経済学を「新古典派」と命名したのはヴェブレンである。「新古典派」は、現在も一般用語として定着している言葉だが、もともとは、その存在を批判する側が命名した言葉なのだ。

アルフレッド・マーシャルや、マーシャルと同じ時期に活躍したイギリスの経済学者、フランシス・エッジワースを意識し、新古典派理論の基盤を明らかにしたのである。

経済人（ホモ・エコノミクス）の概念、主観的な価値基準の独立性など、論文で解明した新古典派の前提条件は、第Ⅲ章で紹介した宇沢弘文による総括と同じである。宇沢自身が、ヴェブレンの議論を参照して整理したと説明している。この論文は、新古典派を批判する論考の中でよく引用されてきた。

ヴェブレンがまず、批判したのは、経済人の「**合理的行動仮説**」だ。消費者の行動は、効用（満足度）を最大にするという基準ではなく、文化、社会、歴史、制度に大きく左右される。経済人の概念は、人間の本質から大きく乖離していると主張した。

快楽主義的な立場にたって人間を考えるとき、人間は、快楽と苦痛をすばやく計算する計算機のようなものだ。幸福を追求する、同質的な欲望の塊だ。刺激を受けると、あちこちぐるぐる回るが、自らは決して変わらない存在である。前歴もなければ、将来もない。他からは独立し、強く安定した人間の素材であり、衝撃的な力に揉まれてあちこち動き回っている場合を除けば安定した均衡状態にある。

ヴェブレンの見方は全く異なる。人間は功利主義に基づく計算機ではない。社会は均衡点に向かって動くわけではなく、目的がない、終わりのない変化が続いているだけだ。

個人の思考様式と社会の構造は、相互に依存する関係にあり、両者を媒介するのが「支配的な思考習慣」である「制度」だと考えた。人間の思考や行動を左右する「制度」の分析を軸に、経済を分析したのである。

『有閑階級の理論』（一八九九）では、新古典派理論では説明がつかない人間の行動を描き出している。有閑階級は、人に勝ちたいとか、見せびらかしたいという本能に従って行動する。そのうちに、物質を重視し、高い身分を欲する風潮は社会全体に広がっていく。富を見せびらかすための消費が「**衒示的消費**」だ。贅沢な欲求は、食べ物や住む場所を手に入れるのと同じように切実である。最高の食べ物、飲み物、衣装、住居、交通機関などを「消費」するのは富の象徴であり、尊敬に値する行為なのだ。

有閑階級にとっては礼節も大切だ。礼節を習得するためには時間をかける必要があり、大量の時間を浪費した証拠になるからだ。

富を誇示するモノは時代とともに変化する。衣服がその目的を果たすためには、単に高価であるだけではなく、それを着ている人が、いかなる生産労働にも従事していないと誰の目にも明らかでなければいけない。

同書はヴェブレンの名声を高めたが、経済学界では必ずしも評価はされなかった。経済学界に与えた影響が大きかったのは『営利企業の理論』(一九〇四)である。

近代工業社会では、生産活動で機械を活用する。機械は特定の目的や用途のために設計されており、特定の工場や工程に組み込まれている。

複数の工場が協力し、必要に応じて生産物を使い合う。分業体制が出来上がっているため、機械がいったん工場に据え付けられると、他の用途や別の生産工程への転用は難しい。経済全体でみても、状況に応じて生産規模を調整するのは困難となる。

ここで打ち出したのが、**「産業」と「営利」の対立**という考え方である。産業は機械を使ったモノづくりの原理で動き、営利企業は、利益を追求する原理に従う。モノづくり企業は産業と営利の両面を満たすように動くが、両者はときに対立する。

産業界では、複数の工場が相互依存の関係にある。個々の工場は調和を保ち、全体として生産活動が円滑に進む。

実際には、個々の工場や機械は、営利企業の支配下にあり、工場間の協力は実業家の手にゆだねられている。利益を最大にしようとする実業家が、生産設備や熟練労働、技術者を完全に使う可能性は低い。例えば、独占企業は意図して生産を制限し、独占価格によって利益を増やそうとする。生産要素の一部は使われず、完全雇用の状態から遠のいてしまう。

産業と営利の乖離は、金融市場や資本市場が発達するとますます深刻になる。企業は両市場を利用し、投機的な取引を実行しやすくなるためだ。生産工程の固定化が進む一方で、企業は金融面で流動性を高めていく。

金融・資本市場で決まる市場価格は、実体経済の価値を必ずしも反映しない。人々の期待に大きく左右される。金融資産の価値が実際には少なくても、人々が将来、市場価格が上昇すると期待すれば価格は上がっていく。

両者の乖離があまりにも大きくなると、人々の期待は逆回転を始め、株価が大暴落する。株式市場の危機は経済全体に波及する。

現代の資本主義社会の制度の下では、資源配分の「**私的最適性**」と「**社会的最適性**」との間に乖離が起こり、パレート最適の状態ではなくなる。生産過程が一段と固定し、金融・資本市場が発達すると、両者の乖離はさらに大きくなる。金融恐慌や大量の失業が頻繁に発生するようになる。

それでは、どうすればよいのか。人々がより一層、浪費して企業の生産物を購入するか、政府が民間企業の投資意欲を減退させないように公共投資を増やすしかないとヴェブレンは主張した。

しかしながら、産業が保有する過剰な生産力を満たす水準まで浪費を増やすのは難しい。民間に頼っていると、産業が必要とするだけの消費は生まれないなら、政府が浪費をするしかない。軍備、公共建造物、宮廷や外交に関わる支出が重要になる。資本主義の下では、民間や政府が浪費をしないと完全雇用は実現しないのである。

営利企業の古い思考習慣である私的所有制度は、現代の産業社会とは矛盾し、時代遅れとなる。現代の産業社会の担い手である労働者や技術者の新しい思考習慣が育ち、新たな制度を形成する。営利企業中心の体制は衰退し、資本主義は内部から崩壊する。経済活動は集団・中央集権化し、労働者や技術者を担い手とする社会主義が実現する。

『技術者と価格体制』（一九二一）によると、営利企業が中心となる資本主義の経済では、社会全体にとって最適な資源配分はできない。テクノクラートや技術者で構成するソビエト（国家の最高委員会）が社会全体にとって望ましい資源配分を計画し、各生産主体に指示する計画経済の下でしか、最適な資源配分は実現できないと説いた。

ヴェブレンが基礎を固めた制度派経済学を受け継いだのは、アメリカの**ジョン・ロジャーズ・コモンズ**（一八六二〜一九四五）と**ウェスリー・ミッチェル**（一八七四〜一九四八）だ。

ヴェブレンの人間像を深めたのがコモンズである。人間は合理性の限界と根源的な不確実性に直面している。人間は未来を予測できないため、慣習に依存して行動する。人間が共有する慣習が「制度」だ。慣習がその時代に合わなくなり、問題が発生するようになると、慣習を組み替える必要が出てくる。慣習を共有するコミュニティの内部で組み換えの案が提案され、試行錯誤の末に組み換えが実現する。

新古典派が議論の出発点とする経済人（ホモ・エコノミクス）を批判し、慣習に依存し、慣習を作り出す人間像を示したのである。この考え方は、人間が共有する制度が進化するとみる「**制度進化論**」といえる。

コモンズは、個人の行動を制御し、解放し、拡大する集合行為を制度と定義する。制度は人間に「義務の調和」を通じて「期待の一致」を保証する。

コモンズによると、個人の行動には三種類がある。モノやサービスを売買する「**バーゲニング取引**」、組織内での命令と、それに従う行動からなる「**経営管理取引**」、権力を持つ側が構成員に便益と義務を配分する「**割当取引**」である。三種類の取引は、経済活動であると同時に法や倫理に基づく行動でもある。モノの売買とは、モノの所有権の売買を意味するからだ。

集合行為は、組織とは関係がない慣習に従う行動、継続して活動する組織（ゴーイング・コンサーン）の活動となって表れる。慣習とゴーイング・コンサーンは個人の行動を支配する。そして、個人の行動を支配する「行動準則」が進化する。

一例が私有財産制である。私有財産の定義は、モノを表す「有体財産」から、債権を表す「無体財産」、株式会社の暖簾などを指す「無形財産」へと広がってきた。財産の概念は自由の概念とともに拡充し、資本主義の発展を促してきた。企業活動は無体財産と無形財産を繰り返し生み出し、資本の蓄積が進む。

こうして発展する資本主義を安定させるためには、失業保険制度による購買力の維持、特許や商標の保護による無形財産の保護が必要だと訴えた。

ミッチェルは、産業と企業を区別したヴェブレンの考え方を受け継ぎ、モノの生産と金儲けを区別した。

『景気循環』（一九一三）では、統計データを使って景気循環の局面を分析している。金儲けの世界では、変化が唯一の状態であり、景気循環を解明すれば、企業の活動を、国民の福祉を増進するように統制できると唱えた。

ヴェブレンとコモンズはともに新古典派理論の人間像を批判したが、二人の描き出した資本主義の未来像は大きく異なっている。データ収集と計量分析に注力したミッチェルも含め、制度派経済学には、収集した事実を統一して説明できる理論がないとの批判を浴びた。

制度派経済学は一九三〇年代ころまでアメリカの経済学界で勢力を保ち、ニューディール政策の議論にも加わったが、ケインズが『一般理論』を著し、ケインズ革命が起きると、制度派経済学の影は薄くなった。学界での制度派の影響力は弱まったものの、「ネオ制度派経済学」と呼ばれる経済学者は存在し続けてきた。その代表がカナダ出身の**ジョン・ケネス・ガルブレイス**（一九〇八〜二〇〇六）であり、「新古典派総合」の全盛期に、主流派を批判する議論を展開し続けた。

『アメリカの資本主義』（一九五二）では、「**拮抗力**」の概念を打ち出した。二十世紀半ば、資本主義経済は、寡占や管理型の経済となっていたが、拮抗力とは、こうした私的な力に対する抑制力を指す。労働市場では大企業が「買い手」であるが、労働者は労働組合を強化して対抗する。拮抗力は寡占経済の弊害を除去すると唱えた。

『ゆたかな社会』（一九五八）では、主流派の唱える「消費者主権」に異議を唱える。消費者主権とは、消費者の嗜好や選択が企業の生産活動を規定するという考え方だが、現実には企業が宣伝や販売術によって消費者の欲望を生み出している。消費者の欲望を満足させる過程自体が欲望を作る「**依存効果**」を生み出していると説く。

主流派が想定する「**社会的バランス**」も批判した。自由市場が正常に機能すれば、資源は民間と公的部門にバランスよく配分されるという見方に対し、依存効果が大きくなっている現状では、資源配分は民間部門に偏りがちだと主張した。

『新しい産業国家』（一九六七）は、主流派の完全競争モデルに疑問符を付けた著作である。主流派のモデルは、完全競争から始まり、不完全競争、寡占、独占へと広がる。完全競争市場は一部の農産物や鉱物にしか見られないのに、人々の意識は完全競争モデルにとらわれている。完全競争モデルでは、大企業が大部分の事業を担っている現代経済の分析はできない。

大企業が主導する経済を「**計画化体制**」と呼び、この概念を軸に現代経済を描写したのである。計画化が進んだ理由はいくつかある。仕事の時間が長くなった、生産に投入する資本額が増えた、技術が進歩するにつれ特定の作業に時間と資本を硬直的に投入しなければならなくなった、技術が専門人材を必要とする、専門化に見合う組織が必要になる、資本や時間を投入した製品が売れ残る不確実性が高まった、などである。

管理価格、消費者の需要の操作、内部金融化といった方法が、計画化体制を支える。その担い手は資本家ではなく、大企業内部の専門家集団（**テクノストラクチュア**と呼ぶ）だと指摘したのである。

かつての企業には利潤を最大にするという明確な目標があった。テクノストラクチュアは、意思決定の力を維持するために、売上高を基準に成長率を最大にしようとする。組織を維持、拡大できれば自分たちの支配力を維持できるからである。

テクノストラクチュアの支配が国家と結びつくと「新しい産業国家」となる。軍産複合体はその一例であり、大企業と国家が一体となって支配体制を確立する。

ガルブレイスは計画化体制をどのように評価していたのか。計画化は技術の要請から生まれた体制であり、大企業は小企業よりも技術革新の面で優位にあるとみていた。大企業が主導するアメリカ経済の現状を鋭く描写したが、決して「反大企業」の論陣を張ったわけではなく、市場シェアの大きさだけを判断基準にするアメリカの反トラスト法を疑問視していた。

ただ、テクノストラクチュアは景観や静けさといった「審美的な次元」を軽視しがちであり、将来は生産性よりも審美的な次元を優先する社会となるように、教育者や科学者の役割への期待を表明している。

ガルブレイスの数々の著作はベストセラーとなり、極めて人気が高かったが、経済学界ではポール・サムエルソンらが厳しい批判の言葉を浴びせかけ、「異端」の烙印を押してしまう。現代経済学の教科書の中で、ガルブレイスの名前を見つけるのは難しいだろう。

ガルブレイスを異端と片付けた主流派だったが、「制度」の問題にどう向き合うのかは、重い課題として残った。一九八〇年代に入ると、アメリカでは主流派経済学の間でも「制度」に焦点を当てる研究が活発になる。「新制度派経済学」と呼ばれる主流派の動きは第Ⅵ章で取り上げよう。

一方、欧州では、イギリスの**ジェフリー・ホジソン**（一九四六〜）が『現代制度派経済学宣言』（一九八八）を著し、現代制度派と呼ばれる流派が生まれた。ホジソンが最も大きな影響を受けたのはヴェブレンである。

ホジソンは新古典派の特徴を、あらゆる経済主体が「合理的な最大化行動」を取る、不確実性や個人間の認識の相違といった情報の問題は存在しない、均衡状態や均衡への収斂に重点を置く、の三点だと総括する。

そして、社会学、人類学、政治学、心理学と比べながら、人間の合理性の前提を批判する。

ホジソンは制度を、伝統、慣習、法的な制約によって持続的にかつ、定型化した行動パターンを作り出す傾向がある社会組織と定義する。人間は制度に規定される一方、制度を規定する。個人の選好や信念は進化する。

新古典派が合理性の前提にこだわるのは、古典的な自由主義と個人主義に反旗を翻すことになるからだ。ヴェブレンらの先駆者には、理論の弱さがあったとみるホジソンは、「**混成原理**」、「**非純粋性原理**」という概念を打ち出した。

社会や経済システムが機能するためには、不純物が必要だという考え方である。各システムには、システム全体を支配しなくても、そのシステムが機能するために欠かせない「非純粋性」が含まれている、というのだ。

『経済学とユートピア』（一九九九）では、制度派以外の学派は「混成」が重要だという認識にたどり着けないと指摘した。

新古典派は市場取引と他の制度との取引に無頓着であり、マルクス経済学は唯物史観に基づく発展段階論にとらわれている。オーストリア学派は財産権と商業契約の拡大を展望している点で、マルクス経済学と同根である。

混成原理によると、どのシステムも、先行するシステムの残滓を伴い、多少なりとも依存する。資本主義は累積的に多様化すると唱え、資本主義の収斂論を否定する。

過去を土台にして学習が累積し、積み重なっている。技術の習得が重要になっているが、そう簡単には波及しない。どんな社会経済システムも、部分を補完し合う異種の存在の組み合わせである。様々な制度に補完性があるため、グローバル化の圧力があっても全面転換はできない。収斂が起きても、変化の多くは緩やかであり、古いシステムの要素も無期限に存続する。

ホジソンは理論の探求と、学際交流の重要性を唱えるが、主流派の前提を問い直す議論を展開しているだけに、主流派との「学際交流」は進んでいない。

三　ポスト・ケインズ派経済学

一九三〇年代に誕生したケインズ経済学は、新古典派総合からニュー・ケインジアン経済学へと展開してきた。主流派の新古典派経済学からの批判に対応し、共存を目指す動きだと総括できる。新古典派総合はケインズ経済学を短期、新古典派経済学を長期の理論だとみなす折衷であり、ニュー・ケインジアン経済学は、ケインズ体系に新古典派の枠組みに沿った「ミクロ的基礎づけ」の意匠を施した体系である。

新古典派と妥協するのではなく、ケインズの「本来の」主張に立ち返り、新古典派を批判しながら独自の議論を展開するのが、ポスト・ケインズ派である。

ポスト・ケインズ派の主な顔ぶれは、**ジョーン・ロビンソン**、**リチャード・カーン**、イタリア出身の**ピエロ・スラッファ**（一八九八〜一九八三）らケンブリッジ大学でケインズ・サーカスと呼ばれたメンバーのほか、ポーランド出身の**ミハウ・カレツキ**（一八九九〜一九七〇）、ハンガリー出身の**ニコラス・カルドア**（一九〇八〜一九八六）、イタリア出身の**ルイジ・パシネッティ**（一九三〇〜）、アメリカ出身の**ハイマン・ミンスキー**（一九一九〜一九九六）ら多彩である。

ポスト・ケインズ派に明確な教義があるわけではなく、メンバーの間で意見が対立している点もある。専門家の間では、古典派の長期均衡の概念を使って生産や価格、雇用の水準決定を分析するスラッファをポスト・ケインズ派には含めるべきではないとする意見も根強い。

ここでは、個々の経済学者の学説の詳細には立ち入らず、ポスト・ケインズ派の着眼点や基本的な考え方を追う。

ケインズが残したメッセージを改めて要約してみよう。雇用と失業の水準は、労働市場ではなく、生産物市場で決まる。有効需要が足りないと、非自発的な失業が生まれる。民間投資は貯蓄に影響を及ぼす。貨幣経済は物々交換の経済とは異なり、貨幣数量説は誤っている。企業家の「アニマル・スピリット」（血気）が民間投資の水準を決定する。

メッセージの中核をなすのは「有効需要の原理」であり、ポスト・ケインズ派は、こうした認識を共有しつつ、多方面に議論を展開してきた。

アメリカで長く主流派の座にあった「新古典派総合」もケインズのメッセージの多くを取り入れたはずである。ポール・サムエルソンらアメリカン・ケインジアンと呼ばれた経済学者とポスト・ケインズ派の違いはどこにあるのか。

ポスト・ケインズ派理論の特徴は、経済の分析に時間の概念を取り入れる「動学」、不確実性、不均衡である。マルクスのように資本家と労働者の対立を前面には打ち出していないものの、生産や分配の決定権を持つのは資本家（生産者）の側であり、労働者は受け身の存在ととらえる傾向が強い。対等の立場にある生産者と消費者（労働者）がそれぞれ合理的に行動し、需要と供給の関係に従って価格や分配が決まると想定する新古典派とは、発想が大きく異なるのは言うまでもない。

時間の概念がない「静学」と受け取られたケインズの『一般理論』を長期の動学理論に発展させようとしたのが、ケインズの弟子である**ロイ・ハロッド**である。一九三九年の論文では、民間投資を、有効需要を生み出す需要面に加え、生産能力を高める供給面からも分析し、動学を組み立てた。生産物市場では、民間投資がもたらす生産の増加を、その投資による需要の増加でカバーできれば需要と供給は一致する。このときの経済成長率を「**保証成長率**」と呼ぶ。

労働市場にも注目したハロッドは、経済には、それ以上の成長を見込めなくなる「**自然成長率**」があると指摘した。現実の成長率が自然成長率よりも高ければ、経済は完全雇用となり、労働力が足りなくなって、成長率を維持できなくなる。反対に、現実の成長率が自然成長率よりも低ければ、失業が増えてしまう。したがって、生産物市場と労働市場がともに均衡点に到達するためには、現実の成長率と保証成長率、自然成長率が一致しなければならないが、三者が一致するのは全くの偶然である。三者はそれぞれ異なる要因によって決まるからだ。生産物の需給が均衡する保証成長率は実現せず、経済は不安定な状態を続けながら成長すると主張した。

ハロッドの理論を新古典派の立場から批判したのは、**ロバート・ソロー**だ。ソローのモデルでは、生産要素市場での価格の働きにより、資本と労働の投入比率が変化し、安定成長が実現する。保証成長率が自然成長率よりも高いときは、資本の成長率が労働人口の増加よりも高いため、利子率は下がる一方、賃金は上昇する。労働から資本への代替が起き、保証成長率は自然成長率の水準まで下がる。

ソローのモデルでは、技術の進歩は、経済の外部から「外生的」に決まると仮定している。ちなみに、技術の進歩は、経済の内部で「内生的」に決まると考えるモデルが、一九八〇年代以降にアメリカの**ポール・ローマー**（一九五五〜）ら新古典派の経済学者の間で研究が盛んになった「**内生的成長理論**」である。経済成長は人口や技術といった供給側の要因で決まると考える新古典派理論の典型である。

新古典派は、ポスト・ケインズ派とは対照的に、安定成長を裏付けるための動学理論を発展させてきたといえる。「代表的な経済主体」が最大化の問題を無限に解いていくと仮定する「**最適成長理論**」、第Ⅳ章で取り上げた「リアル・ビジネス・サイクル理論」、「内生的成長理論」へと羽を広げてきた。

ハロッドが動学理論に取り組んでいるとき、ジョーン・ロビンソンも同様な問題意識を持っていた。新古典派は、資本をどのように計測するかについて無頓着である。機械の台数や馬力などで表現する実質資本量という概念を前提に利潤率を算出するが、資本量の計測自体が利潤率に依存するのだから、新古典派の利潤率の概念は矛盾するのではないかと指摘したのである。資本の集計が意味を持つのは、商品の相対価格や構成比率が変わらないときに限られる。『生産関数と資本の理論』（一九五三〜一九五四）で、資本の大きさを価格や利潤率、分配関係とは独立した単位で測定できると考える新古典派に異を唱えた。

この問題をめぐり、イギリス・ケンブリッジのロビンソン、パシネッティ、アメリカ・ケンブリッジのサムエルソン、ソローらの間で勃発したのが「**ケンブリッジ資本論争**」である。最後はアメリカ側が誤りを認め、終結したとされている。

この論争でロビンソンが活用したのは、スラッファ（本人はこの論争には参加していない）の価格理論である。

『商品による商品の生産』（一九六〇）は、価格と分配の問題に生産の面からアプローチする古典派の方法論を復活させようとする試みだ。商品の価格は、生産にかかった費用と利潤が得られる水準に決まる。費用は原材料などを購入する費用と、賃金からなる。利潤は購入費用に利潤率をかけた水準である。

需要と供給で価格が決まる体系では、価格と生産量は同時に決まるが、スラッファによれば、価格の決定と、生産量の決定は別である。

新古典派の体系では、分配は労働、資本、土地の価格の問題であり、需要と供給の関係で決まる。スラッファの体系では、利潤率と賃金が決まった後、価格が決まる。利潤率と賃金は相反関係にあるため、利潤率が「外生的」に与えられないと商品の価格は決まらない。分配は市場の外部、政治や社会の要因で決まると考えたのだ。生産量、生産手段や労働の量も所与（あらかじめ決まっている）とみるため、新古典派が説く、利潤や効用を最大にしようとする企業や消費者の行動、均衡の概念とは無縁なのである。

スラッファは『商品による商品の生産』で、利潤率が上昇したときに、労働をより多く使用する生産方法に技術が転換しても、さらに利潤率が上昇すると元の技術に再び転換する可能性を証明した。技術の「リスウィッチング」である。ロビンソンにとっては有利な材料であった。

ロビンソンは、ハロッドが提起した技術進歩の中立性の概念に注目し、『資本蓄積論』（一九五六）を完成させた。一種類の技術の下で長期にわたって資本が蓄積する状況から分析を始め、技術の選択が賃金に依存する場合など、複雑な要因を加味しながら論理を展開する。資本主義の制度上の条件を組み入れたモデルを作り、賃金と利潤の長期にわたる配分を明らかにしたが、経済学界の評価は総じて低く、議論の対象にはならなかった。

ロビンソンは、アメリカン・ケインジアンがケインズ経済学の標準モデルとして採用したジョン・ヒックスのＩＳ－ＬＭ分析も、初期の段階から批判していた。ヒックスの解釈は時間の概念に欠ける「静学分析」に偏り、不確実性の問題を排除していたためである。民間投資の成否は将来になってみないと分からない。企業は不確実な将来を見越して投資を決定せざるを得ない。

ＩＳ－ＬＭ分析では、利子率が下がれば民間投資が増える関係になっている。『一般理論』にも、民間投資は、資本の限界効率と利子率が一致する水準に決まるとする記述はあるが、ケインズは将来が不確実なときには、民間投資を決めるのは企業の「アニマル・スピリット」（血気）だと説明している。

アメリカン・ケインジアンは、新古典派総合の考え方に基づく総需要管理政策を政府に働きかけ、雇用を拡大した。しかし、その多くは、政府と軍需産業が結びついた軍産複合体による雇用だった。軍需産業の雇用が増えても国民の福祉とは無縁だ。雇用の水準よりも雇用の内容を問うべきだと批判したのである。

ポスト・ケインズ派が残した成果に、所得分配論がある。カレツキの「**独占度理論**」とカルドアの「**マクロ分配理論**」である。

カレツキはケインズとは独立に、同じ時期に有効需要の原理を発見した。『景気循環理論概説』（一九三三）は『一般理論』（一九三六）より出版が早かった。

カレツキによると、好況時には、投資財（生産設備）に対する注文が増え、投資財の生産が増える。企業の利潤が増え、投資活動がさらに活発になる。景気拡大が続き、投資財の生産量が必要な量を上回ると投資活動の増加が鈍くなり、投資財の注文が減り始める。好況期から不況期に転換すると、これまでとは逆の動きとなる。

ケインズとは異なる内容も含んでいる。カレツキのモデルは景気循環の分析を目的とする動学分析である。

完全競争の仮定を置いていたケインズとは異なり、不完全競争を前提とした。マルクスの研究を参照し、資本家と労働者の二階級からなるモデルを作り、階級間の所得分配の変化がマクロ経済に与える影響を解明した。

資本家は貯蓄、投資、価格、雇用を能動的に決めるが、労働者はほとんど貯蓄をせず、受動的な役割しか果たさない。主に資本家の意思決定でマクロ経済の方向が決まるとみていたのである。

ジョーン・ロビンソンはケインズ革命が残した命題の本質を、貯蓄率は投資率、物価水準は賃金の水準、利子率は貨幣の需要と供給にそれぞれ支配されると要約したうえで、カレツキは一九三三年に同じ結論を導いていたと指摘している。

カレツキが想定した海外との貿易がない閉鎖経済では、国民支出は民間投資、資本家の消費、労働者の消費からなる。国民所得は賃金と利潤からなる。労働者は貯蓄をしないと考えると、労働者の賃金は消費と等しいので、利潤は民間投資と資本家の消費の合計となる。資本家が決めた投資と資本家の消費が利潤を生むのである。

「独占度理論」ではまず、製造業での生産品（以下、製品）と一次産品の違いを指摘する。供給の増減が難しい一次産品では需要の増減にしたがって価格が変動する。一方、製品の価格は変動せずに生産量が変動する。製品の価格は、主要な費用（原材料費と賃金）にマークアップ率（マージン率）を上乗せした水準に決まる。

先進工業国では製造業が産業の中心であり、企業が決めるマークアップ率に基づいて多くの製品の価格が決まる。マークアップ率の大きさは、企業の独占の度合い（独占度）に左右される。独占度とは産業内のシェアだけではなく、広告や販売の促進、労働組合の強さといった制度や環境要因も含めた概念である。企業が決めたマークアップ率によって賃金と利潤の分配も決まる。労働者の賃金は、企業の独占度が高まり、原材料費が増えると減少する。

カルドアは、完全雇用の下での国民所得から議論を展開する。国民所得は賃金と利潤からなり、資本家の限界貯蓄性向（所得が増えたときに貯蓄に回す割合）は、労働者よりも大きいと考える。

こうした前提では、民間投資が増えると物価が上昇し、実質賃金は減少する。賃金と利潤の関係は投資の大きさによって決まるのだ。

カレツキとカルドアの分配論では、生産要素の限界生産力とは無関係に分配が決まる。経済全体の利潤は、民間投資と資本家の消費の総額に等しい。二人は「資本家は自ら支出するものを稼ぎ、労働者は自ら稼ぐものを支出する」という命題を残した。

アメリカのハイマン・ミンスキーは『ケインズ理論とは何か』（一九七五）で、独自のケインズ解釈を展開しながら、自らの「貨幣的経済理論」を紹介している。

資本主義経済での投機的な意思決定とは、企業、家計、金融機関が通常の生産活動から期待できるキャッシュフローのうち、債務の利子の支払いや元本返済のためにどれだけを取っておくか、という意思決定である。企業にとって、工場や設備は保有資産であり、その購入代金を支払うために負債を負う。将来は契約を履行できる経済状況であろうと予想し、タイミングを見計らって契約を結ぶ。貸し手の側も債務契約が守られるとみている。

しかしながら、債務契約の基盤は脆い。企業の債務構造は、慣習や流行の産物である。生産や市場の開拓に注力するとともに、金融革新にも心血を注ぐ。金融は現在の状況が無限に続くという誤った仮定に立脚している。

ブーム期にはキャピタルゲインや資産価格が上昇する。経済が完全雇用に近づくにつれ、景気循環は地上から姿を消し、繁栄の新しい時代が始まったというムードになる。経済危機や負債デフレは過去の遺物となり、企業は積極的に借り入れる。

現実には、ブーム、負債デフレ、景気沈滞、景気回復、完全雇用は無限には続かないのである。

株式市場と金融資産市場は頼りにならない慣習に立脚している。標準的なケインズ理論では、景気循環と投機という文脈では金融メカニズムを考慮しない。資本家の金融行動を導入し、経済の様々な状態でのキャッシュフローの推移を検討すれば、ケインズが展開した革命的な洞察と、新しい分析の枠組みが持つ大きな力が直ちに明らかになる、と主張する。

楽観的な期待が経済全体を覆う「**多幸症的ブーム**」が進行する過程で、企業の金融状態は変化し、金融構造は脆弱になる。

ミンスキーは『投資と金融——資本主義経済の不安定性』（一九八二、原題は *Can "It" Happen Again?* "It" は大恐慌）などで、企業が生産活動から得るキャッシュフローと、負債に対する現金支払い契約とを比べ、企業の金融状態を三つに分類する。

ある経済主体が保有資産から得るキャッシュフローが、すべての期間で現金の支払額を上回る状態が「**ヘッジ金融**」である。

近い将来、資産から得られるキャッシュフローが現金支払い額を下回る状態が「**投機的金融**」であり、経済主体は満期がくるときには、債務の借り換えで現金不足を補わなければならない。近い将来の予想キャッシュフローが利子の支払いをも下回るのが、「**ポンツイ金融**」である。さらに負債を増やすしか、返済の方法がない。

ポンツィとは、一九二〇年代に、国際郵便クーポンを使ったねずみ講を組織した、アメリカの詐欺師、チャールズ・ポンツィに由来する。

金融システムの安定性は、三つの経済主体の割合によって決まる。投機的金融とポンツィ金融の割合が高いほど、金融システムは脆弱になる。

投資ブームが起きると、借り手のリスクと貸し手のリスクは過少に評価される。ヘッジ金融が中心の金融構造であっても、企業側には負債を増やして投資資金を調達する誘因が生まれ、銀行も貸し出しを増やして利益を増やそうとする。次第に投機的金融とポンツィ金融の割合が高くなる。

資本主義経済の通常の動きの中で、金融構造が脆弱になっていく。ポンツィ金融は長続きせず、「**ミンスキー・モーメント**」と呼ばれる金融危機が発生する。これが「**金融不安定性仮説**」である。

金融システムは、資本主義経済の内部の要因によって「内生的」に不安定になっていくとの仮説は、新古典派理論とは相いれない。

こうした欠陥を持つ資本主義経済には政府の介入が必要となる。ミンスキーは政府の赤字支出と、「**最後の貸し手**」としての中央銀行の介入を提唱した。ただ、政府と中央銀行による介入は、企業や銀行にリスクの高い行動を促す恐れがある。金融危機が発生すれば、政府や中央銀行が市場に介入して穴埋めすると予想するからである。そうなると介入の規模がますます大きくなりかねない。

『ケインズ理論とは何か』では、民間企業の債務構造を規制する、軍事支出に過度に依存しない、貧困層の所得を直接、維持・増加させる、といった政策を提言している。

ミンスキーは後に、第二次世界大戦後の先進資本主義国では、経営者による企業支配と福祉国家が結合した「**経営者資本主義**」が確立したが、一九八〇年代以降、機関投資家が経営者に圧力を加える「**資金運用資本主義**」に変質したと論じている。政府や中央銀行の介入に期待する企業や銀行が過大なリスクを取り、金融システムが脆弱になる一方で、多額の資金を運用する機関投資家が出現した。資金運用資本主義では、介入の効果は弱くなる。

そこで、資金運用資本主義をより人間的な資本主義に置き換えるためのプログラムを提示した。政府による雇用プログラムの策定、教育・訓練、科学技術、インフラへの公共投資、連邦準備制度の割引窓口を通じた信用管理、財政赤字を削減するための税制改革といった、多様な政策を提案している。

一九七一年、ジョーン・ロビンソンは、アメリカ経済学会の招待を受け、「**経済学の第二の危機**」と題するイーリー講演に臨んだ。アメリカの経済学者で、アメリカ経済学会の創設に深く関わった**リチャード・イーリー**（一八五四〜一九四三）にちなんだ権威ある講演である。

講演の内容を要約しよう。第一の危機は一九三〇年代に起きた。世界大恐慌の発生は新古典派理論の信用を失墜させたが、ケインズの『一般理論』が登場して危機を克服した。

一九六〇年代から七〇年代に第二の危機が起きている。世界の資本主義は大混乱に陥り、アメリカでは、インフレ率と失業率が同時に上昇し、ケインズ政策が効果を失った。ところが、経済学界では、現実の問題を避けて抽象的な世界で形式論理を謳歌し、特定の産業や政策を擁護する議論が横行している。経済学の第二の危機は思想の危機であり、経済学者の危機であると訴えたのである。

新古典派経済学の権威が失墜した第一の危機は、ケインズ革命によって乗り越えられた。新古典派総合の権威が失墜した第二の危機は、自分たちが作り出す新しい経済理論によって乗り越えられるべきだというのが、ロビンソンの真意だろう。

ロビンソンの意に反し、第二の危機後、新古典派は復活し、ポスト・ケインズ派は片隅に追いやられた。

四　レギュラシオン理論

一九七〇年代に入ると、世界経済はインフレと失業に悩まされ、既存の政策や経済理論では歯が立たなくなっていた。そんな中で、**ロベール・ボワイエ**（一九四三〜）、**ミシェル・アグリエッタ**（一九四〇〜）らフランスの官庁エコノミストが生み出したのが、レギュラシオン理論である。フランス語のレギュラシオンは「調整」を意味する。

レギュラシオン理論では、市場の安定や均衡を想定する新古典派を批判し、市場や資本主義は本質的に不安定だととらえる。

ただし、マルクス経済学が唱えるように、資本主義は崩壊して社会主義に移行するとは考えず、資本主義の枠の中で「調整」に成功すれば、成長と安定を実現できるとみる。

その点では、ケインズ経済学と考え方が近いが、政府の総需要管理を提唱したケインズ経済学とは異なり、「制度」に着目して需要と供給の双方から問題にアプローチする。

ポワイエは新古典派経済学をこう評する。

この理論体系は危機を間接的にしか扱わない。あらゆる市場は均衡し、完全雇用が実現する。大量の失業が発生しても、モデルの基本仮説が侵害されたためとみる。個人と企業の完全なる合理性、完全情報、価格と数量の瞬時の調整といった仮説だ。危機は理論と現実がずれているから発生するのだ。消費者や労働者の非合理性、情報の不透明性、独占・労働組合・利害集団による市場メカニズムの阻止、そこから生じる市場の硬直性、インフレや失業といった現実と、理論とのずれである。したがって、組織形態、公的な介入、規制こそが危機の元凶だという認識となる。

ポワイエによると、本質的に不安定な市場が一定の期間、安定するのは、社会の側からの適切な調整が起きるためだ。これを「**資本主義の社会的調整**」と呼ぶ。「社会的」とは、市場以外の様々な制度、政府、組織の側が市場経済を調整するのである。その調整に成功すれば、資本主義は成長と安定を実現できるが、失敗すると危機に陥る。

しかも、一つの調整の方法（調整様式）が成功しても、その結果、様々な制度が変化すると、これまでの調整様式が通用しなくなり、危機に陥る可能性がある。危機の中で新たな制度や調整様式が生まれれば、資本主義は再び成長する可能性がある。

制度の変化や創出にとって重要なのは、各種の勢力が持つ政治力であり、勢力間の連合と妥協である。政治要因は国ごとに異なるため、制度の多様性が生まれる。

第二次世界大戦後、先進諸国は高度成長を実現したが、一九七〇年代に危機に瀕した。その要因を解明する概念が「**フォーディズム**」である。

フォーディズムはアメリカの自動車メーカー、フォードに由来する言葉だ。**ヘンリー・フォード**（一八六三〜一九四七）が創業したフォード社は一九一〇年代、T型車と呼ばれるモデルを大量に生産し、大量に販売するために従業員の賃金を引き上げた。賃金上昇による消費の底上げを狙ったのである。このときは成功しなかったが、戦後に経済全体で開花した。

フォーディズムが戦後に開花したのは、製造業での生産性の上昇が賃金上昇につながったためである。賃金の上昇は個人消費を増やす。消費の増加に対応するために企業は生産量を増やすべく、設備投資に踏み切る。消費や投資の拡大は総需要を増やし、経済が成長する。新しい機械の導入、生産規模の拡大による量産効果は、生産性の上昇につながる。生産性の上昇と、生産量の拡大が相互に影響を及ぼしながら、経済が成長していく。

この経路を支えたのが様々な制度である。生産性の上昇が賃金上昇をもたらす、という経路の背景にあるのが新技術だ。流れ作業方式による大量生産の技術であり、労働者は単純な反復作業（「**テイラー主義**」と呼ぶ）に従事する。

テイラー主義とは、十九世紀末から二十世紀初頭のアメリカで普及した工場管理制度の基本をなす考え方である。アメリカの技術者、経営学者の**フレデリック・テイラー**（一八五六〜一九一五）が考案した。労働者の仕事を単純な作業に分割し、出来高払いにして生産性を上昇させた。熟練労働は不要となり、労働のマニュアル化が可能となる。

戦前には、あまり受け入れられなかったが、戦後、多くの労働者が受け入れた。その代わりに、生産性の上昇に見合うだけの賃金の上昇を、経営者に認めさせた。賃金は労働市場の需給で決まるのではなく、生産性に連動して決まるようになった。これを「**生産性インデックス賃金**」と呼ぶ。生産性インデックス賃金と、テイラー主義の受容という労使協調が実現したのである。

労使協調の背景にあったのは、労働組合の公認、労使の団体交渉の定着という「制度」である。

ところが、一九七〇年代に入るとインフレと失業が共存するスタグフレーションが進行し、先進諸国は危機に陥る。フォーディズムも二つの危機を迎えた。

一つ目は労働編成（生産性）の危機である。単一の製品が普及すると、消費者は他者とは異なる製品を欲するようになる。多品種生産への要求が強まり、従来のテイラー主義では対応しきれなくなる。経営側がテイラー主義を徹底して乗り切ろうとすると労働者は反発し、ストライキが頻発した。新しい機械を導入しても生産性が上昇しなくなったのである。

もう一つは分配（妥協）の危機だ。生産性の伸びが鈍化すると、経営側には賃金を引き上げる余裕がなくなった。労働者にとって賃上げ要請は切実な問題となる。

生産性（資本を投下して得られる生産量の割合）の低下と、利潤率（資本を投下して得られる利潤の割合）の低下は長期不況をもたらす。生産性インデックス賃金とテイラー主義は有名無実となったのである。

アメリカをモデルにしたフォーディズムの概念は、他の国にも当てはまるのだろうか。フォーディズムが崩壊した後、それに代わる成長経路は見つかるのか。レギュラシオン理論の研究者たちの関心は各国の制度分析に向かった。

一九九〇年代に生まれたのが、「**国民的多軌道論**」である。各国の成長軌道は労働編成と分配の面で大きく三方向に分かれた。アメリカとイギリスは競争賃金を導入し、テイラー主義を推進した。ドイツや北欧は契約賃金を維持し、テイラー主義によらない労働編成を実現した。両者の中間が日本であり、トヨティズムと命名した。高い生産性の上昇率と低いインデックス賃金の組み合わせからなる「企業主義的調整」ととらえたのである。

一九九一年の旧ソ連崩壊後、レギュラシオン理論とは別の流れで、「**資本主義の多様性**」の議論が活発になる。資本主義と社会主義の対立という構図が崩れ、資本主義内部での違いに注目が集まったためである。フランスの実業家、**ミシェル・アルベール**（一九三〇〜）は『資本主義対資本主義』（一九九一）で、アメリカを代表とするアングロサクソン型、ドイツを中心とするライン型の二類型を示した。ライン型は生産効率の面で優れるが、イデオロギーの支配力を持つのはアングロサクソン型だと指摘した。

比較政治学の分野でも、同様な問題意識に基づく研究が広がってきた。カナダ出身の**ピーター・ホール**（一九五〇〜）と、イギリスの**デイヴィッド・ソスキス**（一九四二〜）編『資本主義の多様性』（*varieties of capitalism* ＝ VOC、二〇〇一）は、「**VOCアプローチ**」と呼ばれる研究手法を代表する著作である。

アメリカ型モデルは自由な市場経済、ドイツ型モデルは調整された市場経済で、日本や北欧は後者に入る。アメリカでは短期の契約関係が中心なのに対し、ドイツでは労使間や企業間に長期の協力関係がある。そのため、アメリカでは、どこでも通用する能力を身につけるのが有利、ドイツでは特定の企業や産業で通用する技能を身につける方が有利となる。アメリカでは急進的なイノベーションを必要とするＩＴ（情報技術）や医薬品産業、ドイツでは漸進的なイノベーションが起きる機械産業などが優位となる。これを「**比較制度優位**」と呼ぶ。

資本主義の多様性をめぐる議論が活発になる一方、主流派の経済学者の間を中心に、世界各国はアメリカ型の資本主義に収斂するとの見方も広がっていた。

フランスの経済学者、**ブルーノ・アマーブル**（一九六一〜）らは収斂論を批判し、多様性の議論を発展させた。『五つの資本主義』（二〇〇三）では、経済協力開発機構（ＯＥＣＤ）に加盟する主要二十一カ国を対象に、製品市場、労働市場、金融、福祉、教育の五つの領域に関する膨大な数の制度を比較した。理論分析、定性分析、定量分析の結果、五つのパターンを見出したのである。

市場ベース型（アメリカ、イギリス、カナダ、オーストラリア）、アジア型（日本、韓国）、大陸欧州型（ドイツ、フランス、オーストリア、オランダなど）、社会民主主義型（北欧）、地中海型（イタリア、スペイン、ギリシャ、ポルトガル）である。

市場ベース型の国は同質性が高く、他のモデルとの違いが大きい。アジア型、大陸欧州型、社会民主主義型は、市場の自由化が中程度という点では似ているが、福祉国家の程度には大きな違いがある。市場ベース型の対極にあるのは、地中海型である。

五つの類型を基に、一九八〇年代末と九〇年代末の状況を比べると、市場ベース型に他の類型が近づく兆候はない。収斂論は誤りで、資本主義は一層、多様になっていると主張している。

レギュラシオン理論は、アジア諸国や新興国も対象に加え、広がりを見せている。ただ、アメリカ型を資本主義の一類型とみなし、「制度」や「調整」の概念を前面に出すレギュラシオン理論は、主流派とは発想が大きく異なるため、「異端派」として、あまり日が当たらない道を歩み続けている。

五　ネオ・シュンペーター派経済学／進化経済学

オーストリア・ハンガリー帝国出身の**ヨーゼフ・シュンペーター**（一八八三～一九五〇）は、イノベーション（革新）こそが、資本主義が発展する原動力であると説いた経済学者として多くの人の記憶に残っている。ビジネスパーソンや経営者らの間にもファンは多く、シュンペーターを取り上げた書籍は数多い。にもかかわらず、シュンペーターについて詳しく論じている経済学の教科書が見当たらないのは、経済学界では異端の存在だったからにほかならない。

シュンペーターの経済理論は、経済活動が同じ規模で動く「**静態**」と、経済活動の量が変化する「**動態**」からなる。草創期の経済学では、フランスの医師で、**重農主義**の経済学者、**フランソワ・ケネー**（一六九四～一七七四）の『経済表』（一七五八）が静態分析の代表だった。

シュンペーターの主著『経済発展の理論』（一九一二）は静態の分析から始まる。オーストリアのウィーン大学で学んだシュンペーターは、レオン・ワルラスの一般均衡理論に傾倒していた。当時は、アルフレッド・マーシャルの『経済学原理』が学界の中心を占め、ワルラスの一般均衡理論は現在ほど認知されていなかったが、静態分析の手本として目を付けたのだ。

ワルラスの理論は時間の概念がない「**静学**」である。シュンペーターは一般均衡理論を参照しつつ、「動く」世界に移行する前段階として、ケネーの「**静態**」に時間の概念を加味し、独自の「静態」の世界を描いたのである。

静態の世界には、経済主体は「本源的な生産要素」(労働と土地)を所有する労働者と地主しかいない。受け身の対応をするだけなので、経済の規模は変わらず、循環する。

静態を破壊し、動態を始動させるのが、企業家によるイノベーションである。この発想は、カール・マルクスの思想からヒントを得たとされている。

『経済発展の理論』では、イノベーションという言葉は使わず、**新結合**と表現しているが、後にイノベーションという言葉を使うようになった。新結合は、新しい財の生産、新しい生産方法の導入、新しい販路の開拓、原料や半製品の新しい供給源の獲得、新しい組織の実現の五つである。

企業家にはどんな資質が必要なのか。物事の本質を確実に把握し、事態を見通す洞察力、慣行の軌道を脱し、新しい可能性を切り開く力、社会環境からの抵抗の克服である。こうした資質を備える企業家は「英雄」といってもよい。

ここには、ドイツの哲学者、**フリードリヒ・ニーチェ**(一八四四~一九〇〇)の英雄思想の影響が見られると指摘する専門家は多い。

企業家が新結合を実行しようとしても、資本蓄積がない静態の世界では不可能だ。そこで、動態の世界では、銀行家(資本家)が登場し、企業家に資金を提供する。企業家と資本家が協力し、動態が始まるのだ。

企業家が新結合に成功すると、「**企業家利潤**」が発生する。企業家は利潤のうちから利子を支払う。成功した企業家は社会の地位が上昇し、旧い経営は没落する。

シュンペーターの利子論は独特だ。新古典派理論では投資と貯蓄、ケインズ経済学では貨幣の供給量と流動性選好によって利子率の水準が決まる。シュンペーターによれば、利子は動態の世界でのみ発生する。

企業家がイノベーションに対する意欲を持つと、銀行家に信用創造を求める。イノベーションを起こせる企業家は少数でも、ひとたび道が開ければ模倣するのは容易だ。多くの企業家によるイノベーションが活発になると、資金需要が増大し、利子率が高まる。高い利子率は、国民経済が発展している一つの指標である。イノベーションが生み出す新製品が大量に市場に出回れば、製品の価格は下落する。イノベーションが枯渇すると利子率は企業家の活動を抑制する要因となる。発展の成果が国民全体に行き渡ると再び静態の世界に戻り、利潤と利子率は消滅する。

この過程が「不況」である。動態が始動する前に比べると、経済全体は豊かになっている。不況はイノベーションが生み出した新しい事態への適応過程といえるので、政府は不況対策に乗り出すべきではないという結論となる。

この見方は、不況は有効需要の不足が原因であり、政府が積極的に財政・金融政策を打ち出すべきだと唱えるケインズ経済学とは相いれない。一九三〇年代の大不況を目の当たりにしても、シュンペーターの見解は変わらなかった。

異常に膨らんだ失業は、産業革命の繁栄期に続く適応期間の特徴である。一八二〇年にも、一八七〇年にも見られ、一九二〇年代以降の時期も適応期間の一つの例にすぎない。本質的に一時の現象だとみたのである。

一九三〇年代の大不況を機にケインズの『一般理論』は脚光を浴び、ケインズ革命と呼ばれるほど経済学界に大きな影響を及ぼす。ケインズは『一般理論』で有効需要の原理を提示するにあたり、アルフレッド・マーシャルが理論の前提とした「短期」を想定した。技術や資源、雇用一単位当たりの費用が一定とし、総供給が変わらない状態を考えたのである。総供給が変わらないのなら、総需要が決まれば生産や雇用の量が決まる。

この想定は、大量の失業が発生した一九三〇年代の情勢をよくとらえていたが、シュンペーターは短期の想定に不満を抱き、一貫してケインズを批判した。

ポスト・ケインズ派経済学の節でも触れたが、新古典派はその後、長期の経済成長理論を発展させてきた。ロバート・ソローは、設備や機械からなる資本の蓄積が進み、生産量が増えると経済が成長すると主張した。投資が増えると投資による収益は減るため、長期で見ると経済成長は持続しない。長期の経済成長には技術の進歩が必要であるとの見方を示したが、技術の進歩を資本と労働力の投入では説明がつかない「残差」ととらえ、経済活動の外部から「与えられる」と想定した。技術進歩の重要性を認識はしたものの、直接の分析対象とはしなかったのである。

一九八〇年代に登場した「内生的成長理論」は技術の進歩を経済の内部で決まるととらえた。ポール・ローマーは、技術は模倣しやすいために生産性に影響を及ぼすと論じ、知的財産権や産学連携など知識をめぐる議論が盛んになった。ただ、内生的成長理論では、知識がイノベーションを生む過程や歴史的な構造変化を明らかにできない。シュンペーターの発想とは大きな違いがある。

一九三〇年代からハーバード大学教授を務めていたシュンペーターはケインズ革命の嵐の中で、学界では孤立した存在となる。ワルラスの静態分析をベースに議論を始めているものの、独自の世界観に基づく動態分析は、ケインズ経済学はもちろん、新古典派の経済学とも異質な議論であり、主流派からは冷淡な扱いを受けた。

シュンペーターは晩年、景気変動の波を分析し、約六十年周期の波動（**コンドラチェフの波**）を基に資本主義の発展の歴史を考察する研究に没頭する。そこで、たどり着いたのが、「資本主義はその成功によって滅ぶ」という命題である。これは、「資本主義はその失敗によって滅ぶ」と唱えたマルクスを意識した表現だ。『資本主義・社会主義・民主主義』（一九四二）では、資本主義のエンジンを起動させ、運動を継続させる根本的な衝動は、企業が創造する新消費財、新生産方法、新輸送方法、新市場、新産業組織からもたらされるとの持論を展開する。不断に古いものを破壊して新しいものを創造し、絶えず内部から経済構造を変える産業上の突然変異である「**創造的破壊**」こそが、資本主義の本質であると確認したうえで、資本主義が衰退する理由を説明している。

資本主義は「競争的資本主義」から「トラスト化された資本主義」に移行する。新結合の担い手は天才的な企業家ではなく、大企業内部の専門家となる。新結合は日常業務となり、自動化が進む。企業家の機能が不要になると、社会や政治上の地位が掘り崩されていく。企業家と生死をともにするブルジョアジーも危機に陥る。

資本主義の下での活動が合理的な考え方を広め、工場内の忠誠心や上下の命令・服従が破壊され、指導者のリーダーシップが有効に働かなくなる。

ブルジョアジーは利益の計算には熱中するが、政治的には無力である。初期には封建社会の王侯や貴族に守られていたが、資本主義が浸透するにつれ、自身を擁護してくれる階層も破壊してしまう。

資本主義の成功で豊かさを実現し、高等教育とジャーナリズムが発展する。大企業の利害に敵対する知識階級が成長し、その影響が官僚や労働運動にも及ぶ。資本主義に対する敵対の雰囲気がさらに前面に出る。不平等と私有財産の文明を守ろうとする階層が減少する。

事物と精神とが、ますます社会主義的な生活様式に従いやすいように変形されていく。資本主義の構造を支えていたあらゆる支柱が消失し、社会主義的な計画が可能になる。この点でマルクスのビジョンは正しかった。資本主義の衰退はその失敗に基づくという主張と、その成功に基づくという主張との間には、結局のところ一般に想像されるほどの違いはないと主張するのである。

シュンペーターは資本主義が衰退し、社会主義への移行を論じたが、あくまでも独自の理論に基づく結論であり、社会主義への移行を望んでいたわけではないとみる専門家が多いことを付け加えておきたい。

新古典派ともケインズ経済学とも異なる観点から資本主義の動態を分析したシュンペーターの理論は、主流派からは距離を置かれたが、一九七〇年代に入ると制度派経済学などの流れを汲む研究者が改めて注目するようになった。一九八〇年代には、「イノベーションが資本主義発展の原動力である」という認識を踏襲しつつも、イノベーションをシュンペーターよりも幅広い概念としてとらえ、イノベーションを起こす仕組みを解明するネオ・シュンペーター派経済学と呼ばれる学派が誕生した。この学派が提示する理論の体系を「**進化経済学**」と呼ぶこともある。

イギリスの**クリス・フリーマン**（一九二一〜二〇一〇）、デンマークの**ベントーケ・ルンドバル**（一九四一〜）、アメリカの**リチャード・ネルソン**（一九三〇〜）と**シドニー・ウィンター**（一九三五〜）らが主な顔ぶれである。

ネオ・シュンペーター派によると、生産者は利用者と交流し、「学び」を通じて生産方法や製品を改良する。企業家や金融機関だけではなく、様々な関連組織やメンバーが交流する中で「**イノベーション・システム**」が稼働する。企業と国家の間に位置する産業や部門も重要な役割を果たす。非連続的なイノベーションだけではなく、漸進的なイノベーションも経済を変化させる。

イノベーション・システムは、企業、研究・教育機関、政府、金融機関など行動を起こす主体と、法律、政策、歴史、地理、政治、文化や慣習などの制度、主体と制度の相互作用からなる。

ルンドバルはイノベーション・システムの特徴をこうまとめている。

産業の構造変化とシステムを構成する要素の学びを伴うため、変化は緩やかである。イノベーションに必要な知識は地域に深く根差しているため、簡単には移転できない。地域に根差す知識はイノベーションに関わる人々や企業の慣習や意識、相互の交流に属する。各要素の相互依存の関係がイノベーションに大きく貢献する。「情報の非対称性」が存在し、新古典派の唱える「合理的な行動」は必ずしも実現しない。知識と構成要素の相互依存の関係は土地に根差すため、国、部門、地域によって異なるイノベーション・システムが生まれる。

ネオ・シュンペーター派経済学と認識を共有する部分が多い研究に、進化経済学がある。経済学に進化論の視点を導入する研究の出発点といえるのは、本章の前半で取り上げたソースティン・ヴェブレンである。

進化論的科学は、原因と結果の間に位置する期間（過程）と、不安定性に焦点を当てる。過程には終着点はなく、変化が累積する。過程は予定された特定の状態や最善の到達点に向かうといった目的論や機能論を退ける。過程の結果ではなく、過程の中で生まれる変異と多様性を分析するというのだ。

制度派経済学が下火になると、経済学で「進化」の概念を前面に出す学派は見られなかったが、一九八〇年代に息を吹き返す。新古典派の手法を身につけたうえで、新古典派を進化論の視点から批判する学者が現れたのである。

ネルソンとウィンターは『経済変動の進化理論』（一九八二）で、企業の日常での活動をルーティンという概念でとらえた。企業は組織内で仕事を処理する手続きを確立し、それを繰り返して活動を継続している。ルーティンの違いが、各企業の行動の違いとなる。

組織ルーティンは、生物の遺伝特性に相当する永続的な要素である。日常の行動だけではなく、経営戦略の変更といった大きな変化を含む企業行動の大部分が、熟慮を経たうえでの選択ではなく、組織ルーティンによって決まる。

企業組織は、生産のルーティン、広告・宣伝のルーティン、雇用・解雇のルーティン、戦略のルーティンなどからなる「**ルーティンの束**」なのである。

ルーティンを切り替えるのが技術革新をはじめとする企業行動の革新である。企業は「限定合理性」（限られた合理性しか備えていない）の下で行動せざるを得ない存在である。したがって、企業は「最大化」ではなく「満足化」を求めて行動する。

企業は変化しなければならないとき、ルーティンに近いところからサーチ（探索）を実行する。サーチ自体がルーティンとなっているともいえる。研究開発や経営戦略の策定をルーティンにしている企業が多いからだ。

他の企業よりも偶然、優れた解決策を見出した企業は市場競争で有利となる。成功をもたらすルーティンは企業内に保持されるが、一部は模倣され、他の企業にも広がっていく。

この過程で、ルーティンの突然変異が起きる。成功している企業の「複製」は完全ではなく、他の企業による模倣の過程で突然変異が発生し、革新が起きるのである。

革新もルーティン活動であり、かなりの部分は既存のルーティンの新結合である。経済の変化は、「非決定」、「開放」、「不可逆」を伴う過程なのである。新古典派が唱える「均衡」は例外といえる。

企業が新しい行動様式を探索し、自らの行動を変化させながら存続を目指す姿をモデルにしたのである。

二人の著作は、イノベーション研究や、経営学の組織研究にもつながり、進化経済学の展開にとって大きな意味を持った。

第Ⅵ章　現代経済学の新潮流

本章では、現代経済学で育ってきた新しい分野を紹介する。一部はすでにノーベル経済学賞の授賞対象となり、一般の認知度も高まっている有望株といってよい。研究の手法や基本的な考え方は「主流派」とは異なっているが、あえて対立を避け、共存の道を探っている研究者が多い。ただ、現状のまま共存、あるいは相互不干渉の状態が続くのかどうか、注視が必要であろう。

一　行動経済学

行動経済学の創始者とされるのは、イスラエルの心理学者、**ダニエル・カーネマン**（一九三四〜）と**エイモス・トベルスキー**（一九三七〜一九九六）である。人間の奇妙で風変わりな行動パターンを、様々な例を挙げて実証する。「経済人」（ホモ・エコノミクス）を前提に理論を組み立てる主流派経済学からは出てこない発想だ。

行動経済学とは何か。「利己的で合理的な経済人の仮定を置かない経済学」と定義する入門書もある。心理学、社会学、文化人類学、脳神経科学などの研究成果を取り入れ、伝統的な経済学では解明できなかった様々な問題を浮かび上がらせ、新たな仮説や理論を次々と生み出している。

行動経済学の原点となる概念は、アメリカの**ハーバート・サイモン**（一九一六～二〇〇一）が提唱した「**限定合理性**」だ。人間が持つ情報は完全ではない。認知能力にも限界があり、計算処理には費用もかかる。新古典派経済学が想定する「経済人」は虚構であると指摘し、現実の人間像に基づくモデルを作ろうとした。

完全には合理的になれない人間はどのように行動するのか。サイモンはこの問題を解く鍵を「組織」に求めた。人間は完全には合理的になれないが、限られた範囲内なら、客観性と合理性を備えた判断が可能となる。人間の行動の範囲を限定し、合理的な判断を可能にする装置が組織だと考えたのである。

『経営行動』（一九四七）は政治学、公共政策、経営学を網羅した著作だ。経営を意思決定の科学的なプロセスだととらえ、意思決定を「価値」の問題とは切り離して論じている。人間が単独で意思決定をするとき、すべての条件を知り、選択から生じるすべての結果を想定したうえで最善の選択をしなければならない。

しかし、現実には知識は不完全であり、予測は困難だ。行動の範囲にも限界がある。組織に所属し、限られた範囲で合理的な判断を下せる人間像を「**適応人**」と呼んだ。サイモンは、組織に属する人間の意思決定が複雑に見えるのは、組織を取り巻く環境が複雑なためであり、認知能力に限界がある人間が単純に行動しているにすぎないと説明する。

その様子は、巣に向かって海岸を歩くアリに似ているという。アリの歩いた跡はジグザグであり、一見すると複雑だが、アリの認知能力が複雑だからではない。アリは自分の巣がある大まかな方向は分かっているが、情報処理の能力には限界がある。障害物にぶつかるたびに進路を変更しなければならず、ジグザグに進んでいるだけだ。環境が複雑だから、こうした現象が起きるのだ。

サイモンの関心は、経済学、政治学、数学、論理学、物理学と幅広い。カーネギー工科大学（カーネギー・メロン大学の前身）で研究を始めた当初は伝統的な経済学の枠内に収まっていたが、次第に意思決定論や心理学、人工知能（ＡＩ）に対象を広げた。

一九五〇年代に入ると、考える能力があるコンピュータープログラムの設計に注力する。計算をするだけではなく、定理を証明したり、法則を発見したりできるコンピューターの開発を夢見た。『経営行動』で展開した、組織の意思決定に関する分析を発展させたのである。人間の思考プロセスを情報処理のモデルとしてとらえ、人間と同様に情報を処理するＡＩを作るのが目標であった。

その一方、経済学への数学の過度な導入には反対し、「数理経済学や計量経済学がもてはやされるようになった結果、経済学者は二世代にわたって形式的で技術的な問題に取り組んでエネルギーを使い果たし、現実の世界の平凡な問題と向き合う時間を先延ばしにしてしまった」（一九七八年、ノーベル経済学賞の記念講演）と語った。

人間の行動を研究するとき、現実に即したモデルを考えず、自然科学の研究を模倣するだけの経済学にいら立ちを感じていたのである。社会科学者が自然科学の成功例をモデルにする習慣を嘆き、科学にとってニュートン物理学だけが唯一のモデルではなく、経済学の目的にはふさわしいとは思わないとの見方を示している。

サイモンは新古典派経済学を厳しく批判したため、経済学界では限定合理性の概念はあまり浸透しなかった。

「限定合理性」を持つ人間は、どのように行動するのか。明確な仮説や理論を打ち出したのが、カーネマンとトベルスキーである。

才気煥発なトベルスキーと内気なカーネマンは共同研究の成果を次々と発表し、行動経済学の骨格を完成させた。

トベルスキーは一九六〇年代後半、ゲーム理論の基礎をなす「**期待効用理論**」といった演繹的な理論が正しいかどうか、被験者を使った実験で検証した。期待効用理論によると、個人は効用（満足度）の大小だけではなく、水準の差を表す「**基数的効用**」を基準に、選択肢の中から利得あるいは効用の期待が大きい方を選ぶと考える。

被験者の反応は、同理論を打ち消す内容であった。人間は低い確率を過大評価し、高い確率を過小評価する。期待値通りの選択をしないのだ。実験の結果を基に、人間の判断とは、選択肢の相違点に注目しながら望ましくない選択肢を段階的に消去するプロセスであるとする「**側面消去理論**」を唱えた。人間は統一した評価基準で最善の選択肢を一度に選択するわけではないのだ。

カーネマンは、照明の明るさや別の作業を同時にしているかどうかによって、人間の視覚の認知力が変化するかどうかを実験していた。認知の失敗に関する研究といえる。

二人は六〇年代末から共同研究を始めた。人間は、標本と母集団の間には確率の関係が成り立つという統計学の考え方を顧みず、標本と母集団を同一視する傾向があるのではないか。こんな問題意識を基に実験を重ね、「不確実性下の判断――ヒューリスティックとバイアス」（一九七四）と題する論文をまとめた。人間は不確実性を伴う複雑な判断を迫られるとき、数学を使って問題を解くわけではない。ある程度、正解に近い解答を得られるような方法を選んで単純化し、誤りを犯してしまう。これを「**ヒューリスティック**」と呼ぶ。日本語では「思考の近道」、「認知的近道」と訳す。

人間が頻繁に陥る誤りの原因は「**代表性**」、「**利用可能性**」、「**アンカリング**」である。

代表性ヒューリスティックとは、ある集合の中で、代表的あるいは典型的だとみられる事象が起きる確率を実際よりも大きくみる傾向を指す。確率をしっかり計算せず、事象の「ありがちさ」を元に判断してしまう。

利用可能性ヒューリスティックとは、ある事象の確率を、それがどれくらい思い浮かびやすいかで判断し、誤ってしまう傾向を指す。

三番目がアンカリングである。人間は物事を判断するとき、初期値（アンカー）を設定し、修正していくときがある。ところが、いったんアンカーを設定すると、その数値に引きずられ、大きな修正ができない傾向がある。

経済学界に与えた影響が大きかったのは、二人が一九七九年の論文で打ち出した「**プロスペクト理論**」である。プロスペクトは、期待、予想、見通しを意味する言葉だ。

再検討の対象としたのは期待効用理論だ。同理論を検証する実験をすると、理論が導く結果とは別の結果が出る。人間が直観を元に下す判断は、期待効用理論のような「規範的な理論」が示す判断とは食い違ってしまう。

期待効用理論によると、人間は、これから起きる事象と、その事象から得られる効用（満足度）との関係を示す「効用関数」に、その事象が起きる確率を掛け合わせて「期待値」を算出し、期待値が大きい選択肢を選ぶ。

一方、プロスペクト理論では、人間のバイアス（偏見）を考慮した「**価値関数**」を設定し、期待値を計算するときには、主観による歪みを取り入れた「**確率ウエイト関数**」を活用する。価値関数では、主観に基づく「参照点」からどれだけ変化するかを考える。参照点は「現状」とほぼ同じ意味だ。

確率ウエイト関数には、低い確率を過大評価し、高い確率を過小評価する傾向を反映させている。人間は、確実な事象と、高い確率で起きる事象との間には数値以上の差があると認識する。反対に、確実な事象と、低い確率の事象との間には差がないとみなす傾向がある。

期待効用理論の中核をなす効用関数と確率計算に、人間のバイアスや主観といった要素を取り入れ、組み替えた理論といえる。

プロスペクト理論からは二種類の「**認知バイアス**」の存在が浮かび上がる。人間の確率に対する反応は一定ではない。人間は富の水準ではなく、富の変化から効用を得る、の二つだ。

「**損失回避**」の傾向は認知バイアスの代表だ。あるモノの保有に価値を見出し、手放すのを嫌がる「**保有効果**」、ある状態からの移行を嫌がる「**現状維持バイアス**」、外部から与えられたデフォルト（初期）状態をそのまま受け取る「**デフォルト効果**」は、損失回避の例である。プロスペクト理論は画期的な理論ではあるが、期待効用理論を否定する理論ではないといえる。

期待効用理論にはもともと賛否両論がある。フランスの経済学者、**モーリス・アレ**（一九一一〜二〇一〇）が一九五三年、ニューヨークの会議で示した、期待効用理論に反する実験結果は「**アレのパラドクス**（**矛盾**）」としてよく知られている。

アレは四種類のくじの選択を提示した。くじ1（確実に十億フランを得る）、くじ2（十パーセントの確率で五十億フラン、八十九パーセントの確率で十億フラン、一パーセントの確率でゼロ）、くじ3（十一パーセントの確率で十億フラン、八十九パーセントの確率で五十億フラン、九十パーセントの確率でゼロ）、くじ4（十パーセントの確率でゼロ）の四種類である。

被験者にはまず、くじ1とくじ2のいずれかを選ばせ、次いで、くじ3とくじ4のどちらかを選ばせた。多くの被験者は、最初に、くじ1、次に、くじ4を選んだ。ここで、くじ3に、八十九パーセントの確率で十億フランを得られる、くじ5を付け加えると、くじ1と同じになる。さらに、くじ4に、同じく八十九パーセントの確率で十億フランを得られる、くじ5を付け加えると、くじ2と同じになる。つまり、くじ1と3、くじ2と4は本質的には同じなのである。

にもかかわらず、被験者は最初の選択では1、次の選択では4を選んだ。くじ1を選ぶのなら、くじ3を選ばなければならないはずだ。この矛盾を期待効用理論では説明できない。

プロスペクト理論を使えば、アレのパラドクスがなぜ生じるのかを解明できる。演繹的な理論としては期待効用理論の存在を認めるが、現実には人々はヒューリスティックにとらわれ、理論通りには行動しない。その行動原理を説明するのがプロスペクト理論だと位置づけたのである。主流派の経済学を厳しく批判したハーバート・サイモンとは異なり、経済学との全面対決を避けたいとの思惑が透けて見える。

期待効用理論と対比させる形で人間の意思決定の仕組みを定式化したのも功を奏し、プロスペクト理論を受け入れる経済学者は徐々に増えていった。

二人は一九八一年、「アジアの疾病問題」と題する研究結果を発表した。学生に「六百人が死亡すると予想されるアジア病の対策として、二つのうちどちらを選ぶか」を尋ねた。二つの対策は、どちらも生存の「期待値」は二百人だが、対策1（二百人が百パーセント生存）は確実、対策2（三分の一の確率で全員が生存、三分の二の確率で全滅）は確率が絡んでくる、という違いがある。対策1、2の選択肢は同じだが、表現の仕方を変えて（表現A、表現B）別のグループの学生にそれぞれ回答を求めた。

表現A　対策1　二百人が助かる。
　　　　対策2　三分の一の確率で六百人が助かるが、三分の二の確率で誰も助からない。
表現B　対策1　四百人が死ぬ。
　　　　対策2　三分の一の確率で誰も死なないが、三分の二の確率で六百人が死ぬ。

A、Bは同じ内容だが、Aでは「助かる」、Bでは「死ぬ」という表現を使っている。表現Aでは、七十二パーセントの学生が対策1を、表現Bでは、七十八パーセントの学生が対策2を選んだ。同じ内容であっても、表現の違いが学生の意思決定に大きな影響を与えたのだ。これが「**フレーミング効果**」である。フレーミングとは絵画の額縁にあたる。対象のどこに焦点を当てるかで、見え方が変わる。

フレーミング効果を応用できる範囲は広い。例えば、医者が、手術に成功する確率を伝える方が、失敗する確率を伝えるよりも、患者が手術を選ぶ可能性が高くなる。広告や宣伝にも効果を発揮している。

「**心の二重過程理論**」もカーネマンに由来する。心理学では「思考には速い思考と遅い思考の二種類のモードがある」という理論が定着しており、**システム1**と**システム2**、**自動システム**と**熟慮システム**といった呼び方がある。カーネマンはこの理論を発展させ、一般向けの著書『ファスト&スロー』（二〇一一）で解説した。カーネマンの理論は、直観に基づく迅速な反応（システム1と呼ぶ）と、系統立てた熟慮型の推論

（システム２と呼ぶ）を分けるところから出発する。システム１では、複数の情報を独立、分散して処理する。人の顔を認識するときのように、情報のインプット後の処理は速い。個人差が少ないため、古くから進化したシステムだと推測できる。

システム２では、情報を順序立てて処理する。言語や論理の操作にかかわり、処理が遅い。個人差が大きく、新しく進化してきたシステムだと推測できる。

人間は一日の行動の中で、様々な選択をする。そのほとんどは些細な内容であり、状況を素早く判断し、直ちに決断する。しかし、条件反射の判断が正しいとは限らない。

情報に接したとき、システム１が稼働し、ヒューリスティックで処理するとバイアスが生じてしまう。システム２が作動し、システム１の動きを抑制すると、人間は合理的な判断ができる。即時に判断せず、時間をかけてじっくり判断すると間違いが減る。

異なる時点で得られる報酬（あるいは損失）を、どの時点で選ぶかという問題も、行動経済学の重要なテーマである。例えば、消費者は一年後に得る報酬による効用（満足度）に比べて二年後に得る報酬による効用を大きく割り引くが、二年後の報酬に比べて三年後の報酬は大きくは割り引かない。伝統的な経済学では、消費者が将来の報酬を割り引く割合（**割引率**）は時期にかかわらず一定と考える。

アメリカの心理学者、**ジョージ・エインズリー**（一九四四～）が一九九〇年代に実施した動物実験では、割引率が時間とともに変化した。現在に近いと割引率は高く、遠いと割引率が低くなる。時間と反比例する割引の仕方を示す関数を「**双曲割引**」の理論と呼んでいる。

アメリカの行動経済学者、**ジョージ・ローウェンスタイン**（一九五五～）と**デイヴィッド・レイブソン**（一九六六〜）は双曲割引の理論は人間にも当てはまると立証した。人間は報酬を得られる時期が近づくと、割引率を変化させ、目先の利益を獲得しようとする傾向があるのだ。時間の経過とともに「最適な選択」を変化させる性質を「時間非整合」とも表現する。

行動経済学の普及に大きく貢献したのはアメリカの**リチャード・セイラー**（一九四五〜）である。

セイラーは、トベルスキーとカーネマンの一九七九年の論文を読み、人生が変わったと思ったという。思考方法が原因となり、人間は予測可能な誤りを犯す。伝統的な経済学では、人間が犯す誤りは個人に属し、一般には合理的に行動する。全員が経済の原理を熟知しているという前提で予測をすると経済学者は問題にぶつかるとセイラーはみる。

セイラーは二人と積極的に交流して共同研究に取り組み、有力な後継者となった。セイラー自身が開拓した分野の一つが「**メンタルアカウンティング**」（**心理会計**）である。人間は「**最適化問題**」を解くときに、すべての選択肢を比べるのは無理であり、問題を細かく分けて考える。

伝統的な経済学では、お金には区別はなく、収入の方法によって支出に違いはない。心理会計では、例えば働いて得たお金と、宝くじに当たったお金は別の会計に入る。友人にビールを買ってくるように頼むとき、ホテルのバーで購入するときと、海岸の販売員から購入するときでは、最大限に払える金額がホテルの方が高い。消費者は、ある商品を購入するのに納得できる価格（参照価格）と実際の支払金額とを比べ、両者の差額を「取引効用」と感じるのだ。心理会計はプロスペクト理論を補強する概念だといえる。

セイラーとアメリカの法学者、**キャス・サンスティーン**（一九五四〜）は二〇〇八年、「**リバタリアン・パターナリズム**」の思想を提唱した。自由主義を唱え、政府の介入をなるべく小さくしようとする「リバタリアン」の考え方と、知識や情報を多く持つ政府が介入し、人々の選択を制限するべきだとみる「パターナリズム」の考え方を両立させようとする思想である。

「人々は自分が望まない取り決めを、オプト・アウト（拒絶の選択）する自由がある」と主張する点ではリバタリアン、「人々が長く、健康で、よりよい暮らしを送れるように政策を通じて人々の行動に影響を与えようとするのは当然だ」と唱える点ではパターナリズムに依拠している。

リバタリアン・パターナリズムを実現する手法が「**ナッジ**」である。ナッジとは、注意や合図のために人の横腹を肘でやさしく押したり、軽く突いたりする行為を指す。望ましい選択の方向が明らかなとき、その選択肢を上の方に記載して選びやすくするように設計するが、その選択肢を拒絶する自由を与えるのだ。

ナッジはイギリスの政治家の関心を呼ぶ。**デイヴィッド・キャメロン**首相（一九六六〜）は二〇一〇年、「ナッジ・ユニット」を立ち上げた。ユニットはまず、税金の滞納者に納税を促す運動を始めた。滞納者に送る督促状の表現を少しずつ変えたところ、「ほとんどの人は税金を期限内に支払っているが、あなたは今のところまだ納税していない非常に少数派の一人だ」と訴える督促状を受け取った人々の納税率が上昇し、督促の効果が大きかった。

セイラーは「**社会的選好の理論**」の確立にも貢献している。社会的選好とは、相手への気遣いを意味する。標準経済学の世界では、人々は自分の利益だけを考えて行動するが、人々は現実には公平性や他者の利益も考えながら選択する。セイラーは被験者を集め、ゲームによる実験を実施した。人々は匿名でも他者に公平に対応し、他者に不公平に対応した人を処罰するためには自分がコストを払ってもよいと考える傾向があると明らかにした。公平性を重んじる人間の気持ちが、市場経済の中でどのように作用するかを分析の対象としたのである。
市場が最も効率的に働くとみられているのは金融市場や株式市場だ。人間はそこでも非合理に行動している。セイラーは金融市場や株式市場での人間の非合理性を研究する「**行動ファイナンス**」と呼ばれる分野も発展させてきた。毎年一月に株の収益率が高まる「**一月効果**」は研究成果の一つ。個人投資家が陥りがちな「**ディスポジション効果**」の存在も明らかにした。個人投資家は含み益が発生しているとリスク回避の傾向を強めて早めに利益を確定し、含み損が発生するとリスクを愛好する傾向を強めて損切りが遅れるというのだ。

本節の最後に、行動経済学と標準経済学の関係について改めて整理しておこう。行動経済学の出発点は「経済人」の仮定の否定である。経済人の仮定は、標準経済学の根幹にかかわるのだから、素直に考えれば行動経済学は「異端派」のはずである。実際に行動経済学の原点にある「限定合理性」の概念を唱えたハーバート・サイモンは一九七八年にノーベル経済学賞を受賞したものの、「限定合理性」の概念が経済学界の主流派に受け入れられたとは言い難い。

トベルスキーの死去後、カーネマンが二〇〇二年にノーベル経済学賞を受賞すると、行動経済学は脚光を浴びたが、主流派の中にはなお、行動経済学に冷ややかな視線を注ぐ経済学者が多かった。二〇一七年にはセイラーもノーベル経済学賞を受賞し、世間での認知度はさらに高まったが、行動経済学と距離を置いたり、批判したりする経済学者は依然、少なくないのが実態である。

そんな状況の中でも、ノーベル経済学賞の授賞にこぎつけ、多くの大学が行動経済学を正式科目として認定するようになったのは、セイラーの努力の賜物だとみられている。セイラーはカーネマンらとともに、アメリカのアルフレッド・P・スローン財団、ラッセル・セージ財団の支援を受けて研究プログラムを推進し、経済学の学術誌で行動経済学のコラムを連載した。主流派の経済学者たちとの対立を避けながら、存在を認知してもらおうとしたのである。

セイラーらの振る舞いは、経済学界における主流派と異端派の関係を考えるうえでも示唆に富む。仮にセイラーらが、主流派の「経済人」を攻撃する姿勢に終始していたら、行動経済学は現在のポジションを確立できなかったのではないか。本書の最終章でもこの問題を取り上げるが、ある学説や理論が学界で「主流派」として認められているのはそれが「普遍的な真理」だからではない。

二　神経経済学

行動経済学と関連が深く、近年、急速に発展している分野が神経経済学である。人間の意思決定の仕組みを、脳の働きから解明しようとする研究で、神経科学、認知心理学といった経済学以外の研究領域と連携しながら成果を生み出している。

伝統的な経済学では、経済人の仮定を置いて、経済行動に関する意思決定を論じる。したがって、意思決定のメカニズムは「ブラックボックス」とみなし、中身には踏み込まなかった。

一方、脳科学（神経科学）の研究者たちは従来、お金や食べ物といった「報酬」を得るために、動物や人間がどのように意思決定するのかを調査してきた。ここでいう報酬は、現代経済学の中核をなす概念であるインセンティブとほぼ同じ意味である。

神経経済学の先駆者と目されているのが、アメリカの**ポール・グリムチャー**（一九六一〜）である。専門は神経科学で、「眼科生理学」の研究に携わり、目の回転を制御する脳神経細胞の構造を明らかにした。

ほとんどの経済学の研究者は当初、脳科学の研究成果には関心を示さなかった。経済学の方法論の前提を問うような研究に近づかないのは、当然の反応といえるだろう。

ところが、二十一世紀に入り、人間の「非合理性」に目を向ける行動経済学が台頭すると変化が訪れる。行動経済学を奉じる経済学者の間では、伝統的な経済学がブラックボックスとしてきた、人間の意思決定システムそのものに着目する研究が盛んになった。グリムチャーらの研究手法に注目する経済学者が増えたのである。

人間をはじめとする動物の行動は、お金や食べ物といった「報酬」に大きく左右される。二十世紀初頭には動物を使って報酬の効果を確かめる実験が盛んになった。ロシアの生理学者、**イワン・パブロフ**（一八四九〜一九三六）はベルを鳴らすと同時に犬に餌を与える実験を繰り返すと、犬はベルを鳴らすだけで唾液を出すようになる事実を発見した。

アメリカの心理学者、**エドワード・ソーンダイク**（一八七四〜一九四九）は、レバーを押すと外に出られる仕組みの箱に猫を入れ、猫が偶然、レバーを押して外に出ると餌を食べられる状態にした。すると、猫がレバーを押して外に出るまでの時間が短くなることが分かったのである。これを「道具的条件付け」という。

さらに、アメリカの心理学者、**バラス・スキナー**（一九〇四〜一九九〇）は道具的条件付けを定式化し、報酬の効果を「ある刺激と、報酬を伴う反応との間の連合を強め、その反応が起きる確率を高める」と定義した。

このように、「実験心理学」は主に動物を調査の対象とし、報酬と行動の関係を調べてきた。報酬の属性を変化させると、動物の意思決定（行動）がどのように変化するのかを調べてきたのである。

近年になると、動物から人間へと実験の対象が広がってきた。機能的磁気共鳴画像法（ｆＭＲＩ）をはじめ、脳に外科手術をしなくても人間の脳の様子を計測できる技術が発達してきたためである。最先端の技術を使えば、人間が経済活動をしているときの脳の働きを解明できるのだ。

脳の働きとは、神経細胞が情報を伝達し、処理するプロセスである。その仕組みが分かれば脳の働きを突き止められる。ｆＭＲＩは、脳内の神経活動による血流の変化を、磁場の変化から測定して画像にする手法であり、活用する研究者が増えている。

脳の働きを解明する際に、多くの研究者は、脳の部位と、機能の関係に着目している。脳の各部位と機能との関係を明らかにする「脳機能マッピング」は研究の土台となる。例えば、効用関数を担っているのは、脳のどの部位かを調べている。

哺乳類で発達している前頭葉は、記憶や感情、理性など高次な認知機能に関わっている。複雑な機能には脳の複数の領域が関わり、領域間で情報をやり取りしていることも分かっている。

経済学で利用されている「時間選好」はもともと心理学の概念である。したがって、時間選好に関わる脳の働きを調べる研究には蓄積があり、脳内物質のセロトニンが「衝動的な選択」に関わることは古くから知られている。さらに、特定の脳部位が「衝動性」に関係するという研究結果も多い。

被験者のセロトニンのレベルを人為的に操作し、すぐに得られる少額の報酬、得るまでに時間がかかる高額の報酬を選ばせ、脳の活動との関係を調査した。セロトニンのレベルが低いと被験者は、すぐに得られる少額の報酬を選ぶ頻度が高い。

ｆＭＲＩを活用し、今日の十ドルと一カ月後の百十ドルのどちらかを選ぶときの脳の活動を調べた研究もある。すべての選択で、前頭葉の外側部や頭頂葉などの理性に関わる部分が活発に活動していたが、目先の選択をしているときは、線条体や前頭葉の内側部など情動に関わる部分がより活発に動いていた。人間の脳には、理性に基づく選択をつかさどる部位と、衝動に従う選択をつかさどる部位が存在する。複数の基準に従って選択する個人の存在を示唆する結果だが、これは伝統的な経済学の「経済人」の概念とは大きく乖離するのは言うまでもない。

「学習」も重要な概念である。伝統的な経済学のモデルでは、経済主体は完全情報を得ており、効用を最大にするように行動するため、学習は不要だ。現実には、経済主体が持つ情報は不完全であり、手持ちの情報を基に予測したり、経験から学んだりする必要がある。

人間や動物の意思決定に関する数理モデルとして「強化学習理論」が脚光を浴びている。将来にわたって得られる報酬の総額を最大にするような行動を試行錯誤の中で学習するモデルだ。

強化学習は、価値づけ（＝価値判断の基準を設ける）、価値に基づく行動選択、予測誤差（＝予想通りのタイミングで報酬を得られない）の計算と価値の変更、という三段階で進む。それぞれの段階が、脳のどの部位で進行しているのかを調べるのである。ｆＭＲＩを使って調べたところ、線条体や前頭葉が予測誤差を表現していることが判明した。

神経経済学は行動経済学と二人三脚で様々な知見を生み出しているが、経済学界の中には、警戒する声もある。

先述したように、行動経済学は、主流派とうまく折り合いをつけながら、学界の中で地歩を固めてきた。人間の行動に着目し、ブラックボックスとされてきた「合理的な選択」という前提条件の「拡充」に成功している。あくまでも「拡充」であり、「否定」ではないと強調しているところがポイントだ。

神経経済学はどうだろうか。fMRIを駆使した実験には、「合理的な選択」の補強にはならないとの批判は根強い。人間の行動は脳の働きによって決まるという命題が正しいとしても、そこから経済学の知見は得られないというわけだ。

脳の部位と機能とを結びつける議論には限界もある。意思決定のような高度な活動には脳の様々な部位がネットワークを形成して関わっている。同じ部位でも、複数のネットワークに関わり、どのネットワークに加わるかによって働きが異なる。ある人間を取り巻く環境が変化すると脳の働きが変わる可能性も指摘されている。

先端技術を活用し、脳の働きと人間の行動の関係を解明する研究は今後ますます活発になるだろう。ただ、その知見が経済学に十分、取り入れられるのか、あるいは経済学を凌駕するのかはなお不透明だ。

三　新制度派経済学

主流派の経済学にとって歴史や制度は鬼門だった。ワルラスの一般均衡理論を筆頭に、新古典派はモデルから時間の要素を切り離して静態の世界を作り上げ、数学を使ってモデルを演繹的に展開する。

異端派は「経済現象は歴史や制度と深く結びついており、静態モデルは現実から乖離していて意味を持たない」と批判してきた。その代表が、第V章で紹介したソースティン・ヴェブレンらの制度派である。両者の議論は平行線をたどり、制度派が勢いを失うにつれ、主流派は従来の世界を堅持した。

この流れを変え、主流派の内部から制度の問題に取り組むきっかけを作ったのが、イギリス出身の**ロナルド・コース**（一九一〇～二〇一三）だ。『企業の本質』（一九三七）で、会社はなぜ存在するのかという疑問に答えたのである。下請け会社といった外部に発注すればよい仕事まで社内で抱える企業が多いのはなぜだろうか。

答えは明快だった。とにかく費用を減らしたい会社は、外部に発注すれば安いときは外部に出す。ただ、外部との契約通りに仕事が進まないときもあるだろう。外部との交渉には手間と時間がかかる。「**取引費用**」が存在するのだ。

コースは、市場が価格調整を通じて資源を配分するメカニズムであるという主流派の認識を受け入れつつも、企業という組織が、市場とは異なる資源配分のメカニズムを形成しているとみたのである。そのうえで、市場とは異なる資源配分のメカニズムが存在する理由を「取引費用」に見出したのだ。

企業が担っている業務をすべて外部との取引(市場取引)に置き換えると仮定してみよう。企業で働く人々は、それぞれ外部と交渉し、契約し、取引をしなければならない。企業が存在すれば、契約の数は減る。企業内部で仕事をこなすか、外部に発注するのかを「取引費用」を見比べながら決めればよい。

新古典派の伝統的なモデルでは企業の内部にはあえて立ち入らない。物理学のモデルを理想とし、模倣したためである。コースは、この伝統に風穴を開けるとともに、主流派のモデルの「拡充」に大きく貢献したといえる。

コースの研究を発展させたのが、アメリカの経済学者、**オリバー・ウィリアムソン**（一九三二〜二〇二〇）である。「**不完備契約**」、「**関係特殊投資**」という概念を打ち出した。

不完備契約とは、契約の複雑さを意味している。企業が外部と取引するとき、必要事項を事前にすべて契約書に盛り込むのは難しい。起こりえるすべての事態を事前に盛り込んだ契約が「完備契約」だが、現実には存在しづらい。

関係特殊投資とは、取引の相手にしか価値を持たない投資を指す。例えば、ある製品用に特殊開発した部品のための生産設備への投資が該当する。仮にその製品の製造がストップしたら、部品用の設備投資は無駄になってしまう。

B社がA社との取引のために関係特殊投資をするとき、取引の契約を結ぶ前は対等な関係だ。ところが、不完備な状態の契約を結んでしまった後に、B社が関係特殊投資をすると、利益をめぐる事後の交渉でB社は不利になる。不完備契約と関係特殊投資に伴う事後交渉で、B社は損失を被る可能性があるのだ。

こうしたときは、企業同士が経営統合し、企業の内部で取引を実行することで損失を減らせると結論づけたのである。

一九八〇年代、コースとウィリアムソンの「制度の経済学」はゲーム理論と結びつき、「契約と組織の経済学」が広がる。ゲーム理論を活用すると、企業に所属する人間同士の相互作用を分析しやすいためだ。

イギリス出身の**オリバー・ハート**（一九四八〜）らは、ウィリアムソンの議論を、ゲーム理論を使って定式化し、企業の境界に関する「**財産権アプローチ**」を提唱した。不完備契約、関係特殊投資、利益の配分をめぐる事後交渉の三つがそろうと、事後交渉で自分の取り分が減ってしまう恐れから、関係特殊投資を小さくする「**ホールドアップ問題**」が発生することなどを明らかにしている。契約理論は、ゲーム理論という武器を手にし、経済学界に一層深く根を下ろした。

コースが残した業績のもう一つの柱は「**コースの定理**」と呼ばれる命題だ。一九六〇年の論文では、環境汚染などの「**外部不経済**」の問題が発生するとき、損害を被る側の土地などの所有権が明確なら、政府が介入しなくても当事者同士の交渉で解決できると主張した。そこで挙げたのは、農家と牧場の例である。

農家と牧場が隣接していて、牧場の牛が農家の穀物を荒らすとき、両者が事業を継続するか、どちらか、あるいは両方が事業をやめるときの資源配分や、損害賠償が発生するときの所得配分を検証した。

両者が事業を継続し、牧場主に損害賠償の責任が生じる場合と、責任が生じない場合を比べると、どちらでも社会全体の資源配分は変わらないが、所得配分は変わる。前者では、牧場主は農家へ賠償金を支払うために収益が減少し、農家の収益は変わらない。後者では、農家の収益は減少するが、牧場の収益は変わらない。損害賠償の有無に関係なく、社会全体の収益は変わらないが、農家と牧場の所得配分は損害賠償の責任の有無によって変わる。

コースの定理は、当事者間の交渉に取引費用が存在しない前提では成立するが、取引費用が存在すると資源配分は変化し得る点には注意が必要だ。

共有地には自由にアクセスできるので、環境破壊が起きやすい──。アメリカの生物学者、**ギャレット・ハーディン**（一九一五〜二〇〇三）が一九六八年の論文で問題を提起し、「**コモンズの悲劇**」として広く知られるようになった現象だが、それ以前から議論は続いている。アーサー・セシル・ピグーは一九二〇年、「共有資源に関わる活動への課税」を提案した。コースの一九六〇年の論文によると、「共有資源の民営化」が問題の解決策となる。

この議論を発展させたのが、アメリカの**エリノア・オストロム**（一九三三～二〇一二）だ。コモンズの悲劇の三つ目の解決策に、自主管理がある。共有資源に利害関係を持つ当事者が自主的に管理するための組織を作るのだ。オストロムは自主管理組織の事例研究を積み重ね、成功のための条件を模索した。

オストロムが研究対象に選んだ「自主管理」は、第Ⅴ章でとり上げた、カール・マルクスのアソシエーション（協同社会）や宇沢弘文の「社会的共通資本」、斎藤幸平の「脱成長コミュニズム」に通じる概念だと読者は気づくだろう。学派や世代の垣根を取り払ってみると、新たな視点や発想に出合えるのではないだろうか。

二〇〇九年にノーベル経済学賞を受賞したウィリアムソンとオストロムは「**経済的ガバナンス**」の確立に貢献したと評価された。経済的ガバナンスとは、経済活動を支える制度を意味している。市場だけではなく、企業や政府も経済活動の基盤となる制度なのだ。主流派は、新古典派理論を保持しながら、長年の懸案だった「制度」を内部に取り込んだといえよう。旧来の制度派と区別する意味で「新制度派経済学」とも呼ばれる。

新制度派は、市場以外の制度が市場システム全体を支えているとの見方を示し、ゲーム理論とも結びついて新たな知見を生み出してきた。

主流派が制度の問題にも翼を広げられたのは、先駆者のコースらの貢献が大きいが、時代の潮流も作用している。一九八〇年代、日本やアジア新興国が躍進し、アメリカは衰退の道をたどっていた。米ソ冷戦が終了し、一九九〇年代に入ると旧社会主義諸国は資本主義への移行を進めた。資本主義VS社会主義、市場経済VS計画経済という構図は崩れ、資本主義VS資本主義という構図が鮮明になってきた。

資本主義の中で、市場システムをうまく機能させるためには、どんな制度が必要なのか、という議論が活発になったのである。

議論はさらに進む。制度が誕生した経緯、変化や、国や地域による違いに目を向ける理論が登場したのである。「**比較制度分析**」と呼ばれる分野だ。

ただし、比較制度分析は文化や慣習の違いを強調するわけではない。開拓者である**青木昌彦**（一九三八〜二〇一五）は「多元的経済の普遍的分析を目指すもの」と説明した。一見すると国や地域によって様々に枝分かれしている制度を統一した理論で説明し、どのように枝分かれするのかを解明するというのだ。青木は比較制度分析の開拓者は、『企業の本質』を書いたロナルド・コースだと指摘している。

比較制度分析が依拠しているのは、やはりゲーム理論である。ナッシュ均衡の概念と、進化ゲーム理論の手法を活用している。進化ゲーム理論は、多様な制度が共存する状況を、地球に多様な生物が存在している状況とのアナロジーでとらえる。

ゲームのプレイヤーは、自分の利害を正確には知らず、自分の行動が最適かどうかを見極める能力にも限界がある存在だと考える。「限定合理性」を前提にするのだ。

プレイヤーは社会の中で様々な他のプレイヤーと出会い、ゲームのプレイを繰り返す。そして、最も有利だと考える戦略を徐々に模倣し、最後に均衡状態（ナッシュ均衡）に到達する。

ナッシュ均衡には様々なパターンがあり、「囚人のジレンマ」モデルのように均衡点が一つになるときもあるが、均衡点が一つとは限らないときもある。詳細は省くが、「**複数均衡**」は、国や地域によって制度が異なる状態とぴったりと合う。

人々が左側通行をするか、右側通行をするかの例で考えてみよう。ゲーム理論を活用すると、初期の時点で、どの程度の割合の人が左側（あるいは右側）通行をしているか、という条件によって、最終的に左側通行に収斂していくか、右側通行に収斂するかに分かれる。これを「**経路依存性**」と呼ぶ。社会の中で、慣習が定着していくプロセスを表現している。

比較制度分析の射程は広い。各国経済が多様性を保ちながら進化してきた姿を、文化や価値観といった要因によらずに描けるからである。例えば、日本の雇用制度の特徴である終身雇用は、大多数の企業が採用しているため、個々の企業も採用するのが望ましく、社会全体に定着している状態なのだと説く。

「**制度的補完性**」という概念も重要だ。経済システムを構成する様々な制度は相互に補完し合っている。第二次大戦後、連合国軍最高司令官総司令部（ＧＨＱ）は復興金融公庫を停止し、長期資金は株式市場から、短期資金は銀行借り入れで賄うという長短分離の構造を確立しようとした。ところが、統制経済の下で株主を軽視する経営を続けてきた企業は株式市場で信頼を得られなかった。株価が下落し、株式が買い占められる可能性が高まった。そこで、買い占めを防ぐために、企業グループ内で株式を保有し合う株式持ち合いが広がったのである。

株式持ち合いは日本企業の経営に安定をもたらした。同時に、内部昇進制度、長期雇用、企業内組合といった制度が出来上がり、様々な制度は補完性を持つようになった。「**日本的経営**」が高い成果を上げていたときはよいが、低成長期に入り、日本型システムを変革しなければならなくなると、厄介な問題が生じる。様々な制度は補完性を持っているため、一気にすべてを改革するのは困難だ。青木は、様々な制度の中で最も影響力が大きい制度を特定し、そこに手を入れることで、諸制度をドミノ倒しのように倒す方法を提案している。

アメリカの経済学者、**ダグラス・ノース**（一九二〇〜二〇一五）はコース、ウィリアムソンとともに、新制度派経済学の創始者の一人と称される。『経済史の構造と変化』（一九八一）では、「制度」の進化論の観点から、人類一万年の歴史を描き出している。ノースは「ヨーロッパが繁栄し、その他の地域が繁栄しなかったのはなぜか」と問い続け、その答えを「制度」の違いに見出した。

ノースによると、制度とはゲームのルールである。例えば自動車が右側通行か左側通行なのかはどちらでもよい。みなが同じ側を走行すればよいのだ。右側通行か、左側通行かはまさに制度である。

制度は、人間が選択できる行動の範囲を定め、制限する。人間が相互作用をする際に発生する不確実性を減らし、安定した構造を作り出す。人間の行動の一部を制限することで、相互作用をしやすくするのである。

制度がいったん決まると、簡単には変更できなくなる。日本が自動車を左側通行にしたのは、イギリスの制度にならったためであり、偶然の産物である。それでも、いったん左側通行になると、右側通行に変更するのは極めて難しくなる。

人間が商品を売買するとき、取引の相手を探す、商品の質を確認する、相手と交渉して売買契約を結ぶ、契約が履行されるかどうかを確認する、履行されないときは強制する手続きを取る、といった行動が必要だ。一連の行動を「取引費用」と考えることができる。取引費用が少なければ、安心して取引に参加できる。

さらに、商品を売買するときに、自分の財産を所有し、自由に使い、売る権利が守られなければならない。所有権が確立していないと、売買契約は不確実となり、安心して売買ができなくなる。

ヨーロッパをはじめとする先進国と、発展途上国との経済格差は、ヨーロッパ諸国は早くから取引費用を節約する法や経済制度を発展させ、所有権を保証してきたためだと、主張した。

だからこそ政府は契約の履行を促し、企業や個人が約束を守れる環境を整えるべきだ。各国には公式な制度以外にも様々な非公式な制度があるが、経済発展を促すより、妨げている制度が多い。公式な制度も非公式な制度も、時間の経過とともに変化する。経済学者は歴史を学び、各国の制度の変化に注目するべきだと説いたのである。

個人のレベルでは、「信念」の役割を強調した。ここでいう信念は経済学の用語であり、一般の用語では「期待」の意味に近い。人々は、不確実性が高い現実を認識すると、信念を変える。その結果、政策や制度を変更し、再び現実を認識する。このプロセスの繰り返しが、制度の変化なのである。

人間は制度や制度の変化による効果を予測し、成果を上げるために制度を変更する。しかし、そこには予期せぬ結果が表れる。信念と制度との間にずれが生じると、人間は学習や模倣によって思考習慣を改め、新たな思考習慣を確立する。新たな思考習慣は新たな意図や選好を生む。そして再び制度を変更する。制度の変化は歴史と結びつき、人間の認知や学習とも密接に関連しているのである。

ノースは晩年になるにつれ、新古典派を批判する姿勢を強めたが、放棄はしなかった。新古典派の希少性、競争の仮定を維持しつつ合理性の仮定を修正し、時間の概念を追加したといえる。

新制度派は、新古典派の鬼門であった制度の問題を内部に取り込み、一段と盤石にする役割を果たしたとの見方もできるが、旧来の制度派が指摘してきた新古典派の限界を完全に克服したとまではいえない。

新制度派は新古典派の内側から、旧制度派は外側から制度の問題に取り組み、様々な論点や豊饒な研究成果を導き出してきた。両者が焦点を当てる問題や、提案する解決策の一部には共通点もある。経済学を有効活用したいと考えるなら、どちらか一方を無理に切り捨てる必要はない。

第Ⅶ章　経済学の多様性

現代経済学は様々な批判を受けている。本章で取り上げるのは、主に、経済学の専門家ではない人からの、主流派の経済学に対する批判である。主流派の経済学は圧倒的な勢力を誇っているだけに、批判の対象にもなりやすい。現代経済学を批判する人の多くがイメージしているのは、主流派に連なる経済学であろう。批判する人や、その人が置かれている立場によって内容は様々だが、批判には一定のパターンがある。経済学との付き合い方を探る前に、経済学のどこが批判の対象となっているのか、改善する余地はないのかを、まとめておこう。

一　エコン族の生態

経済学を学び始めた学生などから「教科書には数式やグラフが並んでいて理解しづらい」という声をよく聞く。数式やグラフを使うのは、第Ⅱ章で触れたように、ある仮定を置き、演繹的に議論を展開して結論を導き出すためだ。専門家にとっては有益な結論を導き出すうえで欠かせないプロセスなのだが、一般の読者からすると、理解不能な言語が並んでいるのとあまり変わらない印象となる。数式でしか表現できない要素は確かにあるが、できるかぎり言語でも表現する努力を専門家はするべきであろう。

数式は経済理論やモデルを構成する重要な要素でもある。数式を駆使し、美しいモデルや理論を作り上げるのは、一種の職人芸であり、プロの経済学者にとって腕の見せどころといえる。

話を先に進める前に、一冊の本に言及したい。**佐和隆光**著『経済学とは何だろうか』である。著者の佐和（一九四二〜）は一九六〇年代初頭からアメリカと日本で経済学の研究や教育に携わってきた経験を「経済学にとって起伏に富んだ二〇年であり、経済学に対する私自身の考え方も大いに転変をとげてきた」と振返りつつ、経済学を専攻した当初から抱いていた「経済学とは何だろうか」という問いに自分なりの答えを出すべく同書を執筆したという。

初版は一九八二年で、刊行と同時に大きな反響を呼んだ。経済学界を取り巻く環境はその後、大きく変化してきたが、同書は、経済学という学問の本質を鋭く抉り出しており、現代経済学にも通じる内容が多い。本章では「経済学のどこが批判の対象になっているのか」を説明していくが、主な論点は同書に書き尽くされているといっても過言ではない。同書の論点を参照しつつ、それ以外の論点も視野に入れながら、経済学に対する批判を総括したい。

同書を貫くキーワードは「制度化」だ。制度化とは、社会で容認された組織体になることを意味している。経済学は一九五〇〜六〇年代のアメリカで「制度化」に成功した。経済学の理論の現実味は、その時代と社会の文脈に強く依存する。当時のアメリカ社会に固有の文脈に経済学が見事なまでによく適合していたのである。

当時の経済学の主流は、不況時には政府の介入を求めるケインズ経済学と、平時には市場の働きに任せる新古典派経済学を折衷した「新古典派総合」の経済学である。ポール・サムエルソンらのアメリカの経済学者は新古典派とケインズ経済学を車の両輪とし、制度化に成功した。

六〇年代は科学と技術に対する盲目的な崇拝が頂点に達した時代である。あたかも自然科学のように数学を駆使し、古典からではなく標準的な教科書から学び、専門の学者は著書ではなく、学術誌に掲載される論文によって業績を競う。経済学者たちはアメリカでこの仕組みを作り出し、大学を中心に居場所を確保する。経済学を奉じる学者共同体がアメリカ社会に根を下ろしたのだ。

なぜ、社会科学の中で経済学だけが教科書を成立させ、自然科学や技術のように制度化できたのか。経済学では数量的な方法が有効だったためである。十七世紀初頭、**ガリレオ・ガリレイ**（一五六四－一六四二）は自然を、定量的な性質である第一性質と、色、におい、味など数量化できない第二性質に分類し、第二性質を除外して第一性質だけを考究の対象にしたことで、近代科学の方法を確立した。「自然という書物は数学の言語で書かれている」と語ったのはガリレオであり、十七世紀末にはニュートン力学として開花した。

数式の体系（モデル）を演繹的に展開し、何らかの命題を導くという古典力学の方法を忠実に踏襲し、理論体系を作ったのが、経済学なのだ。

一九七〇年代初頭、スウェーデン生まれの経済学者、**アクセル・レイヨンフーヴッド**（一九三三～二〇一二）は「エコン族の生態」と題する論考を書き、話題となった。数式やモデルを構築する技を磨き、専門家としての地位を確立した経済学者たちを揶揄する内容であり、佐和は傑作だと評価する。

論考では、六〇年代に出来上がった経済学者の世界の生態を「極北の広大な地に居住する民族」の生態になぞらえている。

エコン族とは経済学者の集団を指す。先祖伝来の極北の地に居住する民族であり、隣国のポルスシス族（政治学者）やソシオグス族（社会学者）に対して優越感を持つ。極端に排他的な民族であり、よそ者に対する不信を共有して連帯を保っている。共同体の内部でも身分志向が強い。

内部での階級はフィールド（専攻分野）によって決まる。階級内での序列は、モドゥル（数式によって表す経済モデル）作りの腕前で決まる。モデルの大半は実際の役には立たず、神前に供える御供（学術誌の陳列物）として使うだけだ。

マス・エコン（数理経済学）、ミクロ（価格分析）、マクロ（国民所得分析）、デブロプス（経済発展論）、オー・メトルズ（実証的研究）といった階級がある。最高位はマス・エコン階級で、部族の司祭としてあがめ奉られている。デブロプス階級はモドゥル作りが下手、オー・メトルズ階級は汚らわしい手仕事に従事するために、下位に位置づけられている。

ただし、階級間でけなしあうのが、エコン族特有の風習であり、部族の階級構造は単純明快ではない。各階級を特徴づけるのはモドゥルだ。どんな種類のモドゥルを信仰するかによって、各人が所属する階級が決まる。特定のモドゥルを階級のトーテム（物神崇拝物）とみなす信仰システムは宗教的だが、いまや信心なき宗教という矛盾がらみの状況に直面している。それを科学的とみる素朴な見方もあるが、大半の民俗学者は、「疑似科学性」を指摘している。

経済モデルとは何か。佐和のガイドに従って、ここで改めて整理しよう。一般性を重んじる経済学では、特定の時間や場所と結びついた経済の実態に関する叙述は、理論の教科書の題材にはふさわしくない。教科書に掲載されるのは、時空を超えて成立するモデルと、モデル分析である。モデルとは、ラテン語のモドゥスに由来し、中世では建築の測定単位だった。やがて製作の見本という意味で使われるようになった。その後、科学や技術の分野でも、モデルという概念が広く使われるようになる。

モデルの日本語訳は模型である。模型には原型があるはずだ。モデルとは原型の写像であり、原型を構成する要素あるいは部分の間に成り立つ関係を映し出す写像といえる。

優れたモデルだと評価されるためには、いくつかの要件を満たす必要がある。第一に、数学的な審美眼から見た美しさ。あまりにも複雑で明晰さを欠くモデルは好まれない。モデルに盛り込まれた仮定や前提と、そこから演繹される結論との対応関係が意外性を持つと、モデルの美的な水準が高まる。経済学の学術誌には、先人が作ったモデルの仮定を取り除いたり、弱い仮定で置き換えたりする論文が並んでいる。その多くは、数学的な洗練度を高めるためだけの論文といっても過言ではない。

第二に、現実の経済のモデルとして、それなりの現実味（リアリティ）を持つこと。現実の経済に関する常識から生まれる直観とは全くかけ離れた、荒唐無稽な代物であっては困るのだ。しかし、モデルを現実に近づけようとすればするほど、多くの変数がモデルに加わり、数式は複雑になり、処理が難しくなる。数式の処理がやさしく、かつ意外性に富む結論を演繹するようなモデルを作ろうとすると、モデルの現実味は薄れていく。

二律背反ともいえる条件を満たすモデルを作れるかどうか。数式の処理がやさしく、それ相応の現実味を持つモデルを作る技能を持つ経済学者が、名人と認められる。

第三の条件は一般性である。一般性を持たないモデルは、やがて忘れられ、淘汰される。一般性を備えるモデルは、改変を加えられながら、様々な経済現象の分析に活用され、作成者（著者）の名前とともに生き残っていく。

エコン族の生態に戻ろう。エコン族が他の部族に対して優越感を抱いているのは、モデル作りの技量にたけていると自負しているためだ。

モデルを重視する姿勢は、大学院教育にも色濃く反映している。エコン族の若者たち、グラド（大学院生）は、デプト（大学の経済学科）の長老が気に入るモドゥルを作り上げて初めて一人前の成人（経済学者）としての認知（博士号）を得られる。成人後も、モドゥル作りに精を出し、モドゥル職人としての技量を長老たちに誇示しようとする。そうしないと、政治の中心地や豊かな村（有名大学や有名研究所）から追われてしまう可能性があるからだ。

現代の経済学界の様相は、レイヨンフーヴッドが描き出した当時の姿と比べると、かなり変化しているのは確かだ。数理経済学を頂点とする学界内の序列は崩れ、実証分析に携わる学者が急増した。数式を駆使したモデルさえうまく作れば、学界で評価される時代は過ぎ去っている。

それでも、経済学界の本質は変わっていないのではないか。「制度化」に成功した大学という組織の中で、一般社会とは隔絶した独自の序列を作り上げ、名人芸を競い合う「エコン族」の生態は、決して過去の描写とはいえない。数式やモデルを偏重する傾向は弱くなったといっても、経済学の教科書には、数式やグラフが並んでいる状況は変わらない。そもそも経済学の実証分析の基礎をなすのは、計量経済学の「モデル」である。計量経済学を専門とする経済学者は、モデルを「高度化」しようと知力を振り絞っている。

「象牙の塔にこもっている学者」という批判は、経済学界だけに向けられるべきではないが、経済という身近な題材を扱っているはずの経済学が、一部の専門家が生きていくための道具になっている現状に、多くの人が不満を感じ、結果として経済学を遠ざけるのも無理はない。

同書は、アメリカでの経済学の制度化を俎上に載せた後、日本の事情にも言及する。日本の経済学界が新古典派経済学を柱とする「近代経済学」の摂取を始めたのは一九三〇年前後である。当初はヨーロッパからの直輸入であり、経済学を科学とみなす風潮は乏しかった。マルクス経済学の勢力が強かった日本では、近代経済学は「異端」であり、異端派の経済学者たちはレオン・ワルラス、カール・メンガー、ウィリアム・スタンリー・ジェヴォンズ、アルフレッド・マーシャル、ジョン・メイナード・ケインズらの古典を翻訳し、解読する作業に精力を費やしていたという。

日本の近代経済学がささやかながらも「社会で容認される組織体」となったのは一九五〇年前後である。多くの経済学者が一九五〇年ころからアメリカを訪問し、制度化に成功した経済学の姿に感服した。アメリカの経済学を模範に、日本の経済学も制度化を急ぐべきだとの意を強くしたのである。

ただ、世間一般の識者の間では、近代経済学の理論は「玩具の豆鉄砲」であるとの見方が大勢だった。アメリカで主流派を形成した新古典派総合の経済学を日本も輸入したものの、新古典派の基本的な枠組みは、日本の知性や日本社会の文脈とはうまくかみ合わなかった。対照的に、ケインズ経済学は日本の伝統的な経済思想と共鳴しやすかったのである。日本では内閣が交代するたびに新たな経済計画を打ち出してきた。国家介入や経済計画という言葉に、アメリカでは拒絶反応が起きがちだが、日本では肯定的にとらえる人も多い。第二次大戦後、日本政府は経済成長を優先課題とし、ケインズ主義を経済政策の根幹に据えてきた。

一九六〇年、**池田勇人**内閣は所得倍増計画を打ち出し、経済政策を前面に押し出した。「自由企業と市場機構」を成長力の源泉と認めたうえで、政府の財政・金融政策によって経済を望ましい方向に誘導するとうたった。新古典派総合の発想そのものである。近代経済学は日本でもようやく、世間一般に「有用性」をアピールできるようになった。

この時期から近代経済学は日本の企業や官庁のエコノミストの間に急速に普及・浸透するようになったが、大学にまでは影響は及ばず、依然、マルクス経済学者が多数派を占める大学が多かった。

その後の推移を駆け足で振り返ろう。アメリカの経済学界では、一九七〇年代以降、新古典派総合は下火となり、新古典派への回帰が進んだ。旧ソ連が崩壊し、一九九〇年代に東西冷戦が終結すると、日本の大学でもマルクス経済学は退潮となり、学者や講座の数は激減した。ケインズ経済学は根強い勢力を保っていたが、やがてアメリカにならう形で、新古典派が勢力を拡大し、現在に至っている。

その一方、昭和初期の**高橋是清**蔵相に源流があるとも指摘される日本政府の「ケインズ主義」志向は実は今も生き残っている。

一例を挙げよう。二〇一二年末から八年近く続いた第二～四次**安倍晋三**政権はどんな経済政策を打ち出したのだろうか。安倍政権の経済政策は、大胆な金融政策（デフレ脱却を目指し、二パーセントのインフレ目標を掲げて金融緩和を実行する）、機動的な財政政策（公共事業などの大規模な予算編成）、民間投資を喚起する成長戦略（成長産業や雇用の創出を目指し、規制緩和で投資を促す）の「三本の矢」からなっていた。

アベノミクスの呼び名が定着し、独自の政策のように響くが、それほど奇抜な内容ではない。大胆な金融政策は「リフレ政策」とも呼ばれ、源流はミルトン・フリードマンが唱えたマネタリズムにあるが、金融緩和を実行するという意味ではケインズ政策の一種ともいえる。財政政策と合わせ、「典型的なケインズ政策だ」と評する経済学者は多かった。三番目の成長戦略は、規制緩和で経済成長を促す政策であり、新古典派経済学や新自由主義の思想と相性がよいが、三本目の矢が弱かったと、多くの識者が指摘している。

こうしてみると、アベノミクスも、日本政府の伝統であるケインズ政策の枠内にあったといえる。

現在の日本の経済学界の主流は新古典派であり、多くの学者がアベノミクスに厳しい視線を注いでいた。伝統的にケインズ主義が根強い日本政府と学界との間には溝が生まれがちなのである。その意味では日本の主流派経済学は、大学という閉じられた空間では制度化に成功したものの、政府や世間一般を含めた広い意味で制度化には至っていないともいえる。

二　現実との乖離

経済学の数理モデルへの拒絶反応に加え、主流派経済学の根幹をなす「経済人」（ホモ・エコノミクス）に対する批判も根強い。あらゆる情報を入手し、合理的な選択を重ねる人間像が、現実とはかけ離れていると感じる人は多いはずだ。この人間像に異を唱え、人間の非合理性に焦点を当てる行動経済学といった分野も花を咲かせているが、主流派の根幹は揺らいではいない。

経済人という人間類型はいつ誕生したのだろうか。経済学の始祖とされるアダム・スミスが『道徳感情論』で描いた、互いに共感し合う人間は、経済人とは遠い存在だ。

新古典派経済学が花開いた十九世紀後半以降に、多くの経済学者の間で共通の人間類型が固まっていったというのが定説だ。

この人間像は、古典物理学の手法を社会の分析に適用するのに極めて都合がよい。人間の購買行動を単純に表現できるためだ。経済人を議論の出発点にすれば、市場の価格調整を通じて、経済全体の生産、消費の量と価格が自動的に決まる様子を、数学を使って美しく証明できる。

経済学界には、経済人（の仮定）に疑いの目を向ける学派も存在する。進化経済学を唱える学派はその一つであり、進化経済学の基本概念を紹介する入門書『進化経済学基礎』の中で、主流派のモデルを批判している。

同書によれば、経済学の歴史をみると、それぞれの学派には、経済社会を一つのまとまりのあるシステムとしてとらえるための視点があり、その視点に基づいて基本概念を形成し、各学派の性質を決めている。これをその学派の「基本了解」と呼ぶなら、各学派は基本了解にしたがって経済社会をより明快な、場合によっては数量的な把握も可能にするような表現手法を選び、その学派が分析をする際の基礎となるモデルを作っている。

研究者は自分の関心や、観察の繰り返しによって、対象の様々な属性を認識し、対象をまとまった一つのシステムとして成り立たせる属性である「本質」を選び、基本了解を形成する。この段階で本質から外れた対象の属性はいったん捨象する。そして、基本了解に具体的な形を与える表現方法を選択し、基本モデルを作る。基本了解よりも基本モデルを作るときの方が様々な概念を厳密に定義し、対象の表現の仕方や範囲を限定する。

ただし、いったん捨象した属性でも、基本モデルを確定した後、モデルを拡張して考察や表現の対象として復活させることもある。

基本了解とモデルの関係を掘り下げるため、同書は主流派の経済学が手本にしてきたニュートン力学の例を挙げる。ニュートン力学では、物体に働く力が物体の運動（時間による位置の変化）を決めるという基本了解になっている。放物運動のモデルを作るとき、物体に働く力として最も大きな影響を及ぼす重力加速度だけを考慮する。しかし、例えば砲弾の軌道を描くとき、それでは現実味に欠ける。砲弾は左右対称の放物線にしたがって飛行するのではなく、次第に水平方向の速度は低下し、遠距離の場合には着弾時には垂直に近い方向から落下する。この点は、速度の成分に対して、逆方向から加わる空気抵抗を加味するようにモデルを拡張すれば、取り扱いが可能だ。最初にモデルを作るときに捨象していた空気抵抗を、モデルを拡張する際に考慮できるのである。

モデルの拡張では対応できないときもある。飛行するのが砲弾ではなく、自らの意思で飛ぶ鳩ならどうなるだろうか。鳩が射出されても死なないとすれば、少し時間がたてば我に返り、自らの意思で飛行できるようになる。餌を求めたり、休息の場を求めたりしながら、砲弾とは異なる事情の下で飛行コースを決めるだろう。

鳩の動きに関心があるのなら、放物運動モデルではなく、別の基本了解から始まって、別の基本モデルを追究しなければならない。

それでは、主流派経済学の基本了解とは何だろうか。同書によれば、主流派はこれまで、「限られた資源の下で、人々の合理的な選択から生まれる秩序」として経済社会をとらえてきた。この視点から経済社会をとらえようとするとき、合理的な選択とは考えられない要素は、モデルを作るときに捨象する。人間がときどき取る非合理な行動は捨象し、合理的な主体、特に予算や資源などが限られた状態の下で効用や利潤の大きさが最大になるように行動するという意味での合理的な主体を出発点とする。

人間の合理性を、制約条件の下での効用や利潤を最大にする「目的関数の最大化」という形でモデルを作る。例えば、買い物をする場合なら、手持ちのお金という予算制約の下で、自分の満足度を最大にするような商品の組み合わせを考えて買い物をする人間を描くのだ。

そのうえで、合理的な主体の意思決定に基づく行動が、システム全体を通じてお互いに整合的になる状態を考える。合理的な主体の行動は、価格に代表されるシグナルを通じて互いに整合的になり、社会に秩序がもたらされるモデルを作る。

このモデルの中では、値段を見ながら商品を買おうとする人と、売ろうとする人は増減する。市場を通じた調整が進むと、すべての商品の売られる数と買われる数は釣り合った状態となる。したがって、途中の調整過程を飛ばして定式化し、それを経済社会のモデルにする。

現実には、そうならない状態も考えられるが、やがて合理的な主体の行動によって覆されると判断し、社会全体が取り得る状態としては捨象する。合理的な主体の意思決定がお互いに整合的になる状態を、経済社会の姿を描く基礎にする。こうした作業の中から生まれた理論の代表が、主流派経済学の骨格となった「一般均衡理論」なのだ。

同書は、こうたたみかける。通常の経済学を勉強し、すっかりその中で物事を考えていると、経済社会のあらゆる事柄を、このモデルとその拡張で取り扱えるように思いがちになる。主流派の経済学では、これまで説明してきたような「基本了解」の下で、表現の手法をゲーム理論に置き換え、人々が駆け引きする入り組んだ状況も取り扱うようになり、基本モデルに対する信仰が一層、強固になっている。

現実には主流派のモデルとは相性が悪い要素が存在する。日常生活の中では、「制約条件下での最適化行動」から外れる、合理的ではない人間の行動をよく見かける。こうした行動を基本モデルの拡張で取り扱おうとすると、特異な形の効用関数を最大化しているとみなしたり、長い目で見ると初めて分かるような、隠れた効用関数を最大にしているようにみなしたりする。あるいは、一時的に制約条件の一部しか認識できないと想定すれば、最適化行動から外れたように見える行動も、ある程度は取り扱える。経済主体を孤立した単体として扱う限りは可能なやり方だ。

こうした主体が社会全体からみると例外であり、社会全体の状態には影響しないのなら、例外扱いも許されるだろう。しかし、こうした主体の方が多いのなら、もはや基本モデルでは説明がつかなくなる。

経済人に対する批判とも重なり合うが、主流派経済学の根底には「市場原理主義」の思想があると断定し、糾弾する向きも多い。経済人が、完全な情報を基に、最適な行動を選ぶ。市場の価格調整を通じて商品に対する需要と供給が一致し、「均衡点」に落ち着く。この見方が正しいのなら、市場の働きに任せておけば、やがて経済社会には秩序が訪れるのだから、政府が市場に介入するべきではないという「自由放任主義」や「市場原理主義」が正しい選択となる。

主流派の「基本了解」を自由放任主義や市場原理主義と言い換え、市場の暴走を助長する考え方だと批判する論者は多い。とりわけ近年の気候変動による環境破壊や、ごくひと握りの富裕層が富を独占する格差問題、さらには周期的に発生する経済や金融の危機は、市場の暴走がもたらした弊害だととらえ、主流派を非難する声が絶えない。

主流派＝市場原理主義という批判を受けると、主流派の経済学者の多くは、「現代経済学の現状をよく理解できていない人の誤解だ」と反批判する。

東京大学の教授陣による経済学の入門書『経済学を味わう』の「はしがき」にも、そんな記述がある。内容を要約してみよう。

読者は、経済学や、中学や高校の社会科の教科書に載っている市場についてどんなイメージを持っているだろうか。「経済は市場に任せておけばうまくいく」という単純な見方を思い浮かべる人が多いかもしれない。しかし、現代経済学では「市場に任せるだけでは十分ではない」と考える。経済学者たちは、なぜ実際の社会で市場がうまく機能しないのか、人々をより幸せにするための社会制度はどのようなものかといった問いに取り組んでいる。

経済学が今、どのような問題を取り上げ、どのようにその問題の解決に取り組んでいるのかを紹介する。そして、「経済学はおもしろいな」「自分も経済学というレンズを通して物事を考えてみたい」と思ってもらえるようにしたい。

ここで確認したいのは、同書の著者たちが「反市場主義」を唱えているわけではない、という点である。「市場は必ずしもうまくいかず、失敗するときもある。その時どう対処するべきかを、現代経済学は研究テーマにしている」と唱え、主流派経済学＝市場原理主義という批判を退けるものの、あくまでも、市場の働きに対する信頼が議論の前提である。「市場は経済社会に秩序をもたらす」という基本了解の下で議論を展開する姿勢は変わらない。「実際の社会で市場がうまく機能しないのはなぜか」という問いの背後には「市場がモデル通りに機能するなら、経済社会に秩序がもたらされるはずだ。現実に、そうならないとすれば、どこを修正すれば、モデル通りに秩序が生まれるのか」という発想も透けて見える。「市場が経済社会にもたらす秩序」を前提に議論を展開するのか、理想状態とみて議論を組み立てるのかの違いはあるが、主流派の基本了解は揺らいではいないのだ。

三　その付き合い方

これまで本書では、経済学には様々な学説や理論があり、基本的な考え方や研究手法にも大きな違いがあることを示してきた。経済学の入門書や教科書を何気なく手に取ると、主流派の経済学が目に飛び込んでくる可能性が高いが、主流派以外にも様々な学説や理論が存在し、経済学は多様である。現在は主流派が圧倒的な勢力を誇示しているものの、本章で紹介してきたように、各方面から批判を受けており、決して安泰とはいえない。とりわけ日本では経済学界と政府との距離が遠く、それが良いかどうかはさておき、アメリカのような「制度化」には成功していない。「政治に取り込まれていない」と言えば聞こえがよいが、最初から信用されていない、もっと厳しく言えば、あまり相手にされていないというのが実態に近いのではなかろうか。

そもそも経済学説や理論の優劣はどこで決まるのだろうか。アメリカの科学史家、**トーマス・クーン**（一九二二〜一九九六）は『科学革命の構造』（一九六二）で、パラダイム（範型）という概念を提示した。科学革命とは、古いパラダイムが新しいパラダイムにとってかわられる過程だというのだ。

パラダイムとは、一般に認められた科学的な業績で、一時期の間、専門家の間で「問い方」や「答え方」

のモデルとなる存在を指す。パラダイムがはっきりと定着しているときに、特定の科学者集団が、一定期間、それに準拠して営む一連の研究が「通常科学」と呼ばれる営為である。

ところが、時間が経過する中で、パラダイムにはそぐわない「変則性」が数多く登場する。パラダイムに基づく予測が頻繁にはずれるようになると、パラダイムは危機に陥り、新しいパラダイムに科学者が大挙して乗り換え、科学革命が起きるというのだ。

科学革命は、古い（現在、普及している）パラダイムの整備と拡張で得られる累積的な過程ではない。科学とは、時代とともに客観的な真理へと次第に収束したり、新理論が旧理論を包括しながら連続して進歩したりする存在ではないのだ。

個々の科学者が、どのパラダイムを選ぶかは、個人や歴史の偶然に彩られた恣意的な要素による。パラダイムの優劣を決める評価基準は、科学者集団の価値観にほかならない。科学者集団の価値観の変化が、科学革命の引き金になる。

物理学者だったクーンが、物理学の「客観性」に異議を唱えたのである。古典物理学を手本にしてきた経済学界にも大きな衝撃を与えた。

経済学の歴史をクーンの見解に当てはめるなら、経済学は古典派から新古典へと一直線に発展し、パラダイムを形成した。一九三〇年代にケインズ革命が起きて新古典派は退潮となったかに見えたが、一九七〇年代には息を吹き返し、命脈を保っている。日本では、マルクス経済学が新古典派に対抗するパラダイムとして基盤を築いていたが、東西冷戦の終結後、新古典派のパラダイムへの一極集中が進んだ。

クーンは、古いパラダイムが新たなパラダイムに転換するダイナミックな動きを想定している。新古典派のパラダイムがしぶとく生き残っている経済学界では、真の「革命」は起きていないともいえる。

クーンの見方を拡充したのが、ハンガリーの科学哲学者、**ラカトシュ・イムレ**（一九二二〜一九七四）である。ラカトシュは科学の公理や公準といった「中心命題」は、不都合な観察事例や反例があっても、仮説や補助命題を追加して反証を回避できる構造になっていると主張した。中心命題は反証されないように周辺の命題群（防備帯）で守られている。中心命題が興隆するときには防備帯が新たな事象を説明するように拡張していく。衰退する時期には、中心命題にとって不都合な反証事例が問題とならないように防備帯をやはり拡張する。

中心命題と防備帯の組み合わせを「**科学的研究プログラム**」と呼ぶ。ラカトシュの認識によると、同じ時期に複数のプログラムが併存し、消長を繰り返す。

ある学説が他の経済学説より優位に立てるかどうかは、学界内でその学説を支持する人が多いかどうかで決まっているとみている点では、クーンもラカトシュも変わらない。

新古典派が掲げる中心命題を支持する研究者が大勢を占め続けてきたからこそ、経済学では一極集中が続いているのだろう。

それでは、研究者ではない世間一般の人間は、経済学の中核をなす新古典派のパラダイムや科学的研究プログラムと、どのように向き合えばよいのだろうか。

ここで再び、佐和の著作に戻ろう。一九五〇〜六〇年代のアメリカで経済学が制度化に成功したのは、当時の社会に固有の文脈に経済学が見事なまでによく適合していたためである。佐和によると、アメリカでは、スーパーマーケットで買い物をする家庭の主婦層にまで、新古典派理論の「共有領域」が広がっていた。その背景にあるのは、日常生活レベルの個人主義や合理性である。理論の「共有」と理論の「理解」は別次元だ。理論を共有する人は、経済学者の主張を客観的だと認め、その理論を支持する。支持するために理解は不可欠ではない。

この状態であれば、新古典派のパラダイムや科学的研究プログラムを多くの国民が支持しているので、経済学者の主張は通りやすいし、政策への応用も進むだろう。

一方、アメリカに追随し、経済学の制度化を試みてきた日本の場合はどうだろうか。新古典派経済学は、官庁や民間エコノミストを含む経済学者の共同体という、小さな世界の専有物にとどまり、一歩その世界の外に足を踏み出すと、新古典派の発想法は、にべもない拒絶反応を呼び起こしがちであったと、佐和は診断している。

この記述は一九六〇年代から制度化に取り組み始めた日本の情景描写だが、現在の情勢もほとんど変わっていないのではなかろうか。

新古典派の発想は、根本のところで日本社会に固有の文脈によく適合していないために、世間一般の認識とのずれが生じがちなのだ。

そうであるなら、学者だけの世界で通用するようなパラダイムや科学的研究プログラムは「役に立たない」と斬り捨てるのも、一つの選択肢かもしれないが、あまり生産的な態度とはいえない。

主にアメリカから取り入れた現代経済学は、確かに日本社会の文脈にはうまく適合しなかったかもしれないが、経済のグローバル化が急速に進む中で、日本社会は大きく変化している。主流派の経済学者たちが依拠するパラダイムや科学的研究プログラムについて知っておくことは、最終的にそれを受け入れるかどうかは別にしても、一定の意味があるだろう。

ただし、本書で繰り返し述べてきたように、経済学のパラダイムや科学的研究プログラムは決して一つではない。例えば、一人の経済学者が、ある経済問題を解決するための処方箋を提案しているとしよう。その経済学者は、自分が依拠するパラダイムや科学的研究プログラムについて、いちいち説明することはなく、「私はこう考える」と説明する場合がほとんどであろう。

そんなとき、この学者が依拠しているパラダイムは何だろうかと、想像してみたらどうだろうか。マスメディアなどに登場する経済学者の多くは「主流派」に属するため、新古典派のパラダイムの下で、その作法に従って経済現象（あるいはもっと広い対象）を分析し、論文を書いたり、政策や処方箋を提言したりしている確率が高い。

中心命題まではさかのぼらず、その周辺にある「防備帯」の仮説や命題を繰り返すだけの論文や提言も多い。中心命題には立ち入らず、その防備帯を補強する研究は経済学者の共同体の中では大切なのかもしれないが、学界の外にいる人間には、「研究のための研究」に見えてしまう。そう感じるときは、遠慮なくやり過ごせばよい。

特定のパラダイムや科学的研究プログラムに縛られなくてもよい「経済学のユーザー」は、目の前にある経済問題の解決に役立ちそうな経済理論や学説を、時と場合に応じて「いいとこ取り」をすればよいのではないか。

新古典派の科学的研究プログラムへの批判は絶えないが、全否定するのは得策ではない。明らかに時代の文脈に合わなくなり、現代経済の分析に全く役立たなくなっているのなら、別のパラダイムにとってかわられるはずだが、現状はそうなっていない。現在は「異端派」とされるパラダイムの下にいる研究者たちは「新古典派のパラダイムは現実を説明できない」と敵意を燃やすが、そう考えるなら科学革命を起こす努力を続けるほかなかろう。

「科学革命」を起こすのは一般の人間の仕事ではない。経済学界には主流派だけではなく様々な学派が存在すると認識し、広く目を向けるだけで十分である。コロナ禍で世界中が不況に陥っている現在、各国政府が伝統的なケインズ経済学に頼って財政・金融政策を強化するのは自然な動きだ。アメリカと中国の貿易摩擦が激化する中で、アダム・スミスの主張やデイヴィッド・リカードの理論に立ち返れば自由貿易の利点を確認できるだろう。ごくひと握りの富裕層に富が集中する格差問題に胸を痛め、資本主義社会の構造欠陥を解明する目的でマルクスの搾取論をひも解くのもよい。小売業者がライバルに勝つために出店や閉店の計画を練るときにはゲーム理論が役立つかもしれない。

ここで思い出してほしいのが、本書第Ⅱ章で取り上げたダニ・ロドリックの言葉だ。

異なった状況（異なる市場、社会環境、国、時期など）には異なったモデルが必要になる――。様々な経済問題の解決策を検討するとき、それにふさわしい経済学説が見つかれば、有効に活用すればよい。適切なモデルをその都度、見つけ出す作業は簡単ではないが、たまたま目にした学説でもよい。その学説を唱える学者はどんなパラダイムの下にあり、どんな意図で政策を提言しているのかを見極めるのは、それほど難しくないはずだ。

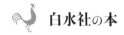

著者略歴
前田裕之（まえだ・ひろゆき）
学習院大学客員研究員、川村学園女子大学非常勤講師。東京大学経済学部卒業後、一九八六年日本経済新聞社入社。東京経済部、大阪経済部、経済解説部編集委員などを経て二〇二一年に独立。主な著書に『ドキュメント銀行』『ドキュメント狙われた株式市場』『実録・銀行』『経済学の宇宙』（岩井克人著／聞き手）『新・公共経営論』（共著）『「失敗の本質」を語る』（野中郁次郎著／聞き手）などがある。

経済学の壁
教科書の「前提」を問う

二〇二三年 七 月一五日 印刷
二〇二三年 八 月一〇日 発行

著　者 ©前田裕之
発行者　及川直志
印刷・製本所　図書印刷株式会社
発行所　株式会社白水社

東京都千代田区神田小川町三の二四
電話　営業部〇三（三二九一）七八一一
　　　編集部〇三（三二九一）七八二一
振替　〇〇一九〇-五-三三二二八
郵便番号　一〇一-〇〇五二
www.hakusuisha.co.jp
乱丁・落丁本は、送料小社負担にてお取り替えいたします。

ISBN978-4-560-09447-1
Printed in Japan

索引

あ行

か行

さ行

た行

な行

は行

ま行

や行

ら行

わ行

欧文

文献

第Ⅰ章
マーティン・ウルフ『シフト&ショック　次なる金融危機をいかに防ぐか』(遠藤真美訳、早川書房、2015)
根岸隆『シリーズ「自伝」my life my world 一般均衡論から経済学史へ』(ミネルヴァ書房、2011)
野口旭『経済学を知らないエコノミストたち』(日本評論社、2002)
ビンヤミン・アッペルバウム『新自由主義の暴走　格差社会をつくった経済学者たち』(藤井清美訳、早川書房、2020)
佐々木隆治『カール・マルクス　「資本主義」と闘った社会思想家』(ちくま新著、2016)
ポール・クルーグマン『ゾンビとの論争　経済学、政治、よりよい未来のための戦い』(山形浩生訳、早川書房、2020)

第Ⅱ章
伊藤秀史『ひたすら読むエコノミクス』(有斐閣、2012)
ハジュン・チャン『ケンブリッジ式　経済学ユーザーズガイド』(酒井泰介訳、東洋経済新報社、2015)
ダニ・ロドリック『エコノミクス・ルール　憂鬱な科学の功罪』(柴山桂太・大川良文訳、白水社、2018)
飯田泰之『経済学講義』(ちくま新書、2017)
NHK E テレ「オイコノミア」制作班+又吉直樹(ピース)『オイコノミア　ぼくらの希望の経済学』(朝日新聞出版、2014)

第Ⅲ章
根井雅弘『物語　現代経済学　多様な経済思想の世界へ』(中公新書、2006)
丸山雅祥『市場の世界——新しい経済学を求めて』(有斐閣、2020)
N・グレゴリー・マンキュー『マンキュー入門経済学』(足立英之・石川城太・小川英治・地主敏樹・中馬宏之・柳川隆訳、東洋経済新報社、2008)
神取道宏『ミクロ経済学の力』(日本評論社、2014)
石田潤一郎・玉田康成『情報とインセンティブの経済学』(有斐閣、2020)

第Ⅳ章
伊東光晴『ケインズ』(岩波新書、1962)
ポール・サムエルソン『経済学——入門的分析(上・下)』(都留重人訳、岩波書店、1966、67)
岩井克人『経済学の宇宙』(聞き手=前田裕之、日経ビジネス人文庫、2021)
吉川洋『マクロ経済学の再構築——ケインズとシュンペーター』(岩波書店、2020)

第Ⅴ章
佐々木隆治『カール・マルクス』（前掲書）
岩井克人『資本主義を語る』（講談社、1994）
伊藤誠『マルクス経済学の方法と現代世界』（桜井書店、2016）
斎藤幸平『人新世の「資本論」』（集英社新書、2020）
根井雅弘『今こそ読みたいガルブレイス』（インターナショナル新書、2021）
根井雅弘『21 世紀の経済学』（講談社現代新書、1999）
鍋島直樹『ポスト・ケインズ派経済学』（名古屋大学出版会、2017）

第Ⅵ章
依田高典・岡田克彦編著『行動経済学の現在と未来』（日本評論社、2019）
大垣昌夫・田中沙織『行動経済学――伝統的経済学との統合による新しい経済学を目指して』（有斐閣、2014）

第Ⅶ章
佐和隆光『経済学とは何だろうか』（岩波新書、1982）
江頭進・澤邉紀生・橋本敬・西部忠・吉田雅明編『進化経済学　基礎』（日本経済評論社、2010）
市村英彦・岡崎哲二・佐藤泰裕・松井彰彦編『経済学を味わう　東大１、2 年生に大人気の授業』（日本評論社、2020）

【経済学説・経済思想の参考文献】 ※第Ⅱ～Ⅵ章にて参照

根岸隆『経済学の歴史』（東洋経済新報社、1983）
宇沢弘文『経済学の考え方』（岩波新書、1989）
中村達也・八木紀一郎・新村聡・井上義朗『経済学の歴史　市場経済を読み解く』（有斐閣アルマ、2001）
根井雅弘『経済学の歴史』（講談社学術文庫、2005）
根井雅弘編著『わかる現代経済学』（朝日新書、2007）
根井雅弘『経済学はこう考える』（ちくまプリマー新書、2009）
トーマス・カリアー『ノーベル経済学賞の 40 年（上・下）』（小坂恵理訳、筑摩書房、2012）
根井雅弘『経済学再入門』（講談社学術文庫、2014）
松原隆一郎『経済思想入門』（ちくま学芸文庫、2016）
根井雅弘編著『ノーベル経済学賞　天才たちから専門家たちへ』（講談社選書メチエ、2016）
大瀧雅之・加藤晋編『ケインズとその時代を読む　危機の時代の経済学ブックガイド』（東京大学出版会、2017）
瀧澤弘和『現代経済学　ゲーム理論・行動経済学・制度論』（中公新書、2018）
根井雅弘『経済学者はこう考えてきた　古典からのアプローチ』（平凡社新書、2018）
野原慎司・沖公祐・高見典和『経済学史　経済理論誕生の経緯をたどる』（日本評論社、2019）
岡本哲史・小池洋一編著『経済学のパラレルワールド　入門・異端派総合アプローチ』（新評論、2019）

【主な古典文献】▽は邦訳

第Ⅱ章

Milton Friedman ／ *Essays in Positive Economics* ／ 1953 ▽ミルトン・フリードマン『実証的経済学の方法と展開』（佐藤隆三・長谷川啓之訳、富士書房、1977）

Lionel Charles Robbins ／ *Essay on the Nature and Significance of Economic Science* ／ 1932 ▽ライオネル・ロビンズ『経済学の本質と意義』（中山伊知郎監修、辻六兵衛訳、東洋経済新報社、1957）

Adam Smith ／ *An Inquiry into the Nature and Causes of the Wealth of Nations* ／ 1776 ▽アダム・スミス『国富論（上・中・下）』（大河内一男監訳、中央公論社、1976）

Adam Smith ／ *The Theory of Moral Sentiments* ／ 1759 ▽アダム・スミス『道徳感情論』（水田洋訳、筑摩書房、1973）

第Ⅲ章

Adam Smith ／ *An Inquiry into the Nature and Causes of the Wealth of Nations* ／ 1776 ▽アダム・スミス『国富論』（前掲書）

David Ricardo ／ *On the Principles of Political Economy and Taxation* ／ 1817 ▽ D・リカードウ『経済学および課税の原理（上・下）』（羽鳥卓也・吉澤芳樹訳、岩波文庫、1987）

Thomas Robert Malthus ／ *An Essay on the Principle of Population* ／ 1798 ▽ロバート・マルサス『人口論』（永井義雄訳、中公文庫、1973）

John Stuart Mill ／ *Principle of Political Economy* ／ 1848 ▽ジョン・スチュアート・ミル『経済学原理』（全５巻、末永茂喜訳、岩波文庫、1959 ～ 63）

William Stanley Jevons ／ *The Theory of Political Economy* ／ 1871 ▽ウィリアム・スタンリー・ジェヴォンズ『経済学の理論』（寺尾琢磨改訳、日本経済評論社、1981）

Carl Menger ／ *Grundsätze der Volkswirthschaftslehre* ／ 1871 ▽カール・メンガー『国民経済学原理』（安井琢磨・八木紀一郎訳、日本経済評論社、1999）

Marie Esprit Léon Walras ／ *Eléments D'Économie Politique Pure, ou Théorie De La Richesse Sociale* ／ 1874、77 ▽レオン・ワルラス『純粋経済学要論　社会的富の理論』（久武雅夫訳、岩波書店、1983）

Alfred Marshall ／ *Principles of Economics* ／ 1890 ▽アルフレッド・マーシャル『経済学原理　序説』（永沢越郎訳、岩波ブックセンター信山社、1985）

Arthur Cecil Pigou ／ *The Economics of Welfare* ／ 1920 ▽アーサー・セシル・ピグー『ピグウ厚生経済学』（全４巻、気賀健三ほか訳、東洋経済新報社、1953 ～ 1955）

Edward Hastings Chamberlin ／ *The Theory of Monopolistic Competition* ／ 1933 ▽エドワード・チェンバリン『独占的競争の理論　価値論の新しい方向』（青山秀夫訳、至誠堂、1966）

Joan Violet Robinson ／ *The Economics of Imperfect Competition* ／ 1933 ▽ジョーン・ロビンソン『不完全競争の経済学』（加藤泰男訳、文雅堂銀行研究社、1956）

John von Neumann、Oskar Morgenstern ／ *Theory of Games and Economic Behavior* ／ 1944 ▽ジョン・フォン・ノイマン、オスカー・モルゲンシュテルン『ゲーム理論と経済行動』（武藤滋夫訳、中山幹夫翻訳協力、勁草書房、2014）

第Ⅳ章

John Maynard Keynes ／ *The General Theory of Employment, Interest and Money* ／ 1936 ▽ジョン・メイナード・ケインズ『雇用・利子および貨幣の一般理論』（塩野谷祐一訳、東洋経済新報社、1995）
Paul Anthony Samuelson ／ *Foundation of Economic Analysis* ／ 1947 ▽ポール・サムエルソン『経済分析の基礎（増補版）』（佐藤隆三訳、勁草書房、1986）
Milton Friedman、Anna Schwartz ／ *A Monetary History of the United States, 1867-1960* ／ 1963 ▽ミルトン・フリードマン、アンナ・シュワルツ『大収縮 1929-1933「米国金融史」第７章』（久保恵美子訳、日経 BP クラシックス、2009）

第Ⅴ章

Karl Marx ／ *Das Kapital: Kritik der politischen Oekonomie* ／ 1967 ▽カール・マルクス『資本論　経済学批判　第１巻Ⅰ～Ⅳ』（中山元訳、日経 BP クラシックス、2011～12）
Thorstein Bunde Veblen ／ *The Theory of the Leisure Class* ／ 1899 ▽ソースティン・ヴェブレン『有閑階級の理論　附論経済学はなぜ進化論的科学でないのか』（高哲男訳、講談社、2015）
John Kenneth Galbraith ／ *The Affluent Society* ／ 1958 ▽ジョン・ケネス・ガルブレイス『ゆたかな社会：決定版』（鈴木哲太郎訳、岩波現代文庫、2006）
Joseph Alois Schumpeter ／ *Theorie der wirtschaftlichen Entwicklung* ／ 1912 ▽ヨーゼフ・シュンペーター『経済発展の理論　企業者利潤・資本・信用・利子および景気の回転に関する一研究』（全３巻、塩野谷祐一・中山伊知郎・東畑精一訳、岩波文庫、1979）

第Ⅵ章

Douglass Cecil North ／ *Structure and Change in Economic History* ／ 1981 ▽ダグラス・セシル・ノース『経済史の構造と変化』（大野一訳、日経 BP クラシックス、2013）